EN LAS SOMBRAS DE ESTADOS UNIDOS

EN LAS SOMBRAS DE ESTADOS UNIDOS

NARRACIONES DE INMIGRANTES INDOCUMENTADOS

EDITADO POR

PETER ORNER Y SANDRA HERNÁNDEZ

EDITORES ASOCIADOS
MARIO ANÍBAL HERNÁNDEZ · ANNIE HOLMES
JAYKUMAR MENON · ALBERTO REYES MORGAN

EDITORES ASISTENTES
TOM ANDES · POLLY BRESNICK · DOUG FORD · CORINNE GORIA
JOELL HALLOWELL · DAVID WILLIAM HILL · ALEX GORDON
MIMI LOK · AGUSTIN MAES · DANTIA MACDONALD
A. NICOLE STEWART · AILEEN S. YOO

Entrevistas realizadas por
TOM ANDES · NEELANJANA BANERJEE · DOUG FORD · CORINNE GORIA
JOELL HALLOWELL · SANDRA HERNANDEZ · DAVID WILLIAM HILL
ANNIE HOLMES · MIMI LOK · MICHELINE AHARONIAN MARCOM
ELIZABETH MCGRAIL · EDIE MEDIAV · JAYKUMAR MENON · PETER ORNER
NICK REGIACORTE · ALBERTO REYES MORGAN · IRUM SHIEKH
A. NICOLE STEWART · DEBORAH RAE TURNER · CORRIN WILLIAMS
YUMI WILSON · AILEEN S. YOO

Traductores
DANIEL ALARCÓN · DENISE DENEAUX · DAAGYA DICK
RIKI GARCIA REBEL · CARMEN GONZALEZ · ANGIE KIRK · SOPHIA PINO
LAUREN MARKHAM · ALBERTO REYES MORGAN · MERCEDES WILSON

Correctores
SAMUEL BAUER · POLLY BRESNICK · RIKI GARCIA REBEL
LORENA GOMEZ · LENA ZUMIGA · VALERIE CAMILA RHODES

VOICE OF WITNESS

McSWEENEY'S BOOKS
SAN FRANCISCO

Para más información sobre McSweeney's, favor dirigirse a mcsweeneys.net
Para más información sobre Voice of Witness, favor dirigirse a voiceofwitness.org

ISBN: 978-1-934781-79-1

ASESORIA EXPERTA Y ASISTENCIA

VOICE OF WITNESS

La serie de Voice of Witness les da voz a aquellas personas profundamente afectadas por injusticias sociales actuales. Utilizando el método de la historia oral como base, la serie ilustra las violaciones de derechos humanos a través de las historias contadas por los hombres y mujeres que las sufren. Estos libros están diseñados para lectores de cualquier nivel—desde estudiantes universitarios y de colegio secundario hasta políticos-que tengan interés en obtener un conocimiento basado en hechos reales, sobre las injusticias que sigan ocurriendo tanto en EEUU como en el resto del mundo. Para obtener mas información, favor visitar nuestra página web, voiceofwitness.org.

JUNTA DE ASESORES DE VOICE OF WITNESS

Quisiéramos agradecer a un gran numero de individuos que deben permanecer anónimos. Estamos sumamente agradecidos por su ayuda. A continuación presentamos a algunas de las personas a las cuales sí podemos nombrar y cuyo apoyo apreciamos enormemente:

Chris Abani, Sagal Abshir, Ellen Andes, Eugene Andes, Maxine Chernoff, Cindy Clark, Matt Donovan, Dennis Donohue, Michaela Freeman, Jim Freeman, "Gus," Eric Heiman, Tim Hoyt, Katsuhiro Iwashita, Ann Kalayil, Junse Kim, Ellen Levine, Jon Lezting, Kari Lydersen, Maria Marroquin, Eric Martin, Eric Orner, Steve Parks, Sarah Casman Perkins, Ashwin Philips, Dan Pierce, Rhoda Pierce, Johanna Povirk-Znoy, Chaz Reetz-Laiolo, Dan Schfrind, Paul Sherwin, Robin B. Simpson, Tim Soufiane, Robin Sukhadia, Miguel Trelles, Luis Alberto Urrea, Lori Waselchuk, Melinda Wiggins, and San Francisco State University.

CONTENTS

Prólogo

TODAS LAS HISTORIAS SON REFUGIADOS DE TIERRAS PELIGROSAS

por Luis Alberto Urrea

Inmigrantes indocumentados no tienen una forma para contarte lo que han experimentado, el porqué, o quiénes son, o qué es lo que piensan. Son, a causa de sus experiencias, invisibles. Pasan desapercibidos por la mayoría de nosotros—algunos les dedicamos una oración, otros deseamos que se regresen a su país de origen. Nadie sin embargo, les pregunta lo que piensan. Nadie se detiene para simplemente preguntar.

Déjame que te cuente una historia breve.

En las afueras de Chicago, hay una casa de panqueques. Los ayudantes de camareros son todos indocumentados. Nada fuera de lo común. Uno de ellos merece nuestra atención: lo llamaré Alex. Alex es bajo y feroz—parece un guerrero Azteca. Llleva coleta. Sus brazos están cubiertos de tatuajes. Es un guitarrista de rock metálico.

Es también recto: no usa drogas, no fuma, no toma alcohol. Vive a seis millas del restaurante; comparte la vivienda con una madre soltera indocumentada. No están involucrados en una relación romántica. Alex le ayuda a su compañera a mantener la casa; le paga renta, le cocina y le ayuda a sus niños con la tarea. Ellos le enseñan a usar la computadora. Usa su bicicleta para llegar al trabajo todos los días. Se la donó un hombre de negocios del partido republicano que va al restaurante a comer durante la semana. Él notó que Alex trabajaba más rápido y más duro que la mesera. Decidió recompensar a Alex por su excelente ética en el trabajo.

El hecho de que el benefactor sea del partido republicano no es para sorprenderse. Después de todo, el suburbio donde Alex trabaja es severamente conservador: calcomanías de Bush y Cheney, aunque ya rotas, adornan orgullosamente los autos. El hombre de negocios, por supuesto, es tiene todo su documentación en regla—es legal. Siempre es importante indicar esto. Los extranjeros legales siempre lo indican.

Tampoco es raro, para aquellos que saben sobre la miserable situación fronteriza, saber que Alex tiene a sus padres viviendo en México. Traicionados por el caos y la corrupción en México, están viejos y enfermizos y no tienen dinero para sobrevivir. Alex manda la mayor parte de su dinero a sus padres para ayudarlos, sobre todo a su hermano menor. Alex no quiere que su hermano se venga al norte. Alex no está orgulloso de estar aquí. Está trabajando muy duro para poder volver a casa y estar presente en la boda de su hermano—pero Alex está trabajando para ayudar a pagar la boda y la estancia de la familia en México.

Ésta es la parte que te va a sorprender.

Después de que uno de los ayudantes de camarero del restaurante se ahorcara en su clóset por no poder con la presión de la vida de ilegal, Alex descubrió un bulto en su propia garganta. Los dueños del restaurante lo llevaron a la clínica. La biopsia costó quinientos dólares. Le detectaron cáncer. No había manera de que Alex pudiera pagar la cirugía—ni siquiera podía cubrir los gastos de la biopsia.

Alex iba a morir.

Pero el hombre americano de negocios del restaurante americano tuvo otra idea. No quería que Alex muriera. Los viejos clientes que comían avena y wafles todos los días, las madres que llegaban después de llevar a sus hijos a la escuela, los policías, las secretarias de las tiendas en el centro comercial, tampoco querían que Alex muriera. No así. No tan solo y olvidado.

Hicieron una colecta y pagaron todos los gastos médicos, incluso la cirugía. En la casa de panqueques hicieron la colecta y pusieron frascos para las donaciones; así le salvaron la vida a Alex. Y es esta una de las razones por la cual Alex no cree que pueda irse a casa todavía. Siente que les debe su servicio como agradecimiento.

Habrá gente enfurecida al leer esta historia. ¿Por qué es Alex nuestro problema?

Tal vez sea una historia humana.

* * *

En el escuchar se encuentra la sabiduría. Decide lo que quieras decidir. Ponte tu brazalete que dice QUÉ HARÍA JESUS y lleva agua alrededor de Arizona para las almas con sed que recorren el desierto, o ponte tus lentes de visión nocturna y siéntate en una silla frente a tu casa en la Carretera del Diablo y caza unos cuantos ilegales. Pero infórmate primero. He estado batallando duranta años para silenciar mis propios prejuicios acerca de este tema. Estoy tratando de poner atención.

Esto debería servir como una indicación de lo mucho que el entendimiento hace falta en este tema; hace tanta falta que aquellos que sugieren que nos detengamos y nos eduquemos son difamados por ser supuestos defensores de la invasión. Si uno fuera a editar un libro de experiencias de inmigrantes, ese editor estaría pasmado al ver lo pronto que surgen los reclamos de aquellos que piensan que esos editores odian a los Estados Unidos. El viejo cliché de, saber es poder, es verdad. Quizá deberíamos recordar que el primer grupo político americano anti inmigrante se llamaba el Partido No Sabe Nada, o *Know Nothing.*

Te digo todo esto no como un traidor, pero como un patriota. Amo a mi país, así como todos los editores de este libro. Los patriotas verdaderos no le tienen miedo a la verdad, ni tampoco tienen miedo de amar al extraño. ¿Cómo podríamos entender el problema sin antes haber escuchado? ¿Cómo podemos resolverlo sin ni siquiera entenderlo?

—LAU, 2007

ANSIEDAD PERMANENTE

por Peter Orner

En el otoño del 2005 representé a un hombre que buscaba asilo en un caso frente a la Corte de Inmigración en San Francisco. Era mi primer caso desde que había dejado la carrera de leyes para dedicarme a escribir ficción. Mi cliente, Eduardo, era de Guatemala. En los años de 1980, la armada de Guatemala llevó a cabo una campaña de asesinatos sistemáticos en contra de gente indígena como Eduardo. Mataron a su padre, pero a Eduardo, a su madre y a su hermana les perdonaron la vida. A cambio, los mantuvieron cautivos y aterrorizados por casi una década en la casa de un oficial paramilitar. Fue en esta casa, localizada en un barrio lejos de su pueblo natal, donde Eduardo y su hermana crecieron.

En las propias palabras de Eduardo:

Nos quedamos en su casa. Incluso cuando el hombre se iba, nosotros nos quedábamos en la casa. No jugábamos con los demás niños que vivían en el área. Cuando tenía como cinco años, iba con mi hermana a pastorear a las vacas. A veces se en las sombras de estados unidos

nos perdía una y nos quedábamos hasta las cinco o seis de la tarde tratando de encontrarla. Si no la podíamos encontrar, temblando de miedo, le decíamos al hombre. Él sacaba un látigo y nos azotaba, dejándonos la espalda sangrando. O a veces usaba una extensión o la antena de la televisión. Cuando mi madre trataba de defendernos, él la aventaba y la amenazaba con un machete. Siempre cuando había un problema, ese hombre le pegaba a mi madre y le decía que la iba a torturar, a cuartearla. Un día le pregunté a mi mamá por el significado de "cuartear". Ella me dijo, "es cuando le quitan a una persona sus partes del cuerpo, aun cuando la persona está viva".

Cuando tenía catorce años, Eduardo se las ingenió para escaparse a la Ciudad de Guatemala, donde por primera vez, fue a la escuela. Siete años después, su madre y su hermana también se escaparon. Fue entonces cuando el captor, mediante sus conexiones, informó a sus contactos paramilitares que estaba buscando a Eduardo. A los veintidós años, Eduardo huyo de Guatemala. Dirigiéndose hacia el norte, pasó por México hasta llegar a la frontera. Ahí, cruzó el Río Bravo y nadó hasta el suroeste de Texas, donde fue arrestado en la orilla del río. Eduardo pidió asilo y fue puesto en detención temporal, un lugar que le pareció como una cárcel. Después, con la ayuda de abogados y familiares, fue liberado y finalmente llegó a California, donde yo me hice cargo de su caso.[1]

Dados los detalles de su historia y el hecho de que el ser otorgado asilo dependa de unos cuantos principios—incluyendo el hecho de que él que pide el asilo haya sido perseguido en el pasado a base de por lo menos uno de varios factores, entre ellos la etnicidad y si

---

[1] Trabajé de voluntario con la Unidad de Inmigración del Comité de Abogados de los Derechos Civiles, una organización nacional con una oficina localizada en San Francisco. El Comité de Abogados pone en contacto a un abogado con gente que necesita ayuda en su caso de asilo político. Leticia Pavón me contactó para ayudar con el caso de Eduardo.

razonablemente teme que esa persecución se repita en el futuro—fui a la corte con seguridad en mí mismo. Llámame ingenuo. Ese día en octubre del 2005, la jueza se apresuró con el caso y se le vio una actitud de *ya he escuchado esto antes.*

Asilo negado.

Después, mientras Eduardo y yo, aún asombrados, mirábamos la silla de la jueza (en mi memoria, la silla sigue dando vueltas después de que se fue), el cónsul opuesto vino hacia nosotros y nos dijo con simpatía que Eduardo había sido convincente y que nuestro caso había sido fuerte. Nos sugirió que tal vez la jueza había visto demasiados guatemaltecos ese día.

Demasiados guatemaltecos. En los meses siguientes esas palabras resonaron en mi cabeza. Eduardo había sobrevivido una horrorosa experiencia sólo para ser considerado uno de muchos. Tal vez el problema esencial de Eduardo era su propia existencia. Únicamente su presencia parecía haber empujado a la jueza por encima de una línea imaginaria.

De todas maneras, pensé, las cortes reconocen a los que buscan asilo, como a Eduardo. Su historia fue escuchada, pero no muy bien entendida. Después, comencé a pensar en todas esas personas incluidas, implícitamente, en la frase *demasiados guatemaltecos,* lo que me parecía otra forma de decir *demasiadas historias.*

Claro que, no todos los que entran al país ilegalmente tienen un buen caso bajo la ley de asilo de Estados Unidos. La pobreza, por ejemplo, no importa que tan severa o degradante, no es considerada una razón para recibir asilo. De todos modos, no podía dejar de pensar en las tantas historias que—legalmente defendibles o no—pasan sin ser dichas. La verdad es que millones de inmigrantes en este país, los llamados indocumentados, están aquí para trabajar—para ellos mismos y para sus familias. Escuchamos hablar mucho de esta gente en los medios de comunicación. Escuchamos que son responsables por el crimen. Escuchamos que se quedan con nuestros trabajos y beneficios.

Escuchamos que se niegan a hablar inglés. Pero ¿Qué tan seguido tenemos la oportunidad de oírlos hablar?

Pude haber perdido el caso de Eduardo,[2] pero como escritor, creo con fervor en el poder de las historias para hacer evidentes ciertas absurdas distinciones hechas por nuestras leyes.[3] También tengo fe en que algún lector, dispuesto a ponerse en el lugar de alguien más, va a tomarse más tiempo que la jueza para escuchar una historia de la vida real.

Así es que con la ayuda de un equipo dedicado de estudiantes de posgrado en el programa de Escritura Creativa de la Universidad de San Francisco, así como también de un grupo de abogados voluntarios, escritores y cineastas independientes, comencé a buscar historias. Estas historias formaron parte de *Voice of Witness*, una serie de libros dedicada a publicar las historias orales de la gente de alrededor del mundo quienes han sufrido de una violación de sus derechos humanos y civiles.

Nuestros entrevistadores se dispersaron por todo el país para escuchar y recolectar historias de más de sesenta personas.[4] Fuimos a la Ciudad de Nueva York, Washington D.C., a Chicago y a Houston. Viajamos a la Ciudad de Dodge, Kansas; a Nueva Bedford, Massachusetts; a Biloxi, Mississippi; y a Monte Vernon, Washington. Hablamos con gente que estaba viviendo en recámaras, en la calle, en bibliotecas públicas, en casas de crianza y en un estacionamiento de un campo de golf. Recibimos asistencia valiosa por parte de individuos

---

[2] La buena noticia para Eduardo fue que no todo estaba perdido. En la apelación, su caso fue anulado y se le otorgó asilo, una inversión rara hecha por el Consejo de Apelaciones de Inmigración. Eduardo ahora vive y trabaja en California.

[3] Puede que haya una diferencia legal entre el que busca asilo para provocar persecución y el que podemos llamar un refugiado económico, pero yo sostengo que en la cara de un ser desesperado, la diferencia puede ser insignificante. Además, a menudo la gente ni siquiera solicita asilo por miedo a ser deportados si pierden el caso y escogen mejor el riesgo de vivir aquí como personas indocumentadas.

[4] Veinticuatro fueron seleccionadas para ser incluidas en este libro.

generosos que nos encontramos por el camino, incluyendo a una hermana Católica Romana en el oeste de Kansas, un chofer de un camión de aeropuerto en Washington, D.C, y un poeta en Galesburg, Illinois, entre otros.

También hubo veces en que no tuvimos que ir muy lejos para encontrar historias. Varias de nuestras conexiones directas nos vinieron por medio de nuestros amigos y familiares. Toma en cuenta tu propia vida: ¿A cuanta distancia estás tú de alguien sin papeles?

Nuestro proceso es poco sistemático y este libro no es un amplio estudio de la vida de los inmigrantes indocumentados viviendo en los Estados Unidos en el año 2007. Ni siquiera estoy seguro de que esto último sea posible. Estamos, después de todo, hablando de una población diversa, de aproximadamente entre doce y quince millones de personas.[5]

Aunque las estadísticas muestran que una gran parte de los indocumentados son originarios de América Latina, no podemos empezar a hablar honestamente sobre la población sin antes reconocer que los indocumentados vienen de todas partes del mundo. Lo que sigue a continuación son los relatos de individuos originarios de más de una docena de países incluyendo a México, China, Sur África, Colombia, Perú, Pakistán, Guatemala y Camerún. Mientras reuníamos los relatos, comenzamos a ver patrones recurrentes: el más predominante fue que varios de nuestros narradores no pueden depender de la básica protección legal que la mayoría de nosotros no sabe apreciar. Historia tras historia, nos damos cuenta de que la ley es algo que se teme, no algo que protege o ayuda.

Además, la ley hace que la gente indocumentada viva en un

---

[5] No existen cifras fiables porque los indocumentados no han sido contados. El Congreso ha calculado que hay aproximadamente doce millones de indocumentados, mientras que otros cálculos, incluyendo aquellos revelados por Bear, Stearns & Co; son de veinte millones de personas. Véase: Christian Science Monitor: "Inmigrantes ilegales en los EEUU: ¿Cuántos son?" Mayo 16, 2006.

estado de ansiedad. El número de inmigrantes indocumentados hace imposible que el gobierno imponga las leyes uniformemente. Nos hacen falta recursos, voluntad legal y conciencia social para imponer la ley uniformemente, en otras palabras, para deportar doce o quince millones de personas, escogemos penalizar a unos cuantos, y dejamos que la mayoría viva con miedo. Pero los indocumentados no son, usando el término que aprendí en la escuela de leyes, por decir, criminales, a pesar de que los tratamos como tales. Sin tener que decirlo, la imposición arbitraria conduce a increíbles paradojas. Algunos de los narradores de este libro están en la universidad y viven más o menos públicamente; otros trabajan arduamente en granjas y en fábricas quince horas al día y se esconden por la noche. Un narrador es dueño de varios negocios, emplea a varios trabajadores legales y tiene bienes con un valor de aproximadamente un millón de dólares. Otra de las narradoras es una señora que limpia casas y su hija murió cuando estaba bajo la custodia federal, encadenada a una cama.

La falta de protección legal hacia los inmigrantes indocumentados—así como la imposición inconstante de las leyes—ha resultado en el abuso serio de los derechos humanos, de parte del gobierno y esos individuos que se aprovechan de la vulnerabilidad de la gente indocumentada. No es que la gente indocumentada no tiene derechos humanos.[6] Es sólo que el poner en práctica estos derechos en la vida real es otra cosa totalmente.

La cultura de ansiedad en los Estados Unidos, en la que viven diariamente los indocumentados, impide a la gente buscar protección, incluso cuando esa protección puede estar disponible. El miedo de ser deportados, de ser separados de la familia, de perder el trabajo, frecuentemente predomina sobre la intención de ir a las autoridades.

---

[6] Incluyendo aquellos resguardados en la Declaración Universal de los Derechos Humanos y en el Convenio Internacional de Derechos Políticos y Civiles, así como también ciertos derechos constitucionales, entre éstos, el derecho a la libertad de expresión.

En este libro, los ejemplos abundan donde la ley—en la forma de agentes de inmigración, policías, el sheriff del condado—está más interesada en saber si la persona está aquí ilegalmente y menos en las violaciones de la ley.

Sin embargo, somos un país orgulloso de nuestro historial de derechos humanos, tanto que—para darnos más valor—vigilamos las violaciones cometidas alrededor del mundo. No obstante, en este país, la gente indocumentada pasa por un sinnúmero de abusos contra sus derechos que incluyen, sólo para mencionar algunos: condiciones inseguras en el trabajo, separación de familias, detención arbitraria, trabajo forzado, acoso, trabajo a cambio de un salario peor que el mínimo,[7] y violencia.[8]

Dados los peligros que enfrentan, nos sorprendió la voluntad que tuvieron las personas indocumentadas de hablar con nosotros. Un académico experto en problemas de trabajo e inmigración nos dijo que estábamos perdiendo nuestro tiempo, queriendo decir que los indocumentados jamás archivarían sus historias. Sin embargo, descubrimos que la mayoría de la gente a la que nos acercamos no solamente estaban dispuestas a hablar, también aceptaban la invitación de ser escuchados. Para muchos de ellos era la primera vez que les preguntaban acerca de ellos y de su familia.

Últimamente, han habido casos en los que el gobierno parece tomar represalias contra la gente indocumentada que se atreve a

---

[7] Una violación de la ley estatal y federal. Por ejemplo, mire el código laboral de California §1171.5, que dice: "Todas las protecciones, derechos y recursos jurídicos disponibles bajo la ley estatal, con excepción de cualquier recurso reinstaurado que la ley federal prohíba, están disponibles para todos los individuos sin tomar en cuenta la situación migratoria de quienes hayan solicitado empleo, son o hayan sido empleados en este estado".

[8] Casi siempre, la gente indocumentada se rehúsa a reportar los crímenes a la policía. Para saber más sobre este caso en particular, vea el Debate Republicano de noviembre del 2007 cuando Mitt Romney criticó a Rudy Giuliani por permitir que inmigrantes indocumentados reportaran crímenes en la Ciudad de Nueva York sin revelar su situación migratoria. (*Washington Post*, Noviembre 29, 2007, "En debate, Romney y Giuliani en desacuerdo sobre los asuntos de inmigración").

hablar,[9] para decir, como Adela lo dice al final del libro, *Aquí estoy. Mírame.* Los individuos que estás a punto de conocer se arriesgaron a hablar con nosotros y a dejarnos compartir sus historias con el público. Lo hicieron porque querían que las leyeras.

Al principio, pensamos en organizar el libro de acuerdo a los oficios. El índice se hubiera visto así: 1. Empacador de carnes 2. Granjero migrante 3. Jornalero 4. Niñera 5. Trabajador de construcción.

Abandonamos la idea después de que uno de nuestros narradores, el hombre que dice llamarse El Mojado, dijera lo siguiente: "¿Un trabajo? El año pasado trabajé para una lechería. Ahora pongo alfombras. Antes trabajaba en un taller. Antes de eso fui empacador de carnes... he vendido pollo". O ponemos por ejemplo a Inez, quien nos dijo, "He vivido aquí por tres años. En el Valle Hudson, Nueva York. Primero recogía cerezas. Me puse prieta como un sillón de color café chocolate. Hacía mucho sol. Después de un tiempo, una muchacha me pidió que trabajara con ella limpiando casas. ¿Ves como mi vida no es otra cosa más que el trabajo? Ahora estoy en un restaurante. Lavo los trastes por las horas me necesiten. No paro de lavar hasta que mis manos están escarapeladas en carne viva".

Estas personas no pueden ser catalogadas por el trabajo que hacen; no importa lo duro que trabajan o cuantas horas del día trabajan. De hecho, la única cosa que los une es la falta de estatus federal de inmigración—en otras palabras, unos cuantos papeles. Una persona indocumentada no está indocumentada. Claro que tiene documentos:

---

[9] Un destacado caso reciente, con posibles represalias del gobierno involucra a Elvira Arellano de 32 años, madre de un hijo nacido en Estados Unidos. Mire el *New York Times*, Agosto 21, 2007, "Inmigrante ilegal y defensora de las familias es deportada". Otro caso involucra a una estudiante vietnamita indocumentada; sus padres y hermanos, que están legalmente en el país, fueron encarcelados después de que la estudiante indocumentada hiciera comentarios públicos acerca de la ley DREAM, una ley que está en espera de aprobación en el Congreso. Esta ley les abriría el camino de la ciudadanía a los hijos indocumentados que vinieron a EEUU junto con sus padres indocumentados. Vea *USA Today*, "Familia inmigrante detenida después de que la hija hizo una denuncia".Octubre 16, 2007.

fotos de la familia, diplomas, licencias de manejo,[10] cartas de amor, correos electrónicos, facturas de tarjetas de crédito, formularios de impuestos, tarea, dibujos hechos por los niños…

Que la gente en este libro sea parte fundamental de esta sociedad y economía es indiscutible. Éste no es un punto de vista de partidario; es la realidad. Entre las primeras víctimas Americanas de combate en Irak se encontraba un joven guatemalteco de la marina que entró ilegalmente a Estados Unidos cuando era un adolescente en 1997; su nombre es José Gutiérrez. Dos semanas después de su muerte, los Estados Unidos le otorgó al soldado Gutiérrez ciudadanía póstuma en honor al máximo sacrificio que hizo por este país.[11]

* * *

No podemos empezar a entender la situación que enfrenta la gente indocumentada en este país a menos que empecemos a escucharlos directamente.

Aunque hay mucho dolor en estas historias, *En las Sombras de Estados Unidos* no es un sumario de sufrimiento. Es una recopilación de voces. Estos narradores no son santos ni pecadores. Cuando no están siendo detenidos o deportados, cuando no están escondiéndose de los agentes de inmigración, de los guardias fronterizos, o de los Minutemen—cuando no están siendo abusados en el trabajo, cuando no son presa de aquéllos que se aprovechan de su estatus—la gente en este libro está batallando para sobrevivir día a día, para mantener a su familia a salvo, para ganar un poco de dinero, incluso tal vez para ahorrar un poco. ¿Existe algo más americano que esto? El detalle está en que tienen que mantenerse en silencio. Y no hay nada americano en el hecho de no tener una voz.

---

[10] En Hawaii, Maine, Maryland, Nuevo México, Oregón, Utah, y Washington.

[11] Noticias CBS, *60 Minutes II*, Agosto 20, 2003.

NOTA DEL EDITOR

Las narrativas contenidas en este libro son el resultado de entrevistas extensivas con hombres y mujeres de varias partes de los Estados Unidos, quienes corren el riesgo de encarcelamiento y deportación por estar en este país sin documentos. Un pequeño equipo de voluntarios dedicados transcribieron y tradujeron cientos de horas de grabaciones. Luego, con la orientación de los entrevistados, los editores de este libro les dieron forma a esas transcripciones crudas, convirtiéndolas en narraciones en primera persona. Las dieciséis narraciones principales y las ocho más cortas que se presentan en este libro son el resultado final.

En casi todos los casos, los nombres de los narradores y de sus familias han sido cambiados para proteger sus identidades. En algunos de los casos más delicados, también cambiamos el lugar y los nombres de compañías. Sin embargo, las historias en sí permanecen fieles a las palabras de los entrevistados, y han sido verificados con el más cuidado posible.

Muchas de las narraciones se eligieron porque demuestran extremas violaciones de derechos humanos. Otras son más sutiles, reflejando la falta de dignidad que deshumaniza a las personas indocumentadas.

Se incluye un glosario en el libro para darle contexto a las narraciones y explicar el complejo sistema de leyes inmigratorias. Favor de notar que las leyes de inmigración son extremamente complejas y que las regulaciones cambian con frecuencia. La información en el apéndice y el glosario sirve para informar, y no es comprensiva. Entrevistas adicionales, extractos de transcripciones crudas, y artículos de noticias también están disponibles en el sitio Web del Voice of Witness: *voiceofwitness.org.*

DIANA

EDAD: *44*
PAÍS DE ORIGEN: *Peru*
OCCUPACIÓN: *Empresario, sirvienta*
DOMICILIO: *Biloxi, Mississippi*

EL HURACÁN
DESPUÉS DEL HURACÁN

En el Perú, Diana tenía una tienda en la Sierra Central de los Andes cuando la economía del país entró en declive. Llegó a los Estados Unidos, donde encontró trabajo como encargada de limpieza en el turno de noche en un casino flotante de Biloxi, Misisipi. El 28 de agosto del 2005, un día antes de la llegada del huracán Katrina, la gerencia del casino le mandó trabajar horas extras, diciéndole que habría una inspección al día siguiente. Al empezar la tormenta, Diana se refugió en una iglesia. Más adelante, formó parte de las labores de reconstrucción de la costa del Golfo. Cuando la mayor parte de esos trabajos terminaron, Diana fue arrestada por no tener papeles. Hoy, se encuentra en libertad bajo fianza. Ésta es su historia.

Yo no sabía lo que era un huracán. Pensé que los huracanes no eran más que lluvia fuerte. Un día antes de que el Katrina llegara a la costa del Golfo, todo el mundo huía. Pero nosotros nos quedamos a limpiar: a aspirar, a pulir las máquinas tragamonedas. Nos obligaron a trabajar horas extras aquel día. Yo me preguntaba qué será Katrina. Estaba acostumbrada a las tormentas de la Sierra, como las de mi pueblo, Huancayo.

Huancayo se encuentra en la sierra central del Perú, en los Andes. Allí trabajaba en la industria de confecciones, como vendedora. Era dueña de una tienda que vendía ropa y zapatos. Durante la época de Fujimori nos iba muy bien. Había abundante trabajo, mucho dinero. No tenía ningún motivo para venir a los Estados Unidos. Pero luego, una recesión y la inestabilidad llevaron a un cambio de gobierno y la economía empezó a entrar en declive. Las fábricas cerraban, no había poder adquisitivo. La gente simplemente dejó de comprar. Mi tienda ya no vendía. En el 2003, al ver que había muy pocas esperanzas de mejoría, decidí venir a los Estados Unidos.

Yo ya había estado una vez en los Estados Unidos, visitando a mi hijo que había inmigrado seis años antes. Él había tenido que hacer un largo viaje para cruzar la frontera y entrar a los Estados Unidos y yo no lo veía desde que se marchó. Le pedí mucho a Dios que me ayudara a volver a ver a mi hijo e hice los trámites para tratar de conseguir una visa de turismo. Gracias a eso pude visitarlo. Me alojé con mi hijo y trabajé en una planta procesadora de pollos en Carthage, Misisipi. Me quedé allí unos cinco meses. Pero cuando regresé al Perú, vi mucha pobreza, vi que la economía no estaba mejorando. Entonces tomé la decisión de regresar a los Estados Unidos, esta vez para quedarme.

UN TIPO DE SOLEDAD

Conocí a mucha gente cuando trabajé en Misisipi la primera vez, así que, aunque mi hijo se había mudado a Nueva York, decidí volver al sur. Pero cuando llegué a Carthage descubrí que la planta de pollos ya no ofrecía empleos a trabajadores indocumentados, sólo a los que tenían papeles. No tenía trabajo. Pero entonces, en una tienda de hispanos vi un aviso en un periódico en español. Era para trabajar en un hotel a tres horas de camino, en Biloxi. Fui hasta allá pensando: "Estoy yendo a un lugar desconocido". Me encontraba sola y había oído decir que los empleos en los hoteles a veces eran trampas en las que apresaban a las mujeres y las obligaban a hacer sabe Dios qué cosas. Tenía miedo, pero fui de todas maneras.

Hay una pequeña comunidad peruana en Biloxi. Gracias a eso pude encontrar dónde vivir. Alquilé una habitación a un señor peruano, por doscientos cincuenta dólares al mes, y me mudé allí con una amiga que había conocido; se llamaba Marisol. Hacía mucho calor en la habitación. No teníamos ventilador ni nada. No pude aguantar por mucho tiempo. Me mudé al departamento de una señora peruana. Ella trabajaba en el hotel y me ayudó a conseguir un trabajo allí. Éramos compañeras de trabajo. Nunca antes había tenido un trabajo como ése. Era un trabajo muy duro y las condiciones eran injustas. La gerencia nos explotaba. Me quedé en ese hotel sólo por dos meses y luego conseguí un empleo en un lugar llamado Grand Casino Biloxi. Era un casino flotante ubicado en la costa del Golfo. Allí trabajaba en el turno de noche, desde la medianoche hasta las siete de la mañana.

Ganaba seis dólares cincuenta por hora trabajando en un equipo de limpieza. Eso representaba un poco más de doscientos dólares por semana antes de descontar los impuestos. Los salarios en Misisipi son muy bajos. Pasábamos la mayor parte de nuestro turno limpiando máquinas tragamonedas. Las pulíamos para eliminar las marcas de huellas digitales y que quedaran relucientes. Era un trabajo pesado; todos los trabajos que hay aquí son duros. Mi vida se volvió monótona: del trabajo a la casa y otra vez al trabajo. Era terrible tener que llegar a casa y meterte a una habitación para estar entre cuatro paredes sin tener a tu familia a tu lado: ni tus hijos, ni tu hermana, mamá, papá, ninguno de tus seres queridos. Ya para entonces vivía en un departamento de un solo dormitorio, con cinco o seis personas. Para los que vivíamos allí era la única forma de poder pagar el alquiler y nuestros demás gastos. Es difícil de explicar, pero uno termina viviendo en una especie de soledad, así vea a diario a sus compañeros de trabajo y a la gente con la que vive.

TODOS LAS DEMÁS SE MARCHABAN

Un día antes del huracán, fui a trabajar al casino como siempre. Ese día la gerencia nos hizo trabajar como nunca. Limpiamos absolutamente todo, trabajamos horas extras. La gente comentaba que venía el Katrina, pero yo no sabía lo que era. De donde yo vengo nunca habíamos oído hablar de huracanes.

Todos los miembros del equipo de limpieza del turno de la noche éramos hispanos. También había estadounidenses en el turno de noche, pero no se encargaban de la limpieza. Ellos tenían otros trabajos, como la seguridad y el servicio de comida. Ese día, algunos de ellos me dijeron: "Diana, ¿qué haces aquí limpiando todavía? ¡Vámonos! ¡Está llegando el Katrina!". Pero el supervisor nos había ordenado a todos los miembros del equipo de limpieza que nos quedáramos horas extras esa noche porque iba a haber una inspección al día siguiente. Todos los demás se marchaban. Nos dejaron para que siguiéramos trabajando: limpiando y limpiando.

Mis compañeros de trabajo estadounidenses sabían que el huracán iba a ser un desastre; por eso se fueron. No entiendo por qué nos obligaron a quedarnos y trabajar, pues todo nuestro trabajo resultó en vano. Al día siguiente no había casino. El huracán lo había arrasado.

EN ESTA PAÍS DE RIQUEZA

Una de mis compañeras de habitación era hondureña. Tenía un carro. El día del huracán yo sabía que algo malo iba a pasar, así que le dije: "¡Tenemos que salir de aquí! ¡Va a ser terrible!". Vivíamos a sólo media cuadra del golfo, pero mi compañera dijo: "Yo no voy a ninguna parte". "Te vas a morir," le dije yo. "El techo te va a caer en la cabeza". Pero ella insistía en quedarse y yo no sabía manejar. Dentro de mí, me decía, Dios mío, no quiero morir. ¿A dónde podía ir?

En ese momento me llamó mi amiga Marisol. Fue como una

llamada de Dios. Me preguntó dónde iba a ir a refugiarme del huracán. Cuando le dije que no sabía, me dijo que pasaría a recogerme. Fuimos a una iglesia; una iglesia de negros. Fue allí donde esperamos a que pasara la tormenta, gracias a Dios. Por la ventana veíamos cómo caían los árboles, cómo el viento se llevaba los carros, y luego todo se volvió como una nube y ya no pudimos ver nada. Unos hombres nos dijeron que les habían avisado que lo peor estaba aún por venir, que el viento podía arrancar el techo de la iglesia y que todos debíamos movernos a la cocina, donde supuestamente el techo era más seguro. Todos empezaron a cantar himnos cristianos en inglés. Esa noche dormimos en el suelo y en las bancas de la iglesia. Estuvimos ahí durante veinticuatro horas.

Cuando pasó el huracán volví a mi departamento. Estaba en ruinas. Las ventanas estaban destruidas. Habían desaparecido. Habían caído árboles sobre el edificio. Antes de la tormenta le había dicho a una chica del edificio que se fuera de allí. Y al parecer siguió mi consejo, pues más tarde me enteré de que se había ido a un refugio en el último minuto. Y qué bueno que lo hizo, porque un árbol cayó justo sobre su departamento. El Katrina fue algo increíble.

Pasamos quince días sin agua ni electricidad. Y había escasez de alimentos. Incluso a la iglesia donde nos habíamos refugiado durante el huracán le faltaba de todo. No estaban en condiciones de alojarnos; no podían ayudarnos. Más adelante, esa iglesia y otras consiguieron alimentos y empezaron a ayudar a la gente. Nos alojamos en una de las iglesias porque era imposible quedarnos en nuestro departamento. Pero no teníamos nada: ni electricidad, ni agua, nada. Y el calor en agosto y septiembre era sofocante. Hacía tanto calor que hasta ahora no sé cómo pude soportarlo. Salíamos a buscar agua en los grandes hoteles de la costa, revisábamos la basura buscando botellas de agua que tuvieran algo de líquido. Fue horrible. Mucha gente se enfermó por las moscas.

Después del Katrina, tuvimos que vivir en peores condiciones que las de los lugares que dejamos para venir a los Estados Unidos. ¡En este país de riqueza! No había ayuda. Pasó cerca de un mes antes de que recibiéramos algún tipo de ayuda. Hasta entonces, vivimos una época terrible. Había basura por toda la calle, como si hubiera habido una explosión. Nunca había vivido en tan malas condiciones, ni siquiera en el Perú. En el Perú, cuando hay una catástrofe, la ayuda empieza a llegar de inmediato. Pero aquí no. No en esa ocasión.

NOS NECESITABAN PARA RECONSTRUIR BILOXI

Después del Katrina no quedaban muchos hispanos en Biloxi. Muchos habían abandonado la ciudad antes del huracán. La mayoría de los que quedaban eran estadounidenses, blancos y negros. Cuando se iniciaron las labores de limpieza y reconstrucción había muchos empleos disponibles y todo el mundo puso manos a la obra: empezaron a quitar el lodo, las rocas, los árboles caídos y todo lo que el mar había arrastrado hasta la costa. Era un trabajo duro y sucio, y para el final de la primera semana la mayoría de los blancos y negros habían renunciado. No pudieron aguantarlo.

La gente de construcción que nos había ofrecido los empleos empezó a solicitar a más hispanos para que trabajaran en sus equipos: más hispanos, más hispanos, más hispanos. Nos pidieron que llamáramos a las personas que conocíamos para que vinieran a trabajar, y así lo hicimos.

Empezaron a llegar trabajadores a Biloxi, tantos que se produjo una escasez de alojamiento. No había dónde vivir. Más de veinte personas vivían en una sola casa, como si fuera un hotel. Y no había dónde comer. Era terrible. En los trabajos de construcción estábamos expuestos a enfermedades. Los mosquitos nos picaban y dejaban unas heridas enormes. Aún tengo en mis piernas las marcas de esas picaduras y de los químicos y aislantes que se desprendían de las paredes en los lugares donde trabajábamos.

Cuando la Policía pasaba por las áreas de construcción nunca se detenían ni decían nada. Necesitaban a los inmigrantes para terminar el trabajo. No habrían podido terminarlo sin nosotros, porque los trabajadores estadounidenses abandonaron sus trabajos al poco tiempo de empezarlos. Nos necesitaban para reconstruir Biloxi. Ahora la gente ha empezado a regresar. Los casinos han vuelto a abrir.

La mayor parte de las labores de construcción terminó en el 2006. De la noche a la mañana habían muchos menos empleos. Aunque los casinos habían reabierto, había escasez de trabajos. Me quedé sin empleo. Pero luego me ofrecieron un trabajo a una hora de camino, en la Bahía de St. Louis. No hay muchos hispanos en esa zona. Los empleadores tienen oficinas en Biloxi en las que contratan a hispanos para que trabajen en otros lugares, como en la Bahía de St. Louis. Me contrató un servicio que llevaba a gente a hoteles y casinos para que se encargaran de la limpieza, o lo que ellos llaman "housekeeping". Trabajaba en un lugar llamado Hollywood Casino, desde la medianoche hasta las ocho de la mañana. Me llevaban y me traían de vuelta en una camioneta junto con mis compañeros de trabajo.

Un día, a fines de enero, iba en la camioneta por la autopista I-10 junto con otros miembros de mi equipo. Era de mañana, acabábamos de terminar nuestro turno. Llevábamos puesto el uniforme. Estaba durmiendo, pero me desperté cuando sentí que la camioneta se detenía. Escuché que mis compañeros de trabajo decían cosas como "¡Nos fregamos!". Había dos patrulleros detrás de nosotros, agentes del ICE.[1] El conductor nos pidió que mantuviéramos la calma.

Los agentes nos habían detenido como parte de una redada policial. No había nada sospechoso en la camioneta en que viajábamos. Pertenecía a la compañía para la que trabajábamos y era totalmente blanca; no tenía ningún tipo de marca o palabra en su exterior. Estoy

---

[1] *Immigration and Customs Enforcement* [Servicio de Inmigración y Control de Aduanas], una división del Departamento de Seguridad Interna de los Estados Unidos.

segura de que los agentes del ICE habían planeado de antemano detenernos. Habíamos oído que estaban haciendo redadas por todos lados, en especial en la zona de la costa del Golfo, donde nos encontrábamos; no sé bien por qué, quizá por los puertos, a donde llegan barcos de Rusia y otros países.

Yo había asistido a las reuniones de un grupo de ayuda a los inmigrantes, para aprender qué debía hacer si alguna vez me encontraba en una situación como ésta con las autoridades de inmigración. Y allí estaba, pasando por la misma situación sobre la que había estado aprendiendo en estas reuniones. Lo primero que hice fue llamar al grupo de ayuda desde mi celular. La mujer de la oficina contestó y yo le conté lo que estaba ocurriendo y le pregunté qué debía hacer. Me dijo que mantuviera la calma, que tenía derechos y que sabía lo que tenía que decir, que tuviera fuerza y que pensara bien en lo que iba a decir antes de hablar.

Los agentes del ICE nos pidieron nuestros permisos de trabajo. Por supuesto, ninguno de nosotros tenía uno. Nos preguntaron dónde trabajábamos. Algunos de mis compañeros de trabajo les dijeron que trabajábamos en el Hollywood Casino. Los agentes nos pidieron que les mostráramos nuestras identificaciones. Como era obvio, no teníamos ninguna identificación, así que nos llevaron a una oficina.

En la oficina tomaron nuestras huellas digitales y nos preguntaron a cada uno de dónde proveníamos y cómo habíamos llegado a los Estados Unidos. Querían las historias de todos. Pero yo conocía mis derechos por las reuniones; sabía que no estaba obligada a decirles. Entonces llegó el momento de la verdad. Los agentes colocaron mis huellas digitales en una máquina y me preguntaron de dónde venía. Me mantuve más o menos calmada, y les dije: "No, necesito a mi abogado. Tengo derecho a un abogado, tengo derecho a hacer una llamada telefónica". Me dijeron que me permitirían hablar con un abogado y hacer mi llamada telefónica más tarde y me volvieron a preguntar de dónde era. Pero yo me negué a responderles. "Coopere con nosotros," me dijeron. "¿Por qué está haciendo esto tan difícil?" Pero yo insistí en hacer valer los derechos que sabía que tenía.

Me detuvieron por un largo rato, repitiendo lo mismo una y otra vez, tratando de que les dijera lo que querían saber. Eran hombres muy grandes, musculosos. Todos hablaban español. Uno de ellos tenía una cara desagradable. Me sujetó y me sacudió mientras gritaba: "¡Dime la verdad!" La cara se le iba poniendo roja. Pero yo seguía diciéndoles que tenía derecho a un abogado y a una llamada telefónica. "Tendrá su abogado cuando se presente ante la corte, señora," decían. Siguieron preguntándome de dónde era, hasta que el hombre de rostro malvado dijo: "Dejen que haga su llamada telefónica". Llamé a la oficina del grupo de inmigrantes y la mujer encargada me puso en contacto con una abogada. Pero la abogada estaba en Jackson y yo me encontraba en Gulfport, así que no había forma de que viniera hasta la oficina del ICE. Uno de los agentes habló con la abogada. No estoy segura de qué hablaron.

La mayoría de mis compañeros de trabajo eran mexicanos. Habíamos trabajado toda la noche y estábamos cansados. Todos empezaron a criticarme por mi terquedad. Pero ellos no conocían sus derechos. Nunca habían asistido a las reuniones a las que yo había ido. Les dije: "No tengan miedo, no les digan de dónde son, no digan nada. Sólo digan a los agentes que necesitan un abogado y que tienen derecho a hacer una llamada telefónica". Las mujeres lloraban y los hombres estaban nerviosos. Estaban asustados. Les revelaron a los agentes toda la información que éstos querían y firmaron los documentos que los agentes les dijeron que firmaran. Los agentes del ICE se enteraron de dónde venía yo porque mis compañeros de trabajo dijeron "Diana, ya nos fregamos. Diles nomás que eres de Perú". Fue así que los agentes pudieron obtener esa información. Si mis compañeros de trabajo hubieran hecho lo mismo que yo, si hubieran insistido en sus derechos, ninguno de nosotros hubiera terminado en la cárcel.

SON SÓLO CUENTOS

Los agentes del ICE nos dijeron que nos iban a detener. Me trataron peor que a mis compañeros de trabajo, me sujetaron y empujaron como si fuera una criminal. A los agentes realmente les molestó que no les dijera lo que querían saber. Nos engrilletaron brazos y piernas y nos llevaron a una cárcel en Nueva Orleáns, a una hora de camino. Estábamos encadenados unos a otros por la cintura, en fila.

En Nueva Orleáns había un grupo de prisioneras estadounidenses. Nos separaron unos de otros: los inmigrantes en un grupo, los ciudadanos estadounidenses en otro. Nos trataron muy mal. Mi abogada vino a buscarme a la prisión de Nueva Orleáns, pero nunca me encontró. Creo que ello sucedió porque los agentes del ICE estaban tomando represalias en mi contra por no haber cooperado con ellos. La situación era terrible allá adentro. Pero era mejor que el lugar a donde nos enviaron después.

Nos transfirieron a otra cárcel en Tensas Parish.[2] Creo que esa prisión era únicamente para hombres. No sé por qué encerraron a mujeres allí. En la cárcel de Tensas nos trataron como tratan en el Perú a los terroristas, a terroristas que habían asesinado a gente. Todo el camino desde Nueva Orleáns lo hicimos encadenados. Viajamos durante cinco horas con grilletes en manos y pies, sin poder movernos. Si tenías picazón, no había nada que pudieras hacer al respecto.

En Tensas nos dieron ropa de prisioneros. Estaban tan raídas y gastadas que más parecían trapeadores. Mis pantalones eran viejos y se me caían todo el tiempo, así que tuve que amarrarlos con una cuerda. Me encerraron en una celda con otras tres mujeres. Era muy pequeña, con cuatro camas de concreto, un baño y un foco de luz que mantenían encendido todo el día, las veinticuatro horas. Las camas eran de concreto duro con colchones de vinilo y sobre ellos unas sába-

---

[2] Tensas Parish es un condado en el noreste de Louisiana (un estado en el sur de los Estados Unidos), junto al Río Mississippi y que tiene frontera con el estado de Mississippi.

nas muy delgadas. Allí comíamos, dormíamos, todo; cuatro mujeres en ese cuartito, mirándonos las caras día y noche.

La puerta de la celda tenía una ranura por donde nos daban comida y agua. Nos daban el desayuno a las cuatro de la mañana, luego el almuerzo a las once y la cena a las seis de la tarde. Esa celda era muy fría. Y apestaba. No nos podíamos bañar con regularidad. Sólo nos dejaban salir cada dos días para bañarnos, una a la vez porque sólo había una ducha. En una ocasión no nos permitieron bañarnos durante una semana. Estábamos muy sucias. Y cuando nos dejaban salir de la celda para ducharnos llevábamos puestos los grilletes y caminábamos arrastrando nuestras cadenas.

Varias veces les dije a las otras prisioneras que teníamos que denunciar esta situación. Ellas me dijeron que me quedara callada. "Pero estamos en un país donde se respetan los derechos humanos," les dije. Una mujer me respondió: "¿Quién te ha dicho eso? Son sólo cuentos".

La esposa del alcalde del pueblo vino a visitarnos una vez, un domingo. Era cristiana y nos dejó salir de la celda para que tomáramos un poco de sol. Como pasábamos día y noche en nuestra celda con el foco de luz prendido todo el tiempo, fue un alivio poder ver el cielo, el pasto y a las aves. Cantamos himnos cristianos con ella. Nos regaló dulces y champú para cuando nos ducháramos. Pero yo me fui traumatizada de ese lugar por lo horrible que era. Había una mujer que se estaba volviendo loca por el encierro, por no saber a dónde moverse.

Por último, luego de quince días en la cárcel de Tensas, nos transfirieron nuevamente, esta vez a Memphis. Fue un viaje de ocho horas desde Luisiana a una prisión mucho más grande en Tennessee, donde teníamos un poco más de libertad. Nuestras áreas de baño eran más grandes y nos encerraban en nuestras celdas sólo durante algunas horas, no todo el tiempo. Y había un pequeño patio al aire libre donde podíamos sentarnos. Pero, con todo, la situación seguía siendo difícil. Pasé allí un mes.

Le recé mucho a Dios porque en mi primera audiencia el juez rechazó mi libertad bajo fianza. Me dijeron que como me había resistido a firmar los documentos que los agentes del ICE querían que firmara, me consideraban en rebeldía y que por ello no me ofrecerían libertad bajo fianza. Pero yo tengo mucha fe en Dios y por eso recé para que me liberaran.

Desde la prisión de Memphis podía hacer llamadas telefónicas. Los prisioneros pueden hacer llamadas a teléfonos con líneas directas, pero tienen que ser llamadas por cobrar y la persona a la que llamas debe aceptar pagar los cargos. Gracias a Dios que tenía a la mujer de la oficina apoyándome, luchando por mi liberación. Me mantuve en contacto con ella y con el tiempo pudo ayudarme a conseguir mi libertad bajo fianza como mi garante. Tuvo que conducir ocho horas para venir a recogerme.

MI ÚNICO CRIMEN FUE TRABAJAR DURO

Ahora estoy libre, pero mis problemas no han terminado. Aún tengo que ir a juicio. Si hubiera sabido lo duras que son las leyes de inmigración, lo habría pensado mejor antes de venir a este país. Pero aunque las leyes son duras para los inmigrantes, aquí hay oportunidades que no existen en mi país de origen. En el Perú, una mujer mayor como yo no tiene muchas opciones de trabajo. Aquí en los Estados Unidos uno puede trabajar en compañías como casinos, hoteles, fábricas—no te niegan el trabajo por tu raza, edad o sexo—Hay oportunidades. Aquí, incluso con el Katrina, no existe la clase de pobreza que hay en el Perú, las condiciones económicas que obligan a la gente a emigrar.

Los inmigrantes no deberían ser tratados con tanta severidad. Sé que al venir aquí ilegalmente violan la ley. Pero no vienen a los Estados Unidos a robar, matar o engañar a nadie. Yo puse todo de mí en los empleos que tuve. De mi casa al trabajo, de vuelta a casa y luego al trabajo una vez más: ésa era mi vida. Después de que el huracán llegó y destruyó todo, trabajé en empleos para hombres, en construcción. ¿Quiénes, salvo los inmigrantes, harían un trabajo tan duro y sin descanso? Trabajamos día y noche para que Biloxi pudiera renacer.

Cuando me fui del Perú nunca pensé que me tratarían como que lo han hecho en los Estados Unidos. En el Perú había mucho terrorismo y guerra, pero yo siempre había escuchado que este país se preocupaba por los derechos humanos. Eso es lo que mucha gente dice sobre los Estados Unidos, en especial los estadounidenses. Pero no tuvimos derechos en la cárcel, ni en ningún otro lugar. No se respetan nuestros derechos. Eso me causa rencor. Lo que me molesta es que hay mucha gente aquí que vive al filo de la ley, y nadie los castiga. Pero a mí me trataron como a una criminal. Mi único crimen fue trabajar duro.

En la prisión de Memphis había un guardia que hablaba español. Cuando salía de la prisión, me dijo: "Pórtate bien".

Yo le pregunté: "¿Por qué tendría que portarme bien?" Cuando dije eso, el guardia me preguntó por qué me habían encerrado.

"Por trabajar demasiado," le respondí.

SEÑOR LAI

EDAD: *40*
PAÍS DE ORIGEN: *China*
OCCUPACIÓN: *Cocinero*
DOMICILIO: *Nueva York, Nueva York*

AL FINAL DEL OTRO LADODEL
CAMPO DE MAÍZ ESTÁ AMÉRICA

Nacido en el Sureste de la provincia de Fujian en China, el señor Lai enfrentó problemas cuando su familia violó la ley de Un-solo hijo.[1] *Él le pagó a los traficantes para que lo sacaran de China y llegó a los EEUU como un EWI*[2] *después de hacer un viaje de un año, el cual lo llevó a través de Tailandia, Cuba y México.*

Desde entonces, el señor Lai, ha viajado mucho alrededor de los E.U. trabajando como cocinero para pagar la inmensa deuda que le debe a los traficantes. También le manda dinero, cuando puede, a su esposa y dos hijos en Fujian. Nos encontramos por primera vez en el barrio chino, en las oficinas encargadas de ayudar a la comunidad Fujiana en New York. Fué ahí que el atento, y reservado señor Lai nos mostró la gravedad de una herida reciente, quitándose la venda que revelaba una mano enrojecida e hinchada con una cicatriz en forma de V. En varias reuniones que tuvimos en un restaurante

---

[1] La ley de Un-solo hijo, anunciada por primera vez en 1979, generalmente limita a las parejas a tener un solo hijo/a. La ley surgió de la creencia de que el desarrollo económico y social sería alterado por el rápido crecimiento de la población.

[2] *Entry Without Inspection*. Se refiere a inmigrantes que entran en los EE.UU. aludiendo el registro oficial.

coreano, el señor Lai, ahora de cuarenta años de edad, habla despacio en Mandarín, explicando más acerca de su vida y los eventos que lo trajeron aquí.

El lugar donde yo crecí se llamaba *Cheung Lok*—Felicidad Extensa. Era una pequeña colonia granjera. La gente sembraba arroz y camote. Solamente habían trescientas familias, una población de alrededor de mil personas. Todos en mi familia eran sembradores de arroz. Tengo cinco hermanos—dos hermanas mayores, dos hermanos mayores, y una hermana menor. Yo soy el quinto.

Yo era un niño simple, nada me molestaba en realidad. Siempre y cuando tuviera que comer estaba bien. No pensaba en si era feliz o no, si mis padres eran ricos o no, si tenía buena ropa, esas cosas no me preocupaban. Fui a la escuela hasta el tercer grado y entonces tuve que salirme. Mis padres dijeron: "No estudies más. No tenemos dinero". Así que dejé la escuela y empecé a buscar trabajo. Había mucha gente y no suficiente comida y trabajo para todos. Todo el mundo era granjero, pero nadie tenía más que un pedazo de tierra para trabajar. No era suficiente. Mis hermanos no fueron a la escuela tampoco. Mi hermana mayor fue a la escuela por cinco años, pero tuvo que dejarla por la misma razón.

Así que fui en busca de trabajo—atendiendo ganado, haciendo ladrillos. Yo tenía unos diez años cuando comencé a cuidar ganado. Los llevaba a la montaña y los reunía ahí para que pudieran comer. Recordándolo ahora, era divertido estar siempre en las montañas, corriendo con el ganado. Cuando crecí encontré trabajo haciendo ladrillos. Yo tenía diecisiete años en aquel entonces. Después de eso hice varios trabajos de construcción, lo cual continué haciendo hasta que vine aquí.

De todos mis hermanos yo soy el único que vino. Por aquel entonces ya estaba casado, con mi propia familia. Todavía éramos muy pobres. Todavía no había suficiente dinero. Y quería encontrar la manera de hacer más. También pensé que América sería más libre. Tú puedes decir lo que tú quieras en este país. Pero China es tan estricta en tantas formas diferentes.

Cuando era un niño, por ejemplo, no había tal cosa como La ley de Un-solo Hijo. La gente podía tener la cantidad de niños que quisiera, pero más tarde, el control de población fue vigilado muy estrictamente. Los oficiales iban a las casas para chequear a la gente y ponerlos bajo vigilancia si ellos sospechaban de "embarazos ilegales".[3] Ellos vinieron a la casa un día y me advirtieron que no podía tener más de un niño. Por suerte mi esposa no estaba en la casa, porque ella ya estaba bien avanzada en el embarazo de nuestro segundo hijo. Nos preguntábamos si ya sabían, si alguien les había dicho. Habíamos oído muchas historias de soborno, abortos forzados, esterilizaciones forzadas. Esto parecía suceder más en lugares rurales—no sé si era porque la gente en estas áreas infringía más la ley, o si era más fácil usar ese tipo de método ahí.

La gente encontraba maneras, como no registrar el nacimiento del primer hijo, y tener el segundo rápidamente y entonces registrarlos como gemelos, lo cual es permitido. No pudimos hacerlo porque nos esperamos mucho—nuestro primer hijo ya tenía cinco años. Teníamos miedo de que volvieran. No teníamos muchos caminos abiertos. Decidimos que teníamos que huir. Mi hermana mayor nos recibió. Ella tenía una casa vieja con un piso alto. Mi esposa y yo nos escondimos ahí todo el día, demasiado asustados para salir. Si sus vecinos se enteraran, nos hubieran reportado y los oficiales vendrían a buscarnos. Estuvimos escondidos un poco más de dos meses. Mi esposa tuvo el bebé en la casa de mi hermana. Después supe que los oficiales sabían de nuestro segundo embarazo y vinieron a buscarnos. Cuando no nos encontraron fueron a nuestra casa y la destruyeron, la derrumbaron.

---

[3] Las leyes provinciales variables determinan lo que constituye un embarazo legal. Generalmente, las autoridades de población determinan la legalidad basada en la historia de la familia—si el primer hijo era niña o descapacitado, la familia está autorizada a tener otro niño—Y si la cuota anual ha sido alcanzada o no.

Estaba bien enojado, pero no pude hacer nada, no pude decir nada. La familia entera podría tener problemas. Uno tiene que tener cuidado. No puedes ofender al Partido. No puedes criticar al gobierno ahí. Si lo haces te meten en la cárcel. También había una multa de seis mil RMB,[4] por tener un segundo hijo. Éramos pobres—no podíamos pagarlo. Fue durante ese tiempo que empecé a tener ideas de ir a América. Había oídos a gente hablar de que América eran tan demócrata, de que había libertad de expresión. En ese entonces pensé que podía ir ahí, y luego mandar a traer a mi esposa y mis hijos, y entonces podríamos tener dos o tres niños más! Me encantan los niños. Yo amo a los niños, en verdad. Pero después que me fui el gobierno la forzó a tener una histerectomía. Si te niegas a hacer lo que te dicen, te ponen en la cárcel, o te degradan en el trabajo. O si ellos no pueden encontrarte te destrozan la casa.[5] Eso es lo que hacen. Eso fue lo que nos hicieron a nosotros.

Los deseos que tenía de encontrar una manera de salir para mí y mi familia se hicieron más fuertes en los años siguientes. No podíamos continuar así. Ésta no era una manera de vivir. Y yo tenía tanto rencor hacía el gobierno que realmente empecé a pensar, si yo no salgo de aquí entonces probablemente terminaré en la cárcel. No tenía fe en la China. No sabía cómo iba a hacerlo, pero sabía que tenía que irme a América.

YO SOLAMENTE COMÍA, DORMÍA, COMÍA, DORMÍA

No puedo recordar mucho del viaje. Empecé en Fujian. Me dieron un pasaporte tailandés. La persona en la foto soy yo, pero el nombre

---

[4] RMB, (corto para Renminbi) es la moneda oficial de China. Seis mil RMB eran aproximadamente $725 dólares estadounidenses. en el 2000.

[5] En mayo 2007, surgieron protestas en Bobai, Guangxi, en el amanecer de un nuevo estadio por el gobierno provincial a las familias que infringía las regulaciones del control de nacimiento. Las sancianas financieras aumentaron y, al mandato de Beijing, los padres que no se castigaban confiscándoles o destruyendo sus propiedades.

no es el mío. Todo esto fue arreglado por los *snakeheads* (cabeza-de-culebra).[6] Los conocí a través de una gente en mi pueblo. En realidad no sabía quien era esta gente, la que me presentó. Solamente gente con la que te pones en contacto, cuando sales, a un bar o algo, ellos te dicen "¿Tienes este problema? ¿Por qué no te pones en contacto con éste y aquél?" Era solamente gente como yo, en posición similar. Empezamos a hablar y ellos dijeron, "Yo conozco a alguien".

El cabeza-de-culebra que encontré me dijo que él se haría cargo de todo, pero que me costaría treinta mil dólares. El negocio era pagar al llegar—Yo me las arreglaría en pedir prestado esta cantidad a usureros en China, y entonces le pagaría al jefe cabeza-de-culebra cuando llegara a los Estados Unidos. El dinero regresaría a los cobradores en China quienes le darían el dinero al cabeza-de-culebra.

No importaba si confiaba en esta gente o no. Tenía que intentarlo. Obtuve mi pasaporte tailandés y fui al aeropuerto con este tipo. Nos paramos en la línea juntos en el borde de control. Se supone que le tenía que seguir, estaba nervioso, pero nadie nos detuvo, simplemente nos dejaron pasar.[7] Abordamos el avión para Tailandia. Viajé con este tipo, nosotros dos solos. Durante todo el vuelo estaba muy animado y muy feliz de estar viajando. Alguien vino a recogerme en el aeropuerto de Tailandia. En ese momento estaba un poco asustado—¿Qué iba a hacer si me descubrían y me ponían preso? Pero el tipo me dijo que no me iban a descubrir nada, que todo iba a estar bien. Estaba feliz de creerlo—estaba concentrado en llegar a los EE.UU., y mientras más pronto mejor.

Me quedé unos tres meses en Tailandia. Estaba encerrado en la casa de alguien, no sé donde. Me dijeron que era Bangkok. Me da-

---

[6] *Snakehead* (Los cabeza-de-culebra) son traficantes humanos, generalmente de la China. Este término también ha sido usado para describir a cualquiera envuelto en cualquier aspecto de operaciones de tráfico humano, lo mismo local que ultramar.

[7] Las autoridades chinas y en mucho de los países transitorios, son a menudo, pagados para ayudar a los inmigrantes ilegales a salir y entrar de sus países.

ban todo. Solamente comía, dormía, comía , dormía. Habíamos como unos veinte. Habían dos o tres que mantenían el orden—los guardias. Todos hombres, chinos; ellos hablaban Putonghua. Eran de tamaño normal, jóvenes, de veintisiete, veintiocho. Muy feroces. Nos dijeron que no podíamos salir, que era muy peligroso, y que podíamos ser descubiertos. Decían, "Te mantienes en línea, o te golpeamos".

Nos trataban bien, siempre y cuando estuviéramos tranquilos, y siempre y cuando no dijéramos nada. Si empezabas a decir algo inapropiado, o empezabas a ponerte nervioso, ellos podrían venir y golpearte. Vi que esto le pasó a unos tipos que empezaron a hablar demasiado y decir lo que no debían. Los golpearon enfrente de nosotros. Si peleabas o discutías, te golpeaban. Trataban a las mujeres igual que a los hombres.

Dormíamos en un suelo sin alfombra. Una sola colcha, una debajo, en el piso, y otra encima. Habían dos dormitorios y una sala con unas diez personas durmiendo en cada habitación. Podíamos ir a cualquier parte dentro de la casa, pero no afuera. No era muy grande, alrededor de veinte pies cuadrados. No había muebles ni nada en la casa. Había una cocina. Habían dos personas ahí que cocinaban; no nos permitían preparar nuestra propia comida. Cuando era hora de comer gritaban, "La comida está lista!" Comíamos en silencio. La comida era estilo chino: arroz de maíz . Estaba bien. Siempre y cuando tuviéramos algo, no protestábamos.

Los otros en la casa eran todos de la misma provincia, Fugian. Muchos de Fuzhou[8]. Hablábamos de lo que hacíamos cuando estábamos en nuestro pueblo, lo que íbamos a hacer cuando llegáramos a EE.UU. La mayoría eran hombres. Algunos de ellos crecieron en ciudades, otros eran del campo como yo. Unos mayores, otros más jóvenes, pero la mayoría eran hombres. Todos ahí estaban solos. Nadie estaba con su familia. Habían algunas mujeres, pero no las llegué a conocer. Las mu-

---

[8] La ciudad capital de Fujian.

jeres estaban solas también; no vinieron con sus familias. Las mujeres estaban agrupadas juntas, y los hombres agrupados juntos. Los hombres pasaban los días jugando a las damas, las cartas, o conversando. Estábamos muy aburridos, pero no había nada que podíamos hacer. No sabía que iba a estar ahí tanto tiempo. No sabía que iba a ser así. Pensaba que quería ir a América para ser libre, pero aquí estaba, encerrado como un prisionero. No tenía sentido. Cada vez que les preguntaba a los guardias cuánto tiempo más nos teníamos que quedar, ellos siempre decían, "En unos días. Te dejaremos ir en unos días". Me cansé de preguntar. Me sentía indefenso. Eventualmente me entumecí.

Era difícil pensar en algo claramente. Me preguntaba cómo estaban mi esposa y mis hijos. Una o dos veces logré llamarles, pero no pude hablar con ellos mucho tiempo. Los guardias no nos dejaban hacer largas llamadas de teléfonos. No tenía mucho dinero para hacer muchas llamadas. Cuando hablaba con mi esposa le decía que se cuidara a sí misma y también a los niños, que estaba en Tailandia y que todo estaba bien. Aún cuando las cosas estaban mal, yo siempre le decía que yo estaba bien. No quería que ella se preocupara. No quería que ella pensara que había sido un error. Sabía que ella estaba preocupada por mí, pero continué diciéndole—"Todo está bien, estoy bien, tengo comida para comer, y tengo un techo sobre mi cabeza. Así que no te preocupes por mí".

Ellos me preguntaron, "¿Cuándo regresas?"

Y yo les dije, "Papá no va a regresar. El va a América, y en el futuro ustedes también irán".

ESTÁTE TRANQUILO Y ESPERA

Una mañana en septiembre los guardias nos despertaron y nos dijeron que nos fuéramos. No nos dieron tiempo ni de recoger nuestras cosas. Simplemente nos dijeron que nos fuéramos con la ropa puesta, pero yo fui rápido y pude agarrar una bolsa pequeña. A cinco de nosotros nos volaron a Cuba con visas falsas. La otra gente, algunos ya se habían ido de aquí y de allá. Podrías decir que hice algunos amigos ahí, pero no les he visto ni he mantenido ningún contacto con ellos desde que llegué a América.

Fue malo en Cuba, porque todavía había que esperar más. Justo como en Tailandia, no podíamos dejar la casa. Los guardias cubanos decían que era aún mas peligroso ahí, porque era más obvio que éramos extranjeros. No eran tan agresivos como los guardias en Tailandia; no nos golpeaban, solamente nos decían que estuviéramos tranquilos.

Incluyendo los cinco de la casa, habían unos cuantos chinos más, así que en total habían seis o siete personas en la casa. Nos quedamos en el segundo piso de la casa y dormíamos en el suelo. Era un poquito mejor que en Tailandia porque había alfombra. En general el lugar estaba bien, razonablemente limpio. Por lo menos aquí podíamos hacer nuestra propia comida, ya que ninguno de los guardias podía cocinar. Comíamos pollo, arroz, cosas así. Les pedíamos a los guardias que nos compraran los víveres. Les decíamos lo que queríamos, les dábamos el dinero, y ellos iban y compraban la comida. Pero como eran cubanos no podíamos comunicarnos muy bien. Hacíamos muchos gestos con las manos. "Tenemos hambre, queremos comer," y ellos decían "Bien" con movimiento de cabeza.

Nos habían dicho que estuviéramos tranquilos y que esperáramos; había otro cabeza-de-culebra en Cuba que estaba preparando el próximo paso de nuestro viaje. Estuvimos ahí tres meses, hasta que un día nos dijeron que empacáramos nuestras cosas—nos llevarían al aeropuerto para ir a México.

Así que ya eran seis meses de estar viajando, parando, viajando. En realidad no sabía que iba a tomar tanto tiempo, y todavía no habíamos llegado a América. Cuando estaba en Fujian, el cabeza-de-culebra me dijo que tomaría unos diez días para llegar a América. A lo mejor hubiera reconsiderado si me hubieran dicho la verdad acerca del tiempo que iba a tomar. A lo mejor lo hubiera hecho de todas maneras. No sé.

TAN PRONTO COMO LLEGUE A AMÉRICA, SERÉ AMERICANO

Llegamos a México en avión. Todos estábamos muy felices. Continuaba diciéndome, "Tengo que continuar. Es mi último tropiezo, y tan pronto como llegue a América, seré americano". Pasamos cuatro meses en México. La misma cosa, encerrados en una casa. Pero este lugar era bien grande. Afuera habían cerdos, pollos, como una granja. Había maíz creciendo en medio del terreno. Había tanto que tú podías ir ahí y recogerlo. El lugar entero estaba cercado. Podíamos caminar, pero no más allá de la cerca.

Así que era un poquito mejor que antes—por lo menos podías caminar afuera al aire libre—pero era muy tranquilo. Muy aburrido. No había nada que hacer en lo absoluto. Igual que antes: sentados, conversando, jugando al ajedrez. Todavía éramos prisioneros. Para entonces, ya me había acostumbrado a esperar. No seguía frustrado de la misma manera.

Algunas veces estaba bastante feliz; otras veces sentía que mi corazón no podía tener paz. Sentía que me estaba acercando a América, pero hasta que no llegara ahí realmente, no podía estar en paz. A veces pensaba, no puedo creer que me fuera hace tanto tiempo que. Pero tenía mucha fe en mí mismo. Y no tenía pesadumbre. Sabía que al final llegaría ahí.

Una mañana nos dijeron que nos metiéramos en este camión grande con alrededor de otras cien personas. Habían solamente diez chinos más o menos; el resto eran mexicanos, guatemaltecos, salvadoreños. En cuanto nos montamos, estábamos moviéndonos. Pasamos unas dieciseis horas en el camión. Era muy difícil, muy incómodo. Estábamos parados o recostados todo el tiempo. No había ventanas, con excepción de una pequeña encima de nosotros en el techo. Hacía mucho, mucho calor. Muy amontonado. No hicimos ninguna parada, ni una durante las dieciseis horas de viaje. Nos dieron bolsas plásticas para ir al baño. La peste era terrible. Pensaba, esto es demasiado, es demasiado duro. Esta no es la forma de tratan a los seres humanos. Pero también pensaba, si ésta es la única manera para llegar a los Estados Unidos en un sólo pedazo, no tengo otro remedio que tolerarlo. En cierto punto terminará.

Finalmente llegamos a un lugar con muchos sembrados de maíz. Era alrededor de la una de la mañana y muy oscuro. Nos dijeron, "Al final del sembrado de maíz está América". Entonces nos dijeron que nos bajáramos y siguiéramos a una gente adentro del maíz. El maíz estaba muy alto, más alto que yo. Todo lo que podía ver era un ferrocarril que corría de nuestro lado, como a unos cien metros de nosotros, así que siempre que un tren pasaba teníamos que agacharnos. Al lado del ferrocarril había un camino. Habían carros de policía yendo de un lado al otro, patrullando la frontera, no te atrevías a dejarte ser visto. Solamente caminábamos y nos escondíamos todo el tiempo, siguiendo a los guías. Estuvimos caminando alrededor de cinco horas. Pero, no me cansé. Todo lo que pensaba era, "América, América". Podía verla al otro lado. Finalmente llegamos a una cerca de alambres. Uno de los guías le hizo un hueco. Él señaló a los sembrados de maíz y dijo, "Esto es México". Entonces señaló al otro lado del hueco en la cerca y dijo, "Esto es América".

Fui a cuatro patas por el hueco y llegué al otro lado. No te puedo explicar lo feliz me sentí en ese momento. Lo primero que vi en el otro lado fue la línea de tren, y una puesta de policía. Así que tuvimos que apurarnos y mantenernos agachados, especialmente porque el sol ya estaba saliendo. Más allá al lado de la línea de tren habían tres carros— antes de que pasáramos, nos dijeron que nos estarían esperando unos carros. Corrimos hacía los carros, entramos, y nos llevaron.

Estuvimos viajando cinco, seis horas con dos tipos chinos—el conductor y otro más. No nos dijeron a donde nos llevaban. Sólo dijeron, "Esta es América. Pero vamos a ir más lejos". Alguien dijo New Mexico, pero yo no sabía si era verdad. Paramos en un motel en el camino. Fue bueno tener un descanso—tomar una ducha, cepillarnos los dientes, cambiarnos de ropa. La segunda noche, me llevaron a Los Ángeles. Cuando llegamos ahí el tipo con el conductor dijo, "Tú realmente estás en América ahora. Dame el dinero".

Lo que el cabeza-de-culebra me dijo en Fujian—fue mentira. Mintió sobre el tiempo que tomaría. También mintió sobre el costo. Él me dijo que iba a costar treinta mil dólares. Pero cuando finalmente llegué ahí me dijeron que debía sesenta mil dólares. Dijo que era más porque tomó más tiempo del que habían pensado. Pensé que era realmente injusto. Pero no me dejarían ir hasta que les diera lo que querían.

Solamente había estado preparado para pedir prestado treinta mil dólares de los usureros en China, así que no había manera de conseguir ese dinero extra así, como así. Esos cabeza-de-culebra, sólo dicen mentiras, nunca dicen la verdad. Pero una cosa es verdad: si no pagas, no vas a sobre vivir.

En ese entonces, me estaba quedando con otros tres en un apartamento cerca de un supermercado hawaiano. Una mujer y dos hombres. Ellos tampoco le habían pagado a los cabeza-de-culebra todavía. Las personas que nos vigilaba eran hombres jóvenes; uno de ellos era cinco o seis años más joven que yo. Eran chinos. Si salían, algunas veces nos llevaban con ellos. Si no salían, nosotros no salíamos. Nunca estábamos permitidos a salir del apartamento solos. Era mejor que estar encerrados como antes, porque me sacaron unas cuantas veces. Pero no vi mucho, porque solamente me permitían ir al supermercado para comprar fruta, vegetales, y cosas así. La mayoría del tiempo estábamos adentro, mirando la tele y vídeos todo el día.

Éramos tres hombres en una habitación, y la mujer en su propia habitación. Los guardias se quedaban en otra habitación en el primer piso. Nos dieron frazadas, pero todavía teníamos que dormir en el suelo. En realidad no podíamos hablar. Si hablabas en voz alta, los guardias te golpeaban. Decían, todo el tiempo, "Apúrate y consigue el dinero. Si no consigues el dinero, te mataremos a golpes". Estaba telefoneando constantemente a mi casa para tratar de reunir más dinero. Llamaba a familiares, amigos, a quien fuera, para que me ayudaran. Estaba desesperado por pagarle a los cabeza-de-culebra para empezar mi vida en los EEUU. Después de un mes o algo así me las arreglé para pedir prestados de cuarenta mil dólares, pero todavía no era suficiente. Por aquel entonces todos los otros ya se habían marchado; habían encontrado el dinero y habían pagado. Finalmente mi hermana mayor pudo ponerse en contacto con varios usureros para que me prestaran el dinero extra. Después de dos meses en Los Ángeles, tenía los sesenta mil dólares para pagarle a los cabeza-de-culebra. Cuando los cabeza-de-culebra de Los Ángeles recibieron la confirmación de los cabeza-de-culebra de China que la deuda estaba pagada, estabga libre para irme.

NO SABÍA DÓNDE ESTABA CAROLINA DEL SUR

Me dieron un boleto para Nueva York con otro nombre. Ni siquiera era igual que el del pasaporte tailandés que tenía, pero nadie lo chequeó cuando entré. No conocía a nadie cuando llegué a Nueva York, a nadie. Nadie vino a recogerme cuando llegué. Estaba solo. Me subí a un taxi. Me habían dicho que solamente dijera, "Chinatown". Y así lo hice. El conductor dijo "Bien". Cuando empecé a ver letras chinas enfrente de negocios y letreros de las calles, le dije al conductor, "para aquí".

No tenía idea de dónde iba a vivir. Le pregunté a algunas personas en Chinatown dónde podía encontrar un hotel. Las personas ahí me dijeron que habían varios hoteles cercas. Así fue como encontré el Hotel Wu Shing, el cual tenía habitaciones por quince dólares la noche. Me quedé en mi propia habitación, pero era pequeñito, con una cama muy pequeñita. Era como, entrabas, te quitabas los zapatos y te acostabas.

En el hotel había mucha gente quedándose ahí que también había venido de Fujian. Empecé a hablar con un tipo que me dijo que él era de Wang Tau. Le dije, "Acabo de llegar aquí. Quiero buscar trabajo mañana. ¿Dónde puedo ir, qué puedo hacer?" Él me dijo que no me preocupara , que habían agencias de reclutamiento cerca; él me llevaría en la mañana. Así fue como pasó.

El agente de ahí me dijo que podía empezar a trabajar enseguida en un restaurante chino. No tuve que firmar nada, pero tuve que pagarles treinta dólares por conseguirme el empleo. Me dieron un número de teléfono para el trabajo, código de área 803. Me dijeron que no era en Nueva York, que tenía que tomar el ómnibus para llegar ahí. Me dijeron como llegar a la estación de ómnibus en la calle 42. Cuando llegues ahí, me dijeron, compra un boleto en el autobús del Greyhound que va para Carolina del Sur.

No sabía dónde estaba Carolina del Sur, pero después de comprar el boleto me quedé solamente con dos dólares en mi billetera. Así que pensé, bien, debe estar bastante lejos. Pero no esperé estar viajando por horas y horas y horas. Al final tomó diecisiete horas, casi un día para llegar ahí. Pero no me importó. Estaba emocionado de tener mi primer empleo en los Estados Unidos, emocionado de ganar mi primer sueldo y mandarle dinero a mi familia. Quería que ellos vieran que estaba bien, y que fue buena decisión venir aquí.

LA GENTE EN MI SITUACIÓN

No salieron bien las cosas en Carolina del Sur. Desde un principio el jefe del restaurante dijo, "Tú no sabes cocinar!" Y era verdad. En aquel entonces yo no sabía nada. No tenía experiencia. Pensé que me darían la oportunidad para aprender. En vez de eso me hizo hacer trabajos básicos de cocina como cortar carne, vegetales, ese tipo de cosa. Me retuvo sólo tres días y me dijo que volviera a Nueva York. Estaba bien enojado. Había viajado hasta allá, para ganar solamente $180. Tuve que gastar la mitad de eso para regresar a Nueva York. Me sentí muy infeliz, realmente frustrado.

Entonces la agencia de reclutamiento me encontró otro empleo, en otro restaurante. Éste tenía un código de área 914: Westchester, Nueva York. Trece días en este lugar, haciendo más trabajos serviles de cocina. Filadelfia después de eso. El empleo de más tiempo que tuve fue en la Florida. Pasé dos años ahí. Me habían despedido cinco o seis veces antes de llegar a la Florida. También trabajé en Virginia, Queens, Carolina del Norte. Unos días aquí y allá, generalmente trabajos serviles de cocina. También unos días en Ohio. Texas. Alabama. Massachussets. New Hampshire. Indiana. ¡Un montón de lugares! Seattle fue el más lejano. No sé por qué los jefes me despedían después de un tiempo tan corto. Trabajaba duro, hacía lo mejor que podía. Pero a lo mejor se impacientaban con mi falta de experiencia. A lo mejor pensaban que habían suficientes personas como yo.

Algunos lugares estaban bien, en términos del nivel de vida. Los dueños de los restaurantes decían, "Duerme en el sótano," o "Duerme en el recibidor". No recuerdo mucho de los lugares. Todo era más o menos lo mismo para mí. Pasaba todo el tiempo trabajando—una cocina es una cocina, eso es lo que ves, eso es lo que haces. Queens tenía mucha gente negra. Carolina del Norte era muy limpio, pero no había mucho que hacer. Me sentí muy cómodo en Houston; tenía un Barrio Chino, con supermercados de Hong Kong, supermercados vietnamitas, muchos asiáticos. Estuve ahí poco más de un mes. En Kentucky, viví en una montaña con otros trabajadores de restaurantes. Todas las mañanas nos recogían y bajábamos la montaña para ir a trabajar. Vivíamos en una casa muy vieja, tenía unos cien años de vieja. La madera estaba podrida, el lugar entero era poco higiénico; no era nada cómodo en lo absoluto.

Cuando pasaba más tiempo en el trabajo ganaba como unos $1,600 al mes. La agencia de recrutamiento nos decía por adelantado cuanto estaríamos ganando. Así que, $1,600 suena bien, pero estás trabajando horas muy largas. Trabajaba unas doce o trece horas al día, seis días a la semana. Estás de pie todo el tiempo y tienes que trabajar muy rápido, o los jefes te gritan. El dinero que yo mandaba a mi país iba a mi familia. Mandaba el dinero en dólares de los EE.UU. Mi familia cambiaba el dinero a RMB y usaban la mayoría del dinero para pagarle la deuda a los usureros.

No tenía una fecha fija de mandar dinero a casa, porque no siempre estaba trabajando. Cuando tenía un empleo, cuando tenía dinero, mandaba dinero. Si no tenía trabajo, no mandaba dinero de regreso. Generalmente mandaba cerca de mil, dos mil dólares cada vez que podía. Los usureros mantienen el interés muy alto. Por los sesenta mil dólares que pedí prestados, cada mes tengo que pagar más de mil en intereses. Así que aunque he estado en los EEUU por un tiempo, todavía no tengo dinero. Y ahora no tengo trabajo, así que... he oído que el interés está disminuyendo a medida que la gente se está enriqueciendo en China. Así que si pidiera prestados sesenta mil dólares ahora en vez de hace cinco años, el interés sería unos seiscientos al mes. Mucha gente en mi situación se ha matado porque no podían pagar el dinero. No podían ni tan siquiera pagar el interés. Siempre he pensado que tengo que continuar adelante; tengo que seguir trabajando para pagar mi deuda.

Entre un trabajo y otro siempre regresé a Nueva York. Siempre que me despedían regresaba, porque es fácil conseguir trabajo desde aquí. Seguro, estaba cansado de trabajar en tantos lugares, pero no tenía otra opción, con tanta deuda a los usureros en China. Tuve que pedirle prestado a ellos para pagarle a la gente que me trajo aquí— los cabeza-de-culebra. Así que estaba cansado, realmente cansado. Pero como digo, no tenía de otra.

La mayoría de todos los jefes que tuve fueron malos. De cada diez jefes, ocho eran malos. Eran horribles con la gente que trabajaba para ellos, pero principalmente con la gente indocumentada. Se la pasaban diciendo, "Si quieres mantener este empleo, haz el trabajo apropiadamente. De lo contrario, márchate!" O, aunque estuvieras muerto del cansancio de estar de pie ellos decían, "Trabaja más rápido! No estés de holgazán!" El año pasado en Indiana, hubo un incidente. Habían dos cocineros. Unos de los cocineros accidentalmente roció al otro en la cara con aceite mientras estaba cocinando. Así que el gerente le dijo al cocinero que roció el aceite que él tenía que compensar al otro. Que tenía que pagar. Pero al gerente tomó el dinero y se quedó con él. Eran $3,500. Lo rebajó del salario del cocinero. Dos meses de salario. Y le dijo, "Vete. No te queremos aquí". Ninguno de los cocineros tenía papeles. El gerente dijo, "Traeré a Inmigración. Yo tengo documentos. Tú no". Así que el cocinero tuvo que irse. No se atrevió a quedarse y pelear por su pago.

A LO MEJOR ASI ES COMO ES

Había estado trabajando en este restaurante chino en Kentucky por aproximadamente dos meses. Era uno de cinco, seis miembros de cocina. Trabajaba como cocinero, a cargo del wok (sartén chino). Era un trabajo típico—días largos, doce o trece horas frente a una estufa caliente. Me mantenía reservado la mayoría del tiempo. En realidad no socializaba con el resto de los miembros de la cocina. Soy bastante callado con la gente que no conozco bien; no sé tomar o decir chistes. El jefe hablaba cantonés, así que no nos comunicábamos bien. Yo hablo Putonghua. Algunas veces se impacientaba cuando yo no entendía lo que decía, entonces otro empleado traducía y yo le comprendía. Pero aparte de eso, las cosas generalmente iban bien.

Era una mañana típica. Habían varios empleados entrando y saliendo de la cocina al callejón. La cocina era pequeña y apretada, así que usábamos el callejón para cosas como pelar vegetales, lavar platos y cazuelas, ese tipo de cosas. Salí varias veces para botar agua caliente. Había otra trabajadora cerca, una mujer, que estaba lavando los platos. Entonces, en realidad no me fijé mucho en ella, pero recuerdo que en cierto momento ella dejó la tinaja de platos. No estaba prestando atención. Ella debió haber ido adentro de la cocina o del restaurante a agarrar algo. Después de haber botado un poco de agua, regresé adentro de la cocina a mi estufa. De repente todo el mundo oyó gritos—la mujer entró a la cocina, con sus manos alzadas y gritando que las manos le ardían.

Entonces corrió hacia adentro del restaurante y regresó con el gerente. Parecía bien enojado. Empezó a hablarle a los trabajadores. Podía entender, "Blanqueador... agua" Así que pensé que alguien había puesto blanqueador en la tinaja de platos de la mujer y quería saber quien lo había hecho. Nadie dijo nada. Varias veces el me apuntó a mí, diciendo, "¿Fuiste tú?" Pude entender eso.

Por supuesto yo continuaba diciendo, "No fui yo" y "Yo no sé nada". Pero, él continuaba apuntando hacia mí y preguntando y supe entonces que él había decidido que fui yo. No entendí por qué. No había hecho nada. Pero entonces me fijé en que la mujer miraba al suelo. El gerente me vio mirándola y hizo unas señas con las manos que yo interpreté como "No, ella no fue la que te acusó".

Todavía él me seguía apuntando y preguntando, "¿Fuiste tú, fuiste tú?" A lo mejor él pensó que si continuaba preguntándome, lo admitiría al final. Pero seguí diciendo que no, lo que lo hizo enojarse más y más. Él me empezó a empujar, pero yo no peleé. Simplemente me alejé y regresé a mi estufa. Sólo quería volver a trabajar.

Seguía siendo golpeado por detrás. Al principio no supe lo que estaba pasando, entonces me volteé y era el gerente golpeándome, la espalda, mis brazos. Traté de defenderme, empujarlo lejos de mí, pero era difícil. La cocina, era tan pequeña, no tenía ni espacio para moverme. No podía salir. Estaba asustado. Parecía que me había estado golpeando por mucho tiempo. Habían otros cinco o seis empleados en la cocina—algunos de ellos se pararon y miraron. Otros continuaron con su trabajo como si nada estuviera pasando. Creo que ellos querían ayudarme, pero tenían miedo. Aunque veas que está pasando algo malo, tienes que pensar en ti mismo. Esta es solamente gente con quien tú trabajas. Te llevas bien para poder trabajar. Lo único que en realidad te importa es mantener tú empleo.

Entonces el gerente tomó un cuchillo y me empezó a atacar con él. No podía creer lo que estaba pasando. Parecía como si de verdad él quería lastimarme, pero cuando verdaderamente me cortó la mano y vio toda la sangre, se puso bien asustado y se fue corriendo.

A lo mejor me desmayé, porque no puedo recordar exactamente lo que pasó después, excepto que vino la policía, una ambulancia, y luego estaba en una cama en el hospital. Lo que sé es que todo el tiempo que estuve en el hospital tenía miedo de que iba a perder el uso de mi mano. Al mismo tiempo tenía la esperanza de que la ley me ayudaría. Pensaba en la policía, ellos van a hacer algo.

La gente en el hospital de Kentucky fue muy bondadosa. No me pidieron que pagara los gastos del hospital. Ellos dijeron que fue una cosa terrible. El doctor ahí me abrió la mano y reconectó algo, quizás el hueso. Él me advirtió, "Si no tienes cuidado, podrías perder el uso de tu mano. Y cuando mejore, no va a quedar al cien por ciento".

Mientras estuve ahí, quizás la policía, consiguieron un abogado Putonghuanés para que viniera a verme. El abogado dijo que la policía había regresado al restaurante y no pudieron encontrar al gerente. También me dijo que el gerente tenía antecedentes, de agresión, y la policía todavía lo andaba buscando. Me pregunté si yo había sido el primer trabajador que él había atacado. El abogado dijo que por ahora él no podía hacer nada más.

Después de dos semanas mi mano estaba estabilizada, pero todavía no podía mover mis dedos. Estaba en una situación mala. No tenía trabajo y la policía no podía encontrar al gerente. Esto me hizo tener muy pocas esperanzas de poder obtener algún tipo de compensación.

También me hizo pensar que estaba en peligro. No sabía lo que el gerente estaba pensando, si él quería vengarse o qué. Así que no tuve más remedio que recoger mis cosas y comprar un boleto para Nueva York. De vuelta en Chinatown, lo primero que hice fue ir a ver a un hombre que se llamaba Sr. Chen. Él trabaja para una fundación que es reconocida por ayudar muchísimo a la gente Fujianés. Yo le conté mi problema y él me dijo que trataría de ver lo que podía hacer. Espero que me pueda ayudar de alguna manera. Desde el ataque, hace tres meses, he estado sin trabajo. No puedo sujetar un sartén, no puedo hacer nada.

No puedo mover mi pulgar. Toda mi mano está roja y muy hinchada, muy rígida. La cicatriz en mi muñeca es como una V. Dos cortadas grandes. Ahí es donde los tendones están cortados. No puedo hacer un puño. Uso esta cosa de color café en la piel—una pomada China. Yo he estado viendo a un doctor chino para esto. Él dice que solamente recuperaré el 50 por ciento del uso de mi mano.

Todos estamos muy preocupados por esta situación. Mi esposa quiere estar aquí. Mis hijos ya tienen 11 y 15 años, y no saben cuando volverán a ver a su papá otra vez. Todavía quiero traerlos aquí, pero ¿cómo puedo hacerlo, cómo puedo arreglarlo? Todo lo que quería era darle una vida mejor a mi familia, pero en vez me he perdido ver a mis hijos crecer y he estado separado de mi esposa por cinco, seis años. Pero aún con mi mano así, aunque tuviera que hacer el peor tipo de trabajo con el peor pago mis probabilidades para pagar mi deuda son mejores aquí que en China y aunque quisiera regresar, sería imposible. No tengo dinero para salir de los EE.UU. Así que ya ves, tengo que quedarme.

No he sabido nada del gerente en Kentucky. No tengo ni idea de lo que ha pasado. Mi abogado, el de Kentucky, no me ha dicho nada nuevo. Ni siquiera sé si todavía él me está ayudando. Cuando él se enteró que el restaurante no estaba asegurado, él dijo, "Hablaremos de esto más tarde". No sé lo que él tiene en mente. A lo mejor piensa que no le van a pagar porque el restaurante no tiene dinero, no tiene seguro. No tengo ninguna noticia. No sé si por fin encontraron al administrador, o si él fue acusado o no. Tengo que admitir que todavía siento rencor hacia él. No entiendo como se puede tratar a un ser humano así. He pensado en conseguirme mi propio abogado aquí en Nueva York. A lo mejor le preguntaré al Sr. Chen, o a lo mejor así es como es. A lo mejor tienes que aceptar las cosas como son y seguir con tu vida.

A PESAR DE TODO LO QUE HA PASADO

Mi vida es muy dura. Ahora no estoy trabajando, me quedo en la casa, en un hotel. Comparto la habitación con otras cinco personas. Ellos son trabajadores también, inmigrantes, gente en situaciones similares. Claro, eres amistoso, todos estamos en contacto, nos conocemos, pero entonces te marchas. Nadie se queda realmente en ningún lugar por un mucho tiempo, así que es duro hacer verdaderos amigos. No puedo pensar en el futuro en este momento. Tengo la cabeza llena de problemas, llena de preocupaciones. Todavía pienso que es mejor estar aquí, tratando de arreglar mis problemas desde aquí, que volver a la vida de la China.

Mi esposa y yo no hablamos muy a menudo. No tengo mucho dinero para llamarle. Ella sabe lo que pasó, pero no tiene todos los detalles, que mal se han puesto las cosas. No quiero que ella me vea en el estado en que me encuentro. Sólo se preocuparía más y haría sentirse desesperada. Algunas veces nos llamamos, si algo pasó, aquí o allá con los hijos o alguien en la familia, si algo está pasando. Si nada está pasando no nos llamamos. Pero cuando sí hablamos, no importa cual sea la situación, siempre terminamos diciendo la misma cosa de todas maneras, aún cuando no es verdad, "No te preocupes, todo está bien. Yo estoy bien. Tengo comida para comer, y un techo sobre mi cabeza, así que no te preocupes por mí".

SALEEM, 54
Sialkot, Pakistan

Saleem creció en una familia de clase trabajadora en Sialkot, una ciudad de dos mil años de antigüedad en la provincia Panyab de Pakistán, famosa por su exportación de equipos quirúrgicos y equipos para deportes. Después de los veinte años, se mudó a los Emiratos Árabes Unidos y trabajó como carpintero. Al enfermarse de diabetes, el renunció a su trabajo y regresó a Pakistán. Incapaz de sostener a su familia y educar a sus hijos, le pagó a un coyote para entrar a los EE.UU. en 1993, donde encontró trabajo en Medford, Nueva York. En diciembre del 2001, agentes del FBI y del INS lo arrestaron y lo cuestionaron acerca de los incidentes del 11 de septiembre. Varios meses más tarde, Saleem fue deportado a Pakistán, donde actualmente se dedica a vender la joyería que hace su esposa. La entrevista se realizó en Panyabí cuando nos vimos en Sialkot.

El 28 de diciembre del 2001, regresé del trabajo alrededor de las nueve de la noche. Mi compañero de cuarto y yo acabábamos de terminar de cenar y veíamos la televisión, cuando escuché el timbre de la puerta. Entre ocho y diez agentes del FBI y del INS entraron al apartamento. Me entregaron un papel y realizaron un cateo del apartamento. Sacaron los páneles del techo, esculcaron todos los cuartos, baños, adentro de la lavadora, revolvieron la casa. Al terminar, me dijeron que iban a arrestarme por estar en los EE.UU. ilegalmente. Durante este procedimiento, me hicieron muchas preguntas respecto a los incidentes del 11 de septiembre.

Primero preguntaron, "¿Qué piensa de esta explosión que ocurrió? ¿Piensa que fue buena o mala?"

"No fue una cosa buena," les dije.

"¿Por qué no fue una cosa buena?"

"No fue una cosa buena porque muchas personas perdieron sus vidas y los que lo hicieron son malos. Yo estaba desayunando cuando ocurrió. No debió haber pasado".

"¿Conoces a Osama Bin Laden?" me preguntaron.

"Solamente sé lo que nos dicen en la televisión," yo dije. Ellos querían que yo admitiera que nosotros sabíamos algo. Pero no sabíamos nada. Nuestra rutina era ir al trabajo y luego regresar a casa.

El día siguiente me llevaron al centro de detención metropolitano (MDC) en Brooklyn, Nueva York. En mi vida entera, jamás le he enseñado mi cuerpo a alguien. Me hicieron desnudarme completamente. Me pusieron en máxima seguridad. Ese lugar es para criminales peligrosos y yo no pertenecía allí. Mi caso solamente era una violación migratoria. Debió haber sido resuelto en tres ó cuatro días.

Yo nunca pensé que esto me pudiera pasar. Ni mi padre ni mi abuelo han estado en tal situación. Nosotros no somos ese tipo de persona. No hablaba inglés y no tenía compañero de celda que me pudiera ayudar a traducir. Estaba completamente confundido. Mi más grande preocupación eran mis hijos. ¿Quién mantendría a mis hijos si algo me llegara a pasar?

Estuve en la cárcel de máxima seguridad por un mes y medio. Después de entrar a la unidad general del MDC, pude llamar a mi esposa en Pakistán. Ella solamente lloró. Mis hijos no se atrevían a hablar conmigo. Me presenté en la corte en febrero del 2002 y le dije al juez que me quería ir. Un par de meses más tarde, fui deportado a Pakistán. Si me iban a deportar, por qué no lo hicieron al principio?

Desde que estuve en la cárcel, los músculos de mi espalda ya no funcionan. Tengo la enfermedad del azúcar. Toda esta tensión elevó mis niveles de azúcar. Cuando regresé a Pakistán, revisé mis niveles de azúcar, y estaba en 429 puntos. Debería de estar entre 120 y 130.

Si no hubiera ocurrido ese atentado, yo no habría sido arrestado. La mayoría de los arrestados eran musulmanes. Todos los medios armaron un escándalo y decían que los musulmanes eran culpables, y entonces los oficiales vinieron a arrestarme. Pensaban que tal vez nosotros conocíamos a alguien y que pudiera a poder sacarnos esa información poco a poco. ¡Por Dios, nosotros no sabíamos nada!

ROBERTO

EDAD: *43*
PAÍS DE ORIGEN: *Mexico*
OCCUPACIÓN: *Trabajador de fabrica, cocinero*
DOMICILIO: *San Francisco, California*

LOS QUE NO HAN CAÍDO NO SABEN CAMINAR

Roberto es un cocinero en un restaurante en San Francisco. Él vino a los Estados Unidos cuando tenía catorce años, trabajó en la cosecha de fruta, las fábricas de tortillas, y los restaurantes en California por casi treinta años antes de que le concedieran una tarjeta verde. Sin embargo, la esposa e hija de Roberto fueron deportadas a México como parte de las mismas órdenes judiciales. Salieron de los Estados Unidos hace tres años. Roberto se presento a nuestra primera entrevista con un pastel que él había hecho de la pasta sobrada del restaurante, y un conejito de pascua de chocolate. Desenvolviendo el chocolate, maldijo los dedos—estaban hinchados, tachados de blanco después de años trabajando en cocinas, y se le habían torcido. La última entrevista fue en español, vía teléfono celular. Roberto había salido de su apartamento para darle a la familia de su hermano, con quienes ha compartido el espacio por un año, tiempo a solas. Se paró en la calle afuera de una sala de billar coreano en el barrio Tenderloin. Dijo que miraba el billar desde la ventana mientras habla.

Nací en el '64 en un pequeño rancho afuera de Purépero, en el sur México. Cuando tenía trece años, salí del rancho y fui a la Ciudad de

México. No fui a la escuela después del cuarto grado, me había quedado para ayudarle a mi padre y a mi mamá en el rancho, pero después de poco, me tuve que ir—había comenzado a tener problemas con mi papá. Además, quería ir a ganar un poco de dinero para mí, y ver cómo eran las cosas más allá de nuestro rancho.

En México,[1] conseguí trabajo con una compañía americana nombrada Donald Clean. Aunque era prácticamente un bebé me enviaron a limpiar ventanas en los rascacielos más altos de la ciudad: la torre Latinoamericana, el Hotel Continental. ¡Fuimos hacia arriba, tres muchachos—ninguno de nosotros tenía más de trece años—en un tablón de madera, los lazos alrededor de nuestras cinturas, cubetas y trapos, ochenta pisos en el aire! Columpiamos con la luna, solíamos decir. Recuerdo mirar a la gente abajo en el *zócalo*, el centro de la ciudad, y no podíamos ni siquiera ver sus caras—la gente parecían hormiguitas. Me asustaba estar colgando tan arriba de la tierra, pero me forcé a hacerlo porque era mi primer trabajo. Nos pagaban mil pesos[2] cada *quincena*[3]—no mucho, pero nunca olvidaré ese trabajo porque fue el primer dinero que me gané. Me sentía independiente.

Después de algún tiempo en México, comencé a tener aversión a la ciudad. Había mucho crimen, muchos robos. Y mi padre se puso enfermo. Salí de México y volví a Purépero. Estaba asustado pero me fui reponiendo. Me regresé para mi rancho.

Pero una vez ahí, tuve aún más problemas con mi jefe, con mi papá. Él me golpeaba antes pero esta vez me pegó bien duro por haberme ido por tanto tiempo. Me enojé. Después de estar solo, cuidándome yo mismo, me pareció imposible volver a vivir con él. Cuando me pegó; me golpeó. Y decidí, pues, salirme definitivamente. Fue cuando decidí venirme para los Estados Unidos.

---

[1] El Distrito Federal de México.

[2] Hoy serían aproximadamente sesenta dólares americanos.

[3] Período de quince días.

No llegué no directamente hasta acá. Me vine por pasos, pasos, pasos.

Me fui al norte con algunos otros que había oído que iban a cruzar. Llegamos a Tijuana, y ahí cruzamos a través de las colinas de San Diego con un coyote. El primer intento, me detuvo inmigración y me enviaron a Mexicali en un camión. Nos agarraron a todos. Sin embargo no me desanimé—era demasiado joven para eso. Permanecí del otro lado de la frontera por una semana, dos semanas, quizás un mes, trabajando en los campos y ganando dinero para tratar de nuevo y brincar otra vez con el coyote.

Cuando había ganado suficiente, nos brincamos la frontera otra vez, y esta vez llegué a Dulzura, California.[4] Conocí a un hombre ahí que compraba y vendía fruta desde la frontera hasta Bakersfield. Él nos llevó, a un par de nosotros que acabábamos de cruzar, a Bakersfield en su camión de fruta.

HAY BASTANTE GENTE ALLÁ

Con el chavalo que nos dio raite a Bakersfield, conocimos a unos señores que nos invitaron a cosechar uvas allá en Mendota. Entonces, fuimos ahí a trabajar en esa área: en Madera, Sanger, Costa Mesa; trabajamos en todos esos campos. Trabajamos ahí por tres meses y entonces salimos a otras áreas cuando el trabajo se acabó. Fuimos a cualquier lugar que necesitaba trabajadores. Nos decían que lleguemos mañana a tal hora, en tal calle. Así que se para uno en la esquina y los camiones aparecen. Los raiteros[5] salen de sus camiones y dicen, "necesitamos cinco para las uvas, cuatro para los pepinos, doce para

---

[4] Dulzura es un pueblo que queda veinticinco millas al este de San Diego y unas diez millas al norte de la frontera México-EE.UU.

[5] "Raitero"—término que por lo general se refiere a un individuo (el cual suele servir de mano de obra en el campo) que, por una cantidad, provee a obreros agrícolas transporte al y del sitio de trabajo.

las fresas," y así. Ofreces ir a cosechar la fruta o verdura que escoges. El día siguiente, la misma cosa: tal calle, esta cantidad de gente para esta cosecha. Puede ser que digan que hoy no hay duraznos, sólo nectarinas, así que se llevan cuarenta allá.

Con la fruta de árbol, te dan baldes que te amarras a la cintura, y subes a una escalera, cortas la fruta, la metes en el balde, llenas el balde, y entonces bajas. Te dan una caja del tamaño de una pequeña mesa, con la parte de arriba abierta, y echas la fruta adentro. Cuando descargas la fruta, te dan algo como una moneda, que uno guarda en su bolsillo. Sigues haciendo lo mismo: subes, llenas los baldes, bajas, y consigues otra moneda.

Por cada moneda, dan una cierta cantidad de puntos, dependiendo de lo que estás cortando. Hay fruta que se marca de primera clase y otra que se marca de segunda clase. La de primera clase se va a las fábricas de conservas, donde hacen comida para bebés, como para Gerber. Dan diez puntos por la moneda de la fruta de primera clase. Por la de segunda clase, esa se vende en el mercado, solamente dan cinco puntos. Cuando juntas muchas monedas, vas a que te paguen y es ahí donde te tratan de engañar; roban de lo tuyo. Cuentan las monedas y te dan la cuenta que quieren, ellos te pagan lo que quieren. Te dicen el valor de las monedas antes, pero a la hora de pagar, siempre rompen su palabra. Es así como ellos ganan su dinero, y no puedes discutir con ellos. Si discutes, no permitirán que vuelvas a trabajar. Y hay bastante gente allá que busca la misma cosa, buscan cualquier trabajo.

En ese tiempo, ofrecía hacer cualquier cosa excepto cosechar las fresas o rábanos. Con las fresas, tienes que andar de rodillas, agachado, colocando todas las fresas muy cuidadosamente, tienen que ir paradas. Los rábanos son terribles porque tienes que estar de rodillas en el lodo todo el día. Empapan la tierra para hacerlo más fácil de desenterrar. Así pues, con todo el lodo y tierra, sales de ahí más sucio que un cerdo. Debajo del sol llega a estar a más de cien grados en el mediodía. La cebollina, esa como chives, eso también se corta también mojado. El cilantro, tienes un cuchillito así como gancho, agarras el manojo, traes las ligas aquí, nomás tienes que jalarla a la caja. Tienes que ir acomodándolos todos. Pero hay veces que hay cilantrito así. Cilantro, cuando está así pequeñito, es cuando te cuesta más por la cintura, estar cortándolo. Son más trabajosos todos. El siguiente día no querías ni levantarte, y luego después de dormir en el suelo. El día después de cortar cebollinas o cilantro no te quieres levantar. Tu cuerpo no quiere. Tu espalda duele porque dormiste en el piso, también. Los rancheros no compran camas para la gente que viene. Una cama allá es un pedazo de cartulina en una tabla. Tienen corrales grandes donde se puede encontrar un punto para dormir. Hay hombres que traen su familia, sus esposas, hijas, y hijos, y mezclan toda esta gente. Como cien, doscientas personas en una casa de campo, todos juntos, durante el tiempo de la cosecha. Dos o tres meses. Es difícil allí. Aprenden: si no les gusta compartir con otros, aprenderán a compartir allí en los campos.

También es cómo comíamos, todos juntos. Con diez, quince dólares, veinte personas pueden comer por toda la semana. Si no compartes, pagas igual: diez o quince dólares para solamente una persona, para comer por la semana. Nos reuníamos y nos poníamos de acuerdo a compartir, y decíamos, aquí están dos dólares para las tortillas, y los otros dos dólares para un pedazo de carne, y así lo juntábamos todo, y cocinábamos. Cuando comíamos después de trabajar en el campo, no usábamos platos. Nada más poníamos la comida en medio de la mesa, pasábamos las tortillas, y todo lo comíamos en forma de taco— tortillas y comida, nada más. Y entonces nos íbamos a dormir a las ocho de la noche, porque mañana es un día bien largo.

Cada día antes de la cena teníamos que lavar nuestra ropa a mano. Ahí en el campo, volteas una mesa y lavas tu ropa encima de ella. Las uvas exudan mucho azúcar. Las nectarinas están cubiertas en un polvo que causa comezón en la piel. Los rábanos exudan mucha materia que también pica y da lesiones de piel—creo que es a causa de los químicos que les echan. El cilantro es igual, las cebollas también. Usas guantes cuando trabajas pero con el sudor la piel absorbe todo por los poros. Mucha gente se acostumbra a ducharse con toda su ropa puesta, en vez de quitarse la ropa y lavarla por separado, y después se quitan la ropa y toman un baño más apropiado. Tú mismo preparas la regadera, también. Tienes que colgar una manguera desde un poste o algo y así tomas tu baño. Solamente, tienes que poner una cubierta para que la gente no mire.

Casi todos eran hombres ahí, pero había también algunas mujeres y niños—familias de los hombres. Hay familias en México muy pobres, y vienen aquí y tienen que poner a sus hijos a trabajar en los campos. Había niños de ocho o nueve años trabajando ahí, en el sol, todo el día. Lo ves, y quieres llorar. No me gustó ver los jóvenes trabajando afuera tanto.

Yo era joven también cuando comencé a trabajar en los campos—solamente tenía quince años o algo así—pero yo no estaba con mi familia; estaba solo. Solo y asustado, pero uno tiene que seguir andando—sin dinero, sin nadie con quien poderse apoyar, tienes que seguir andando. Te haces ver fuerte, pero al mismo tiempo tienes miedo. Nunca demuestras lo que llevas contigo: todo el tiempo sientes miedo.

Después de algunos años ahí, sabía que no me gustaba el trabajo de campo. Así que cuando estuve en Sanger de nuevo, conocí a un hombre que trabajaba como jardinero. Él trabajaba para un hombre en Chico, también jardinero, y fui con él a conseguir un trabajo ahí. Trabajé ahí en los jardines de casas y de condominios privados. Mi trabajo era cortar figuras en los arbustos—pájaros, elefantes, osos, patos. Me pagaban diez dólares la hora pero no me gusto el trabajo. Necesitaba mucha paciencia, y no tenía paciencia a esa edad. Tenías que mantener la figura en mente—si no tenías la figura en mente mientras cortabas, destruías los árboles. Y esa gente con dinero era muy estricta. Después de unos meses trabajando en los jardines, me salí y fui a San José.

$150 POR LAS TRES

En San José, conseguí trabajo en una fábrica de tortillas. Nunca nos pidieron papeles o una tarjeta de la Seguro Social. Todo lo que tuvimos que hacer era llegar, trabajar, y esperar para ver si no decían que teníamos que regresar el día siguiente.

Era buen trabajo, trabajo fácil: colocas una bola de maza en una banda y pasa a una máquina que la aplasta. La aplastas un poco más para que quede pareja, y después se pone en la banda para que vaya al horno a cocinarse. Cuando sale de la banda, es una tortilla. Más allá hay cuatro personas. Dos están contando cada docena a mano y los otros dos las meten en bolsas de plástico y así como van las meten en cajas: una docena de tortillas o cuatro docenas o lo que sea. El horario era desde las doce de la noche hasta las doce de la tarde, o de dos de la mañana a las dos de la tarde. El problema era que ellos pagaban muy poco por muchas horas, solamente $4.50 por hora.

Conseguí otro trabajo, pues. Me puse a trabajar como recolector de basura. Pero para conseguir trabajo como conductor, tenía que tener una licencia. Entonces fui a la calle en donde las venden. Ahí alguien me preguntó si necesitaba papeles—tarjeta de seguro social, una mica,[6] una licencia. Dije que sí, yo quería todo el paquete. En ese entonces costaba cerca de $150 por las tres. Yo le di el dinero, y el señor me llevó a una farmacia para tomar mi foto. Él le dijo a la señora en el mostrador cuántas fotos necesitaría, y me dijo que pagara lo que cueste. Pagué y me dijo que estarían listas en una hora. Así que me fui a mi casa y cuando volví una hora después el paquete estaba listo.

Con los papeles, podía conseguir el trabajo de conductor para los recolectores de basura. Esa fue la primera vez que comencé a trabajar con un seguro social y mica falsa. Todavía tengo mi seguro social falso, pero no los otros documentos. Tire la mica cuando comencé a tramitar

---

[6] "Mica"—abreviatura de "mi carta", lo cual significa "mi carta verde" (green card) o el papel representando el estatus de residente permanente legal en los Estados Unidos.

mis papeles de inmigración. La licencia de conducir me la quitaron cuando dejé la compañía de colección de basura. De hecho esa es la razón por la cual perdí mi trabajo, por culpa de la licencia falsa.

Había trabajado ahí dos años cuando el patrón nos pidió la licencia a todos para sacar copias y él se enteró que mi licencia era muy distinta a la de los otros compañeros. Él me preguntó que cómo le había hecho para obtenerla, que quería que le dijera la verdad, y yo le dije la verdad—que yo quería quedarme con mi trabajo, yo estaba contento con mi trabajo y, pues, esperaba que no me fuera a despedir por esta cosa que estaba haciendo mal, pero la licencia la compré falsa. Y por eso me despidió el mismo día.

Fui, entonces, a otra tortillería, y ahí sí me pidieron mi seguro social, y me pidieron que hiciera muchos exámenes para conseguir el trabajo. Me pusieron a prueba por noventa días, para ver cómo me iba, y al fin tuvieron los resultados. Me dieron una carta, diciéndome que estaban felices de trabajar conmigo y me dieron seguro medico, me dieron un sueldo— me pagaban $8.50 por hora, más horas extras. Incluso pagaban por los días de incapacidad, que llamaban "holidays" (días festivos.)

Trabajé ahí por tres años, muy contento, hasta 1988. Entonces tuve algo de mala suerte.

DIEZ AÑOS ES MUCHO TIEMPO

Trabajaba de las dos de la mañana hasta las dos de la tarde. Un día después del trabajo, creo que estaba cansado, no sé. ¿Quién sabe? Trabajas tantas horas al día, te acostumbras. Bueno, conducía a casa y llegué a una intersección y yo tenía el siga. De reojo vi a otro carro llegar pero pensé que pararía porque tenía el alto. Pero no lo hizo. Chocamos en medio de la intersección. Golpeé al otro coche fuertemente. Al hacerlo, vi que un niño—una niñita—voló a través de la ventana y cayó en la calle.

Aunque estaba seguro de que no era mi culpa—¡yo tenía la luz verde!—me dio mucho miedo ver a esa niña volar por la ventana así. La vi tirada en la calle y como la gente se acercaba, me llené de pánico. Me fui en el carro. Incluso no salí de mi carro hasta que llegué a mi casa. Cuando llegue a mi apartamento, la policía ya estaba ahí, esperando. Dijeron que como me había ido del lugar del accidente, entonces me declararon culpable. Me llevaron a la cárcel y en unos días fui a corte. El juez me dio seis meses en la prisión y tuve que pagar una multa. En aquel entonces, las cosas eran diferentes—ellos tenían toda mi información verdadera, pero por alguna razón Inmigración no supo de mí. No sé qué le sucediera a alguien con el mismo cargo ahora en día. Pero mi castigo fue solamente la prisión.

Pero la prisión fue suficiente. Era un lugar terrible, feo. Es difícil hablar de ello. Mi primera noche ahí, "los poderosos"—los que habían estado ahí largo tiempo—ellos me metieron una paliza. Igual que a todos los demás, para mostrarte quien son, demostrar que ellos dominan. Pero después de eso, no me volvieron a golpear. Pero, pasan otras cosas terribles. Los guardias se meten con tu comida—orinan en ella, ponen ketchup en la avena para arruinarla, echan leche en tu cena. Otras cosas. Fue una experiencia terrible. No puedo hablar mucho de eso.

Mientras que estuve en la prisión, continué trabajando en la misma tortillería. Me daban una tarjeta de marcar cuando salía de la prisión y cuando regresaba—estaba marcando cuando entraba y salía de la prisión y también del trabajo. Todo el tiempo estaba contado.[7] Había un tipo ahí que tenía un camión; él me llevaba a la fábrica y después se iba a su trabajo en Chevy's. Luego me traía de nuevo a

---

[7] Le dieron a Roberto una sentencia combinada por su accidente: tiempo preso y una multa de unas miles de dólares (no se acuerda la cantidad exacta). Dado que era su primera ofensa, y que no fue una ofensa grave, le dieron la opción de pagar la multa trabajando fuera de la cárcel. La misma camioneta policíaca que transportaba a los ofensores más extremos a los trabajos vigilados de servicio comunitario también transportaba a Roberto a su trabajo en la fabrica de tortillas. El dinero que ganaba allí fue directamente para pagar la multa.

la prisión. Si uno trabaja mientras que está adentro, cuentan un día como dos días servidos. Trabajé diario así que tuve que permanecer solamente tres meses, no seis. Esos tres meses fueron de los peores días de mi vida. No estoy orgulloso de mi tiempo en la cárcel. Pero me digo, "los que no han caído no saben caminar". Creo que he caído tantas veces ya que debería de poder caminar para siempre.

Todavía estaba en la prisión, en el ochenta y ocho cuando me dieron la noticia que mi abuelo quería verme, pues, por muy mala suerte no pude ir; no solamente por estar en la cárcel pero también porque no tenía dinero. Estaba muy triste, porque sabía que mi abuelo se estaba muriendo—nosotros teníamos una amistad especial, y me dio mucha pena que no pude estar ahí.

Entonces, cuando salí de la prisión algunos meses después, comencé a pensar. He estado lejos de mi hogar, mi familia, por casi diez años. Eso es un rato largo para que una persona no vea a su familia. Diez largos años sin saber nada de mi, ni cartas ni nada. Decidí regresar a México a ver a mi madre. A mi padre, pues no, porque estaba disgustado yo con él.

A través de esa década entera, con excepción de algunas palabras, nunca había escrito cartas o enviado noticias porque todavía estaba enojado con mi padre. Le mandaba dinero a mi mamá cada que podía con amigos conocidos que iban allá.

Mandaba, cincuenta, cien, doscientos, lo que podía, a veces lo que tenía en las bolsas cuando me enteraba que fulano de tal iba a Purépero. Dinero y pocas palabras: "estoy bien".

Hice que mis padres sufrieran mucho durante los años de ese tiempo—diez años sin saber cualquier cosa de mí. Pero cuando regresé, realmente tenía miedo. Tenía miedo de que mi padre estuviera enojado conmigo, de que me agrediera de la misma forma de antes. Compré un boleto de avión desde San José a Guadalajara y después hice el largo viaje a Purépero, horas y horas afuera de la ciudad principal. Cuando llegué a la casa, tuve una sorpresa. Mi padre salió mientras saludaba a los otros, mi padre me pidió disculpas, nos disculpamos los dos, yo por haber sido el niño travieso que un tiempo lo fui. Y pues, él se disculpó por lo que me hizo, el daño que me hizo. Nos perdonamos los dos el mismo día que llegué. Y ahora somos unos grandes amigos los dos. Cuando regreso para visitar, y tengo que decirles que es hora de volver a San Francisco, mi padre se pone a llorar. Él dice que cada vez que vuelvo tiene miedo que no volveré nunca jamás. Al principio, estaba nervioso, también: seguía siendo indocumentado, así que tenía que regresar como ilegal—con un coyote. La primera vez, el costo de cruzar era seiscientos dólares. Ahora sé que es más de tres mil.

TODOS EN EL LUGAR ERAN INDOCUMENTADOS

Cuando volví, después de todo lo que pasó en San José, decidí no regresar. Quería una nueva vida. Así que me fui a San Francisco. Me mudé a un apartamento en la esquina de O'Farrell y Larkin. Está en la parada del camión donde venden drogas. Habíamos tres viviendo ahí juntos porque aunque era un apartamento de una recámara, estaba grande—tenía dos closets grandes para poner las camas. Pero en el '89, solamente un par de meses antes del gran terremoto, decidimos mudarnos a una casa en Daly City. Supongo que nos sentíamos más cómodos ahí. Éramos yo y cuatro de mis hermanos, todos habían llegado a California después de mí. Vivíamos en la casa con un primo y su esposa y tres otros primos.

Durante ese tiempo, trabajaba en una fábrica de cerámica en Sausalito. Comencé limpiando los hornos. Después, el dueño cambio mi trabajo al de pintar los azulejos. Ella nos dio los libros con todas las diversas clases de diseños y nos dejó escoger cuales nos gustaban para pintar en los azulejos, la loseta. El trabajo no era malo, pero aburrido—pintábamos la losa una por una y luego la poníamos en el horno.

Después de trabajar ahí por casi un año, quizás dos, hubo una redada. Había oído de las redadas de inmigración antes, pero nunca lo había vivido. Estábamos todos atrás, algunos pintando, otros empacando las cajas. Recuerdo que acababa de poner loseta nueva en el horno.

Los agentes llegaron y gritaron, "¡Inmigración!" y todos comenzaron a correr a las salidas—todos en el lugar eran indocumentados. La mayoría de la gente corrió hacia las puertas de emergencia pero inmigración había estacionado una van afuera de las salidas de emergencia y simplemente agarraron a la gente mientras salía.

Había un mezclador de barro grandote—para ochocientas libras de arcilla, con grandes paletas de metal para mezclar—en la parte de la fábrica donde estaba. Entonces yo me metí para esconderme. Al meterme, desenchufé la máquina de su conexión en la pared y jalé el alambre para adentro conmigo para que los agentes no la fueran a prenderla conmigo adentro. Tenía una tapadera y la cerré para quedarme adentro y esperar. Tenía un pequeño agujero por donde meten el agua, así que por ahí estuve observando a los agentes de inmigración buscando a la gente entre las máquinas. Después de unos cuarenta y cinco minutos ahí adentro escondido, vi que salió la dueña de la fábrica gritando porque había quedado loseta en el horno y se estaba quemando. No quedaba nadie para sacarla. Y ahí estaba mirando todo por el agujero. Entonces miré cómo los clientes empezaron a correr para ayudarle a la señora. En ese tiempo no entendía mucho inglés, pero creo que gritaba que pararan las maquinas, que pararan las maquinas porque los hornos estaban quemando la loseta.

Al fin nada más queadamos tres. Tres de cincuenta. Los otros dos que quedaron se habían subido al techo y ahí se metieron. En los agujeros de ventilación. Al fin del día teníamos miedo de ir a casa, incluso de salir de la fábrica, por el miedo que nos dio pensando en que inmigración todavía estaba afuera, esperando. La dueña—ella sabía que éramos indocumentados, también—nos dijo que nos podíamos quedar. Así que nos dormimos en un closet de almacenaje con todas las herramientas pesadas de las máquinas.

Trabajé en la fábrica de cerámica hasta que la dueña contrató a más trabajadores y entonces nos pidió nuestros papeles. Un inspector pidió mi tarjeta de seguro social. Cuando se la di, me dijo que no servía, que era falsa. Estaba sin trabajo otra vez.

Pero en ese momento la galería Stonestown estaba por abrir. Vi que un restaurante mexicano empleaba y fui apliqué. Preguntaron si sabía cocinar. Pues yo dije que de cocina no sabía nada, pero me gustaría aprender. Fui y me presenté un lunes, me enseñaron cómo hacer burritos. Y de ahí, fui a preparar, y a cocinar, y otra vez a preparar los burritos; comencé a hacer la rotación entera. Y estaba bien—el trabajo era bueno. No tenía ninguna queja.

Luego un día un hombre llamado Wallid, un hombre jordano, vino al restaurante mexicano y me vio hacer los burritos. Él vio que era muy buen trabajador, cómo trabajo rápidamente, y me ofreció trabajo en su restaurante. Me dijo que me pagaría un dólar más por hora—me pagaría 290 dólares por semana, en vez de los 250 que pagaban en el restaurante mexicano. Dijo que él me pagaría en efectivo también.

No fue una decisión difícil—este individuo me ofreció más dinero, así que fui a trabajar para él. Cuando llegué al restaurante, conocí a Jaime. Jaime era un cocinero con mucha experiencia que había estado trabajando con Wallid—manejando su cocina, creando recetas—por algunos años. Él me preguntó si quería cocinar, no solamente preparar. Dije que sí, seguro, estaba dispuesto a hacer cualquier cosa. Me dijo, a ver—me aventó una papa—a ver, quiero que la cortes. Y la corté. Me dijo, a ver, quiero que cortes un chile en juliana—¿sabes que es un corte juliana? Y sí sabía. También sabía cómo cortar la pechuga de pollo, cómo cortar el filete, cómo *butterfly*, cómo hacer las sopas. Todo eso lo iba metiendo en mi cabeza. Entonces cuando me preguntaba Juan ya más o menos sabía y, pues a mí me gustaba ver mucho eso de cocina, cocinar.

Entonces, Jaime me dijo, "¡estás listo para ser el chef!" Él me puso a hacer las salsas, me puso hacer los molletes, el pan, el pan de maíz—estaba encargado de muchas cosas.

Comencé a ganar más dinero, pues trabajaba más, y me di cuenta que me gustaba cocinar. Las horas eran largas, el pago podría ser mejor, pero todo estaba bien. Por lo menos tenía un sueldo.

PIENSO QUE TRABAJÉ DEMASIADO

Después de trabajar en San Francisco algunos años, regresé a Purèpero otra vez. Ahí encontré a Mónica. Ella era amiga de uno de mis amigos de la secundaria. Salimos por un tiempo y muy rápidamente decidimos casarnos. Me casé con ella un día mientras estaba ahí en Purépero. Tuve que regresarme a trabajar, de nuevo a California, pero ella se quedó en México y más adelante dio a luz a nuestra hija, Jennifer. Volví un mes o dos más adelante y otra vez crucé, pero esta vez con mi esposa e hija.

Nos mudamos a un estudio muy cerca donde vivía antes, en O'Farrell y Hyde. Éramos, Mónica, Jennifer—la bebé, mi hermano, y yo. Mi hermano durmió en el closet de la recámara por un tiempo, pero cuando Jennifer creció, y cuando mi hijo, Junior, nació, arreglamos el closet para Jennifer, y mi hermano se mudó con otro pariente.

Hasta que Mónica se reunió conmigo, todavía trabajaba con el seguro falso y mica. Pero, después de charlar con gente, escuché que una persona, si tiene cierta cantidad de años en los Estados Unidos, puede solicitar un tipo de amnistía. Entonces, un día, cuando escuche un anuncio por radio de una abogada diciendo que era barata, decidí llamarla. No teníamos muchas opciones, como no teníamos mucho dinero. La fuimos a ver y ella nos dijo que debería aplicar para asilo y así me podía hacer legal. Ella tramitó los papeles del asilo para Mónica, Jennifer y para mí. No sabía, en ese tiempo, que nosotros realmente no teníamos un caso de asilo—no hay asilo económico de México. Pero la abogada presentó nuestras solicitudes de todos modos en 1993. Y ella dijo que había que esperar y ver.

Continué trabajando con Wallid y Jaime. Trabajaba aún más porque tenía que mantener a mi familia—de siete en la mañana hasta medianoche, o de las cuatro de la mañana hasta las seis de la tarde. Regresaba a casa solamente para bañarme y dormir. Nunca nos pagaban las horas extras.

La única cosa que lamento ahora es no haber pasado más tiempo con mis niños. Ya había nacido Junior en ese entonces. Intentaba hacer lo correcto, trabajar para alimentar a mi familia, para que tengan buena ropa. Pero durante esos años, pienso que trabajé demasiado.

Comencé a trabajar turnos desde las cinco de la mañana hasta las tres o cuatro de la tarde. Salía del trabajo e iba a ver a Jennifer y a Junior en su escuela en el barrio Tenderloin. Luego caminábamos juntos al programa extra escolar, donde Jennifer tomaba clases de violín y Junior jugaba fútbol y baloncesto. Ahí también conseguían ayuda con su tarea. Mientras que ellos estudiaban o jugaban, yo ayudaba en el centro. Les daban comida a los niños que no tenían lonche, así que a veces ayudaba a preparar la comida, o conseguía las sodas, o cualquier otra cosa que necesitaban. Era un buen programa, y gratis, así que quería ayudar.

Mis niños realmente crecieron aquí en San Francisco. Pasaron sus primeros años de vida aquí. Aprendieron a hablar inglés, y sacaban buenas notas en la escuela. Salieron mejor que su papá—pasaron el cuarto grado. Especialmente Jennifer—ya casi tiene diez años aquí, se había acostumbrada a la vida aquí.

TUVE QUE COMPROBAR QUE HABÍA EXISTIDO

Poco tiempo después de que nuestra abogada presento las solicitudes de asilo, nos llamaron a corte. Descubrí ahí lo que había sucedido. La abogada había mentido sobre la fecha que Mónica entró a los EE.UU., y también cambió la fecha de nacimiento de Jennifer para demostrar que ella nació en los EE.UU., en vez de México. Aunque tenía el acta de nacimiento verdadera de México conmigo, ella lo ignoró. No me dijo que lo estaba haciendo en mi nombre, y cuando el gobierno lo descubrió, fue un desastre. El juez acusó a la abogada de fraude y le quitó su licencia. Y para nosotros—ella nos dio tiempo para conseguir un abogado nuevo, porque el gobierno ya nos había acusado y nos querían deportar.

Encontré a otra abogada, y ésta era buena. Ella luchó mi caso fuertemente, y lo hizo solamente con los hechos. Ella me dijo que necesitaría juntar la evidencia que compruebe que he vivido en los Estados Unidos. Encontré los talones de cheque, declaraciones de impuestos, cuentas del teléfono, hasta boletos del camión que utilizaba diario para llegar a mi trabajo. Tuve que juntar cartas de la gente que me conocía, cartas de los lugares en donde trabajé, cartas de la iglesia. Tuve que comprobar que ayudé como voluntario en la iglesia. Tuve que comprobar que había existido aquí por diez años.

Durante estas fechas, estábamos saliendo y entrando de la corte, luchando por largo tiempo. Luchando para demostrar que no fue nuestra intención presentar solicitudes fraudulentas; luchando para despejar el expediente del accidente automovilístico que tuve; para probar mi presencia aquí la década pasada. Incluso tuve que luchar para despejar mi identidad porque en el pasado un hombre tomó mi número de cuenta bancaria y mi licencia de conducir vieja y cuando fue capturado por la policía, él fingió que era yo.

Finalmente, cuando mi abogada presentó mi solicitud para la suspensión de la deportación,[8] ella pensó que sería mejor si incluíamos a

---

[8] *Antes de 1997, ciertos individuos podían solicitar la "suspensión de la deportación"—que ahora es substituida por la "cancelación del retiro"—que requería que un individuo tuviera siete años de presencia continua en los Estados Unidos, buen carácter moral, y una prueba de la dificultad extrema para el esposo, el padre, o el niño, de ciudadanía americana, del aspirante, o al aspirante*

mi esposa Mónica y a mi hija Jennifer en la aplicación. No entendía totalmente cómo sería el proceso, pero la abogada me dijo que si ganaba mi caso entonces mi esposa y mi hija serían legales aquí conmigo. Si perdía, todos perdíamos.

Resultó diferente. En el 2003, el juicio concluyó finalmente y la juez dio su orden. Ella dijo que podía permanecer—ella concedió la cancelación y conseguí mi mica. Pero Mónica y Jennifer tenían que volver a México. Como habían cruzado como ilegales y habían estado aquí menos de diez años—aunque casi diez años—no calificaron para la cancelación. Tendrían que irse. Podían irse voluntariamente, la juez dijo, y entonces podrían volver en tres años, o podían ser deportados oficialmente sin derecho de volver por diez años. Bueno, decidimos que deberían irse voluntariamente.

Pero fue muy duro. Mis niños no querían irse. Jennifer estaba a la mitad del sexto grado, le iba muy bien con sus estudios y tenía buenas amigas aquí. A esa edad, los amigos son importantísimos. Fue difícil para Junior, también; aunque él era ciudadano americano y legalmente no tenía que irse, pensamos que sería mejor si él se quedaba con su madre y su hermana. Él tenía ocho años, quizás demasiado joven para entender todas las razones, pero se puso muy triste. Pienso que mis niños no querían dejarme, tampoco.

Mónica y yo también estábamos preocupados. Nos pusimos de acuerdo que yo me quedaría en los Estados Unidos ganando el dinero para nuestra familia. Pero estar separados por tanto tiempo... ella estaba preocupada porque tendría que cuidar a los niños sola en México, que estaríamos separados por demasiado tiempo. Le dije que le enviaría dinero, visitaría tan a menudo como mi trabajo me deje, que intentaría hacer todo lo posible por traerlos aquí más pronto. Todos estábamos tristes e infelices, todo sucedió tan rápido.

---

mismo, si el aspirante fue deportado. El remedio fue cambiado por el congreso en 1997 a un estándar mucho más terminante con la intención de enangostar el alcance de las personas elegibles para la relevación de la deportación.

NO ME PAREZCO A NADIE

Una mañana un poco después de la audiencia, fui con ellos a Guadalajara. Cuando llegamos ahí, los acompañé al consulado para que estampen sus documentos. Demuestra que realmente salieron de los Estados Unidos. Entonces se fueron en camión a Purépero, y yo tuve que volar de nuevo a San Francisco—tenía que trabajar el siguiente día. Cuando regresé a nuestro estudio, estaba completamente solo. Algunos días me canto a mí mismo. "La mujer que yo miré, estaba triste como la ve. Porque yo ya no quiero no saber. Si tú me dieras, la parte de arriba. De qué sirve estar triste". Canto. A veces me río de mí mismo. A veces platico solo. A veces lloro solo. A veces grito solo. ¿Quién soy? No soy nadie. Dice un dicho muy viejo en México: Yo soy quien soy, y no me parezco a nadie.

Con la mica, ha sido más fácil cruzar de aquí a allá. Voy a visitarlos durante los días festivos de Navidad y trato de visitar en el verano, también. Lleno dos maletas grandes y traigo dos cajas grandes—zapatos, ropa, juguetes, medicina del asma para Jennifer, libros de sus escuelas. Generalmente tengo que pagar exceso de equipaje.

Cuando veo a mis niños, me pongo aun más triste. Ahora, han sido cuatro años que se fueron. Doy vuelta y son adultos ya. Siento como si me he perdido sus vidas. Jennifer tendrá quince años pronto, pero no podemos tener su quinceañera aquí porque ella todavía no se puede regresar. Estoy ahorrando sin embargo, para que podamos tener una celebración muy buena para ella en Purépero. Y Junior está creciendo cada día. Ahora habla conmigo como adulto—me pregunta acerca de mi trabajo, pregunta de lo qué hago durante el día, y me envía mensajes por teléfono sobre su escuela y su vida ahí. Pero él nunca sonríe. Es muy serio.

Echo de menos a los dos. Demasiado. A veces cuando me siento solo, toco los juguetes viejos de cuando eran niños. Los que dejaron aquí. Juego con el *"Speak and Spell"* de Jennifer o pista de carreras de Junior. Juego solo y a veces me hace extrañarlos aún más. Las cosas entre Mónica y yo han sido difíciles. Nos sentimos muy solos. Pienso que ella se enoja a veces de que yo me pude quedar— aunque trabajo todo el tiempo—y ella tuvo que irse. Y los dos estábamos muy frustrados con lo que nos sucedió el año pasado.

Como ya casi eran tres años desde que se fueron, le llamé a mi abogada para preguntarle cuál sería el proceso para traer a mi familia. Mi abogada le había dado mi caso a otro abogado, así que tuve que ir a conocer a alguien nuevo. La segunda abogada miro mis papeles y me dijo que fue muy extraño que el juez les diera a mi esposa e hijos solamente tres años fuera del país, porque normalmente demoran cinco años. E incluso entonces, ella dijo que para la gente Mexicana, aunque sea tu familia más cercana, todavía tienen que esperar a que más visas sean disponibles. Puede ser que esperen años.

Bueno, tenía la orden del juez que decía tres años, y no podía creer que después de esperar tanto tiempo me harían esperar aún más tiempo para estar con mi familia. Fui, directamente al consulado americano en Guadalajara otra vez, y les demostré la orden. La miraron pero dijeron, "no hay nada que podamos hacer con eso. El juez o la agencia se equivocaron cuando les dijeron que podían volver en tres años. Se les fue dada la salida voluntaria; eso significa que no pueden solicitar otra visa por cinco años. Tienen que esperar".

ASÍ QUE TODAVÍA ESPERAMOS

No sé qué más puedo decir. Yo trabajo, yo les envío el dinero, yo espero. Me estoy poniendo más viejo, también. Estoy transformándome en un hombre viejo. Me asaltaron la otra noche afuera de mi apartamento. Estos dos chavalos me pidieron un cigarro, entonces cuando les dije que no fumo y me volteé, me golpearon desde atrás, en la cabeza y mis hombros. Tomaron mi reloj y rompieron la pulsera que usaba para la buena suerte. Pero eso es todo. No agarraron mi cartera. Pero ya no aguanto ese tipo de cosa. Así que ahora estoy pensando que necesito cambiar horizontes. Tengo un sueño para mi familia y para mí. Cuando regresen aquí, quiero comprar una casa en los Estados Unidos, quizás en Richmond, o en Tiburón. Un lugar tranquilo. Quiero quedarme aquí en California, después de pasar tantos años de mi vida aquí, pero ahora seria junto a mi familia. Deseo hacer una vida aquí con mi familia. Dios quiera.

LISO

EDAD: *38*
PAÍS DE ORIGEN: *Sudáfrica*
OCCUPACIÓN: *Maestra, niñera*
DOMICILIO: *Portland, Oregon*

SI YO SOY ESCLAVA DE ALGUIEN, LO SOY DE CRISTO

Cuando una iglesia americana se puso en contacto con un pastor africano para enlistar misioneros en 2005, una mujer Xhosa[1] de treinta y cinco años de nombre Liso, dejó su trabajo de educadora para unirse a la causa. Ella entró a los Estados Unidos con una visa "R" de cuatro meses para trabajadores religiosos pero la familia de Houston que la hospedaba, resultó más interesada en su trabajo que en su fe y buenas acciones. Unos meses después, Liso se escapó llevando con ella solamente su Biblia. Por haberse quedado más de lo permitido, terminó como niñera viviendo en Portland, Oregon. A pesar de sus dificultades, Liso se reclina en su silla y sonríe, mientras conversamos en inglés. Ella mantiene a su familia en su país—un esposo, sus hijas gemelas de veintiún años, su madre, la cual tiene SIDA, y una hermana—todo con un salario de menos de cinco dólares la hora. Aunque ella compra poco para sí misma, excepto tarjetas para teléfonicas, Liso calcula que hasta el 2010 no tendrá suficiente dinero para volar de regreso a casa.

---

[1] Personas que se identifican por hablar uno de los idiomas de los grupos de idiomas en Sudáfrica.

No fue mucho después de que me casé por segunda vez, cuando una iglesia de Houston le mandó una carta a mi pastor en Cabo del Este[2]. La iglesia americana le estaba pidiendo a nuestra iglesia misioneros voluntarios.

La esposa de mi pastor me llamó ese sábado. Ella dijo, "Hay una iglesia en los Estados Unidos que necesita un misionero. ¿Todavía te interesa ir a América? " Yo dije que sí enseguida porque—para decirte la verdad—tengo muchas deudas en mi país. Y tú sabes, tenemos la idea de que todo en América es perfecto porque es lo que vemos en la televisión y en el cine. En América encuentras dólares en el piso. Cada hoja de un árbol es un dólar. Ahora mismo, si llamas a alguien en Sudáfrica y dices, "¿Quieres venir a América, aunque sea para lavar mi cerdo? " Te prometo que la persona dirá, "Oh si, por favor, déjame venir a lavar tu cerdo". La gente haría cualquier cosa por venir aquí, por ganar dinero para mandar a la casa. Así que, aunque los misioneros no reciben pago, yo estaba segura que la gente en América me ayudaría.

Yo era maestra en mi país y sabía que si dejaba mi puesto no tendría otra posición para enseñar. Muchos de los maestros en Sudáfrica están sin trabajo. Pero yo sentí que era la voluntad de Dios que yo fuera misionera, era la mejor forma de servirle.

Cuando yo se lo dije a mi esposo al principio él dijo, "Ah, no! ¿Solamente hemos estado casados por cinco meses y ya me dejas otra vez?" Habíamos estado casados antes, de 1994 a 1998, hasta que me divorcié. Entonces en mayo de 2005, fme casé de nuevo con el mismo hombre! La vida es curiosa a veces. El estar divorciada no me hizo muy bien. Me di cuenta de que mi esposo era el mejor, que no había nadie como él. Lo que me hizo cambiar de idea fue que yo aceptara a Jesucristo como mi salvador. Regresé a mi esposo y le dije, "lo siento," y todo estuvo bien. Él ni tan siquiera me hizo preguntas. Simplemente dijo, "está bien".

---

[2] Una provincia surafricana, hogar de la mayoría de la gente Xhosiana.

El no estuvo de acuerdo con mi decisión de ir a los Estados Unidos—de ningún modo. Dijo, "¿Por qué dejar tu trabajo aquí?" Por lo menos tienes la oportunidad de pagar todas tus deudas después de algunos años". Pero mi salario como maestra nunca era suficiente. La mayoría de los maestros que conozco están endeudados. Y no solamente los maestros: cada profesional de Sudáfrica está en deuda. Tú ves, después de la democracia en 1994, el final del "apartheid," todo el mundo podía obtener préstamos. Por ejemplo, yo pedí dinero prestado para mi tía y para comprar materiales de construcción para mi casa. Pero era muy difícil pagar las deudas con el dinero que yo estaba ganando como maestra. No ganaba el dinero suficiente y tenía mucha gente que mantener. No podía ni comprarle cigarros a mi esposo. Él trabajaba en una tintorería y también hacía trabajo soldando, pero entonces la tintorería cerró y el taller de soldadura tenía muy poco trabajo. Así que yo era la única que estaba trabajando.

Yo no le dije más acerca del viaje a América. Me era difícil explicarle porque él no es cristiano evangélico, pero yo sabía que si yo seguía la voluntad de Dios, encontraría la mejor manera de salir de deudas. Así que hice una cita en Ciudad del Cabo para obtener la visa, y comencé a comunicarme con la gente en la iglesia de Houston, llamándolos sin que mi esposo supiera nada. Les mandé todos los papeles que necesitaban, y ellos me mandaron la invitación, y compraron el boleto. Entonces la visa llegó en el correo. Todo salió bien. Y entonces le mostré a mi esposo: "Aquí está el boleto". Él se recostó en la cama. Estaba enfermo y se sentía muy infeliz. Yo estaba animada para venir a América. Yo pensaba que mi esposo vendría también, que él me seguiría.

Así es como yo entré al país, con una visa especial para misioneros. Y ahora me ves aquí en Oregon—no tengo papeles, trabajo para una familia y vivo en su casa. No es lo que me imaginé. Pero estoy ganando sabiduría. Confío en Dios. Dios sabe por qué estoy aquí. Dios sabe por qué soy una ilegal. Él quería que yo viniera a los Estados Unidos por una razón y ahora yo entiendo lo que Él quiere que aprenda aquí.

LISTA PARA TRABAJAR PARA DIOS

Yo dejé a mis gemelas atrás, Thembakazi (Gran Esperanza) y Thembisa (Promesa). Ellas tienen veintiún años ahora. Yo misma era una gran esperanza para mis padres, pero los defraudé cuando salí embarazada tan joven, solamente tenía diecisiete años. Yo tenía más educación que nadie en mi familia, más que mi hermano, más que mis cinco hermanas. Mis padres no eran maestros ni nada así—no pueden ni tan siquiera escribir sus nombres. Ellos trabajaban en las fincas en el Estado de Naranjas Libres[3] y lucharon mucho para educarme. Así que yo era una persona prometedora cuando estaba creciendo. Entonces cuando les dije que estaba encinta, mi padre lloró.

Nuestra familia se había mudado de la finca en 1975, cuando yo era todavía una niña de siete años de edad, para vivir en un pueblecito cerca de Queenstown en Cabo del Este. Después de que yo dejara la escuela para tener mis bebés, trabajé por dos años en la registradora en un garaje. En 1988 regresé a la escuela para obtener mi matricula[4] y entonces estudié en el bachillerato por tres años para obtener mi diploma de maestra. En el pueblo donde yo crecí no había ningún trabajo. Hay muchos maestros que enseñaron por diez, quince años, que ahora se han quedado sin trabajo. Por suerte, una directora en Queenstown me consiguió un trabajo en una villa rural, a tres horas de viaje de mi casa. Dejé a mis hijas viviendo con mis padres y me mudé a la villa.

Yo soy Xhosa y esta era una villa Xhosa. Todavía vivimos bajo la autoridad de los jefes ahí, así que el cuerpo gobernante o el jefe te encuentra un lugar para vivir. La gente carga el agua en sus cabezas, porque la única agua corriente está en el río. Las vacas beben de esa agua, y la gente se lava en ella. No hay electricidad. La gente vive en

---

[3] Anteriormente una provincia africana, y precursora de la moderna provincia de estado.

[4] Forma corta para decir matrícula. En Sudáfrica , comúnmente se refiere al último año de la secundaria y la calificación que uno recibe cuando se gradúa.

casas redondas con techos de paja. No hay inodoros. Actualmente, en Oregon, yo cuido a un niño pequeño y trato de explicarle cómo es la vida en esa villa. Él dice "No inodoro," y yo digo "Así es, no inodoro. Si tienes periódico, usas periódico para limpiarte. O piedras". Él dice, "No!" No se puede imaginar una vida sin inodoro. Yo le digo "Sí, bebé, así es como es".

Lo más duro para enseñar era la falta de libros y equipo. A veces enseñábamos algo de un libro que ni nosotros mismos sabíamos o entendíamos. Por ejemplo, computadoras. Yo le enseñé computadoras a mis estudiantes, pero la primera vez que yo toqué una fue aquí en América. En Sudáfrica, la única computadora que yo vi fue en el banco.

Pero hay otra gran diferencia entre Sudáfrica y aquí—el respeto para los maestros. Cuando tú eres una maestra en Sudáfrica y llegas a la escuela con tus bolsas y libros, los niños corren a ayudarte. Y no digo solo los niños pequeños—muchachos grandes vienen a cargar tus libros. Nos llaman "Señorita" o "Maestra". "Sí, Maestra". Tienen ese respeto. Hasta los padres respetan a los maestros. Estoy hablando principalmente de las áreas rurales. En los pueblos en Sudáfrica, es diferente. Tu oyes de muchachos golpeando a sus maestros en el pueblo, pero en las áreas rurales todavía hay respeto.

De todas maneras, después de estar enseñando por doce años, yo estaba lista para irme a trabajar para Dios y la iglesia. Empaqué solamente mi ropa y mi Biblia para venir a los Estados Unidos. Cargué una maleta y una bolsa, con mi visa especial para misioneros.

QUERÍAN ALGO MÁS DE MI

Yo estaba sorprendida cuando llegué al lugar donde iba a quedarme. En el cine, nunca vi a gente pidiendo dinero en las calles. Nunca vi a gente sin hogar. Todo en América parecía perfecto. Según la televisión, sólo hay gente inteligente y bienvestida en América. Tú no ves lugares como adonde yo fui a vivir en Houston. Yo esperaba que fuera una ciudad como Johannesburgo, pero mi calle se parecía más a un pueblo de mi tierra, con gente pobre viviendo apretados en casas pequeñas. Niños de la calle.

Yo fui a vivir a la casa de la hija del pastor, al frente de la calle donde estabala iglesia y la escuela. Ella era divorciada con dos niños. Otras dos mujeres también vivían ahí que también vinieron como misioneras. Una de Sudáfrica y la otra de Swazilandia. El pastor y su esposa vivían a diez minutos de ahí.

Empecé a trabajar al día siguiente, en la escuela de la iglesia, dando clases. Pero después de unos días me dijeron: "tu pronunciación no es suficientemente buena para enseñar. Los niños no te entienden". Yo estaba sorprendida porque yo enseñé inglés en mi país. Yo creo que ellos querían algo diferente de mí desde el principio.

Ellos sí me dieron mucho trabajo después de eso. Con la señora de Swazilandia, yo limpiaba la iglesia, ayudaba con los niños pequeños, limpiaba sus casas. Recuerdo que limpié el garaje más sucio del mundo—¡tengo fotos de eso! Pero esto no estaba bien. Esto no fue para lo que yo vine a este país. Cuando dicen que tú eres un misionero, y vienes aquí, vienes a ayudar a la gente, a enseñar a los niños y a mostrarles la forma cristiana de vivir. Pero no estábamos haciendo el trabajo misionero que aceptamos hacer aquí; en realidad estábamos trabajando para la hija del pastor, nosotras tres, limpiando la casa, cuidando los niños cuando ella salía.

Siempre había algo, más trabajo. La hija del pastor viajaba a conferencias de la iglesia en todo el mundo y vendía corbatas especiales en estos eventos. Nosotros empaquetábamos esas corbatas para ella— hacíamos muchos trabajos como ése. La familia del pastor es dueña de una finca grande en las afueras del pueblo, y nos llevaban ahí para abrir huecos en la tierra y plantar árboles. Trabajábamos rápido—yo ni siquiera sé de dónde sacábamos la fuerza. En unas cuantas horas, habíamos terminado con la tarea y ellos se sorprendían. Otro pastor vino y dijo, "Yo también quiero un misionero de Sudáfrica de la misma iglesia". Yo me reía porque ellos nunca iban a conseguir alguien como yo. No tengo doble. La esposa y la hija del pastor no querían que le habláramos a la gente, ni a los otros miembros de la iglesia. Si nos veían hablando con alguien, nos preguntaban, "¿Qué te estaba diciendo ella?" La gente en la iglesia nos tenía lástima. "¿Tú eres maestra?" "Sí, yo era". "¿Entonces por qué viniste aquí?" "¿Por qué trabajas como esclava?" Era una iglesia negra y una familia negra, así que ellos sabían mucho de esclavitud. Yo dije, "Yo no sé nada de esclavitud. Yo sé sobre apartheid. Si yo soy esclava de alguien, lo soy de Cristo".

Mi visa se podía extender por un año en enero de 2006. La primera fecha de expiración en mi pasaporte decía Abril 24, así que yo necesitaba extenderla. Yo seguía pidiéndole a la familia del pastor que la extendiera, ellos decían, "Está bien, no te preocupes. Lo vamos a hacer por ti". Pero nunca lo hicieron, y nunca me explicaron por qué no lo hicieron. Así que mi visa se venció y yo me quedé más tiempo de lo que era legal. Y yo sé que fue intencional. No querían que nos fuéramos porque estábamos trabajando para ellos. Por eso era que nos querían—para trabajo barato. Si éramos legales podríamos decirle a alguien cómo éramos tratadas, podríamos pedir ayuda o ir a trabajar en otra parte. Así que se quedaron con nuestros papeles y retuvieron nuestras extensiones, porquetenían miedo de perdernos.

La única vez que yo salía de la casa o la iglesia era para comprar tarjetas telefónicas para poder llamar a mi casa. Una vez nos llevaron al centro de la ciudad y caminamos por todos los edificios y tiendas del centro comercial. Más allá de eso, nunca nos sacaban. La familia no era mala, como decir que gritaban o algo así, pero sonreían de una manera a la que no estábamos acostumbradas. En realidad no sonreía—siento decirte esto—era una sonrisa falsa. Nos miraban, pero no en realidad, no con ojos espirituales. La iglesia aquí era diferente también. Como africanas, hacemos las cosas diferente. Yo le pedí al Espíritu Santo que me ayudara a no mirar a esta gente con mis ojos, sin importar como me trataran o cómo vivieran, si no que me ayudara a verlos con mis ojos espirituales. De esa forma, con Dios ayudándome, en cualquier cosa que ellos predicaban yo estaba oyendo la palabra de Dios.

Así que esa era mi posición. En vez de ser misionera, yo tenía cierta clase de trabajo. Pero cada día el trabajo cambiaba—Yo nunca sabía lo que iba hacer. Nos pagaban trescientos dólares cada dos semanas, seiscientos al mes. Nos decían que nos pagaban tan poco porque nos daban comida y ropa, así que no necesitábamos más dinero. Pero esas ropas que nos daban eran tan grandes que no me servían en lo absoluto. La hija de pastor siempre comía afuera, y los niños comían comidas que tú sacas del congelador al microondas. Nosotras tres de África cocinábamos arroz para nosotras, si había comida en la casa para cocinar. La mayoría de los días nos daban huesos de pescuezo de cerdo. Como cristianas en mi país, nosotras no comemos cerdo. Pero en América estábamos forzadas a comer cerdo, porque no teníamos alternativa. Después,por dos meses, no hubo ninguna comida para nosotras, aún cuando el pastor le dio dinero a su hija para alimentarnos. Ella dijo, "Ustedes comen demasiado".

En la iglesia servían pan y mantequilla de maní después del servicio. Todos los domingos. Cuando teníamos mucha hambre, cuando no teníamos comida, la señora de Swazilandia iba a la escuela muy temprano en la mañana y cogía pan para que tuviéramos algo de comer. ¿Ella estaba cogiendo el pan o robándolo? Yo no sé la respuesta.

Esto es lo que yo hacía con los $600 cada mes. Primero, ellos me quitaban $60 para la ofrenda de la iglesia. Entonces yo pagaba $20 por una tarjeta telefónica y $20 para cosméticos (me corté el cabello bien corto porque no podía comprar los productos para el cabello) Y entonces pagaba $40 por el costo de envío cada vez que tramitaba un envío de dinero a mi familia. Eso me dejaba con $460 para mandarles cada mes, para pagar mi casa y mantener a mis padres y a mis hijas en la escuela. No era ni la mitad del salario que yo ganaba en mi país.

Mi madre y mi hermana tienen VIH, así que el dinero también tenía que pagar por sus medicinas. Mi padre también tenía el VIH, pero él murió en el 2004. Solamente la gente rica y los que tienen seguro médico pueden pagar las medicinas para el VIH. La medicina que mi madre está usando cuesta 366.28 rands[5] mensualmente. Encima de eso, hay ciertas cosas que ella tiene que comer, como jugo puro cien por ciento, y esas cosas me salen caras. Algunos que están infectados obtienen la medicina del hospital del gobierno, pero algunas veces la medicina se le acaba. Muchos que están infectados con el virus del SIDA, aún cuando obtienen la medicina del hospital del gobierno, no tienen comida, o gente que les dé apoyo moral, nadie que los cuide. Por ejemplo, el conteo del CD4[6] de mi hermana bajó tanto que el doctor le dijo que fuera a escoger su ataúd—él estaba seguro que ella se iba a morir pronto. Pero por el amor que yo le di, y por favor compréndeme, no estoy tratando de alardear—porque por la forma que yo la respaldé moral y espiritualmente, ella está bien y el conteo de su CD4 es alto. Tenemos que darle a la gente con SIDA medicina espiritual también. No es suficiente sanar el cuerpo físicamente. Hasta la forma en que los doctores les hablan puede ser perjudicial. Un doctor le dijo a mi madre que se fuera para su casa, que no había nada más que ella pudiera hacer, "Así que vete a la casa y espera tu día espera morirte". Yo le dije a mi madre y a mi hermana que los doctores tratan, pero Dios cura.

Antes de venir, la familia del pastor me dijo en marzo, al segundo mes de estar aquí, que ellos iban a invitar a mi esposo para venir a reunirse conmigo. Pero mientras yo estuve aquí, ellos ni siquiera quisieron discutir ese plan. Me preguntaron que por qué él no trataba de buscarse su propio dinero, como vendiendo botellas en el centro de

---

[5] Aproximadamente cincuenta dólares estadounidenses.

[6] El conteo de CD4 (o T4) mide la cantidad de ciertas células blancas en la sangre. Actúa como un indicador de la fuerza del sistema inmunológico.

reciclaje. Yo les dije, "En mi país no hacemos esa cosas". Me enfermaba cuando hablaban así de mi esposo, preguntándome por qué yo lo
mantengo. No les importa. Eso es lo que yo hago, yo lo mantengo.
Ahora, qué podía hacer? Ya había renunciado a mi posición en mi
país. Con tantos maestros sin trabajo en Sudáfrica, yo sabía que no
iba a conseguir otro trabajo como maestra. Yo ni tan siquiera estaba
pensando en regresar. De ninguna manera. Yo me dije, "Bien, éstas
son mis pruebas, yo debo superarlas. Estas son mis penas y debo en-
frentarlas".

TÚ NO TE FÍAS DE NADIE

Todo cambió un día en abril, porque uno de los miembros de la iglesia
vio mis papeles en la oficina de la iglesia. Ella vino y me preguntó,
"Estás feliz aquí?" Yo le dije, "Sí" porque yo no confiaba de nadie.
Pensé que ella me reportaría a la hija del pastor. Así que dije, "Sí, soy
feliz". Ella dijo, "Dime la verdad, ¿estás feliz aquí?" Yo pude sentir
que ella tenía simpatía, ella realmente me estaba preguntando con
su corazón. Así que yo le dije todo. Le expliqué que no podía pensar
en marcharme—yo no conocía a nadie. No tenía a dónde ir. Y pronto
sería ilegal. Donde quiera que tú vayas en los Estados Unidos, quieren
ver el número de tu Seguro Social, y desde luego, yo no tengo uno.

Me dijo que ella y su esposo habían estado preocupados por mí
desde que yo llegué. Me dijo, "Fue peor cuando vi lo que te pagaban
en tu país". Eso fue un domingo. El martes, ella vino a verme de
nuevo. Me preguntó si yo vendría con ellos si me compraban un boleto. Les pregunté a dónde, pero ellos no querían que yo supiera.
Todavía yo no sabía si ella hablaba en serio, pero me dijo que estuviera lista el miércoles a las once de la mañana. Yo pensé, si esta es la
voluntad de Dios, debo hacerlo. Así que escapé con ella y su esposo.
Solamente tomé mi Biblia. Dejé toda mi ropa ahí, todo. Mis certifi-
cados de maestra para enseñar están allí. Simplemente salí de la casa

como si yo fuera a regresar. Una misión secreta. Dejamos Houston ese mismo día y volamos aquí a Oregon. Esto fue antes de que mi visa se venciera, así que todavía pude usar mi pasaporte para la foto de identificación. Esa pareja de jóvenes, también una familia negra, se arriesgaron muchísimo para ayudarme. La iglesia en Houston todavía los está buscando. Ellos quieren que paguen el costo de mi boleto para volar de Sudáfrica hasta EE.UU. Pero en realidad la iglesia será la que sufre, si Inmigración se entera de que ellos están haciendo promesas falsas para traer a gente aquí para darles trabajo barato, pagándonos con dinero en efectivo para que no haya huellas. Ellos mintieron al gobierno, diciendo que yo venía aquí como misionera, pero me tenían limpiando.

Yo llamé a la Embajada de Sudáfrica para ver si podían ayudarme con mi situación. La señora ahí me dijo, "Ah, te pasaste en tu estancia. Lo único que puedes hacer es solicitar una visa de estudiante". Yo le dije que las escuelas son muy caras. He buscado por internet y no puedo pagar cuatrocientos dólares por los gastos. Otros me dijeron, "mejor cásate". Yo dije, "estoy casada en Sudáfrica". Aunque no estuviera casada, ¿casarme nada más que por papeles? Yo no creo que eso sería bueno para mí. Un día cuando yo caminaba a la librería de Barnes and Noble, un carro paró cerca de mí y un mejicano me preguntó "quieres montar?" Yo dije "okay". Me dijo, "Eres de África?" Yo dije, "Sí". Entonces él dijo, "Yo sé que tú no tienes papeles. Si tienes sexo conmigo voy a tratar de arreglarlo todo". Le dije, "Mírame, yo soy cristiana. Aunque no estuviera casada, yo no haría eso. Y entonces cuando él me estaba dejando en la calle, vimos un carro de policía. El mejicano enseguida se agachó y se escondió debajo del tablero de instrumentos, fuera de vista. Yo dije, "¿Y tú piensas que puedes arreglar mi situación? ¿Mientras que tú mismo te estás escondiendo de la policía?"

Yo no quiero ser deportada porque si yo me voy de esa manera, no puedo volver nunca. Y un día yo sí quiero volver a América, no para trabajar, pero para ir a conferencias de la iglesia. Si me voy sin ser deportada, puedo regresar en unos diez años. Así que esa es mi mayor preocupación ahora—ser deportada. Si eres un ilegal aquí, no eres libre en lo absoluto. Aún en la iglesia, cuando alguien te hace preguntas, tú piensas, "Ah, a lo mejor él trabaja para el INS[7]". No confías en nadie. No quieres hablar con la gente. Siempre estás inquieta. No quieres que la gente sepa tu condición. Todos los días yo cruzo mis dedos. "Oh Dios, no me dejes hacer nada ilegal para que no me deporten". Siempre tengo miedo. Yo puedo estar afuera de la casa con este niñito que yo cuido y me empiezo a imaginar qué pasaría si él tratara de correr hacia la calle. Digamos que llaman a la policía. Ellos me empezarán a hacer preguntas, "¿Quién eres? ¿Cómo has estado trabajando aquí?

LA GENTE NOS EMPLEA PORQUE SOMOS BARATOS

La familia de Houston que se mudó aquí no necesitaba que nadie trabajara para ellos, pero me ayudaron dándome trabajo cuando llegamos. Entonces encontré un trabajo por un anuncio en la Internet y fui a trabajar para una familia india como niñera. Les dije la verdad, que no tengo papeles. Yo no les oculté eso, porque es muy peligroso emplear a alguien que no tiene papeles. Si el gobierno se entera, el empleador y yo tendremos problemas. Desde luego, la razón porque la gente nos emplea es porque somos baratos.

Solamente me quedé una semana con esa familia. La segunda semana renuncié porque ellos querían que yo le rezara a su Dios. Tenían vasos y dinero en una mesita, como un altar, y cuando yo estaba alimentando a sus bebés, supuestamente debía rezar ahí. Les dije que yo no podía hacer eso, y renuncié al trabajo enseguida.

---

[7] El Servicio de Inmigración y Naturalización, ahora divididos en Servicios de Ciudadanía e Inmigración de los Estados Unidos (USCIS), y Inmigración y Aduana.

En realidad las condiciones ahí no eran buenas. Yo cuidaba a los dos niños y limpiaba la casa. Pero no cocinaba o hacía las compras—la madre cocinaba. Me pagaban trescientos dólares a la semana y vivía con ellos, en los bajos, en el garaje. En un lado había carros estacionados, un lavadero ahí, y un área que era una pequeña oficina para el esposo. Yo dormía en un sofá en esa oficina, así que no había privacidad. Yo también guardaba mi ropa en esta oficina, al lado de la computadora. Por la noche el sofá era mi cama, yo tenía que jalarla. Cada vez que salían, tenían que pasar por donde yo estaba. Me llamaban desde arriba "Liso, cúbrete, que vamos bajando!"

La pareja joven, los que me ayudaron, me preguntaron, "¿Estás feliz ahí? Regresa y vive con nosotros si no estás feliz". Yo no quería molestarlos, así que les dije, "Sí, estoy feliz". Pero cuando mis patrones me dijeron que tenía que rezar en su altar, llamé a la pareja y les dije, "Voy a regresar". Me quedé con ellos otra vez por un tiempo hasta que encontré este trabajo, el que estoy haciendo ahora.

Y aquí es donde he trabajado desde entonces, por más de un año. Cuido a tres niños—los gemelos tienen casi un año, el otro acaba de cumplir cuatro. También limpio la casa y hago el lavado. Pero la esposa cocina. Los bebés se despiertan a la siete de la mañana y estoy ocupada todo el día hasta las ocho o nueve de la noche. Pero ellos saben que tengo que tener los domingos libres para ir a la iglesia. No se puede negociar con eso. Es solamente el domingo el día que no trabajo en lo absoluto. Cuido a los bebés de la iglesia en la mañana y luego en la noche voy al servicio religioso y también a la clase del estudio de la Biblia. Mis amigos en la clase son viejos! Uno tiene setenta y dos años, el otro tiene noventa y dos. Ellos son mis únicos amigos. Nos conocimos ahí en la clase y ellos me llevan a la iglesia.

Yo no tomo días de fiestas, y no tomo las Navidades. ¿A dónde iría? Lo que hago es caminar hasta Barnes & Noble, la librería, los sábados. Me siento ahí y leo por dos horas y luego camino de regreso. Tengo un horario muy estricto a la una de la tarde los sábados, leo mi correo electrónico. Después de eso, trabajo desde las cuatro de la tarde hasta la hora en que los padres regresen—lo mismo puede ser a la media noche o la una de la mañana. Nunca tengo una hora fija para terminar mi trabajo. La pareja para la que yo trabajo me paga cuatrocientos dólares a la semana. Vivo aquí de gratis y me dan comida. No llega a ser ni tres dólares la hora, más bien unos dos dólares y algunos centavos. Ellos me dicen que no me quieren pagar más porque me dan tantas cosas, y me dejan usar la computadora. Me dijeron que me aumentarían mi pago siete por ciento, pero no lo han hecho.

SOLO UNA PEQUEÑA PUERTA PARA ENTRAR A AMÉRICA

Yo he visto anuncios en el periódico para ver un doctor por treinta y nueve dólares. Ese es el único doctor que puedo pagar. Creo que yo tengo que ir, porque todo mi costado me duele y mis músculos están inflamados. El farmacéutico me dijo que cree que es artritis. Ahora no me es fácil exprimir toallas mojadas, o tan siquiera abrir envases. Un sábado fue la primera vez que sentí este dolor, yo le dije a la mujer para la que yo trabajo "No me estoy sintiendo nada bien hoy".

Ella estaba muy enojada. "¡Debiste decírmelo hace mucho tiempo! No ahora!" Ella es una señora amable, así que yo me sorprendí de que se enojara tanto. Pero yo comprendo de cierta manera, porque los sábados son los únicos días que ellos salen. Yo dije, "Lo siento por no habérselo dicho antes". Ellos me dieron algunas pastillas, pero el sábado fue realmente duro para mí. Yo estaba muy enferma. El siguiente día ella no me preguntó nada. Pero el esposo dijo, "¿Cómo te sientes?" y me dio más pastillas.

En Sudáfrica, una niñera es tratada como una persona de segunda clase. Yo nunca trabajaría de niñera en mi país. No se gana nada. Pero aquí, en América, hay un salario mínimo para niñeras. Los americanos pueden ganar un buen salario cuidando niños, porque les pagan por hora. Los que son ciudadanos no aceptarían $400 por semana, ellos no tomarían ni tan siquiera $10 la hora. Es solamente a gente como yo sin papeles, a quien le pagan tan poco. De los $1,600 al mes que gano,mando $1,200 a mi casa. Yo separo $160 para la ofrenda de mi iglesia aquí y $40 para mis tarjetas de llamadas. Yo no gasto ningún dinero aquí. Es todo para mi familia en mi país. Nunca voy a un cine, ni tan siquiera compro agua embotellada. Mi familia allá está pagando mis deudas con el dinero que yo mando. Pero, como te dije, la gente cree que en América tú puedes recoger dinero del piso. Aún ahora recibo mensajes de texto en mi teléfono de gente en mi país diciendo, "Mándame dinero". ¡Oh Jesús, ellos no saben! "Por favor, por favor, por favor mándame cinco mil rands[8]". ¿Ellos sabrán cuánto trabajo cuesta ganar cinco mil rands? ¿Ellos sabrán lo que yo estoy haciendo? Ellos no entienden nada.

Los amigos de esta pareja me preguntan que cómo estoy. Yo sé que ellos se preocupan por mí, me tienen lástima. Ellos ven que siempre estoy trabajando. Pero a mí me gustan los niños. Yo hago algo nuevo cada día. Esa es una de las cosas que he aprendido: a ser feliz, tienes que disfrutar tu trabajo. A mí ni tan siquiera me importa la privacidad. No tengo nada personal aquí.

La mujer de Swazilandia se fue de Houston también. Ella encontró trabajo en otra ciudad igual que yo. Pero me escribió que su nueva situación también era mala. Ella no comía con la familia—tenía que usar su propia taza y plato. Después de que ellos cenaban, ella comía las sobras. Si se terminaban toda la comida, ella se acostaba sin comer. Esta muchacha creció en Swazilandia, así que ella no sabía nada del apartheid. Yo le dije, "Eso es apartheid". Porque ella estaba usando un uniforme con un pañuelo blanco en la cabeza, lavando a los perros.

[8] Alrededor de $750 EE.UU.

Yo le dije, "No era tu trabajo, ése. No es lugar para ti. Era solamente un pequeña puerta para entrar a América".

YO QUIERO PLANTAR ALGO AQUÍ

Algunas veces lloro la noche entera. Extraño tanto a mi madre y a mis hijas. Y a mi esposo. Ah, mi esposo! La última vez que lo vi fue el 24 de enero de 2006. Fue como si le hubiéramos dado la llave al diablo, yo y mi esposo, porque no nos quedamos juntos casi nada, y ahora hay tanta distancia entre nosotros. No sabemos qué pasará. Todas las semanas yo lo llamo. Si tengo suficiente dinero, llamo todos los días, una llamada corta. "Hola, te amo". Yo le digo, entonces bajo el teléfono, "Hola, te amo". Hasta que la tarjeta de cinco dólares se gasta. "Hola, te amo". Los sábados lo llamo mientras camino a Barnes & Noble y hablamos por treinta minutos. Hablamos de nuestras deudas y hacemos planes. También hablo con mis hijas, acerca de cómo les va en la escuela. Yo les digo que deben respetar a mi esposo y hacerle caso. Yo me preocupo por ellos. Ellos van a la iglesia pero no son cristianos evangélicos.

Yo trato de estar segura de que lo que estoy haciendo glorifica el nombre de Dios. Cuando los gemelos en Portland nacieron, su abuela estuvo ahí para ayudar. Desde el momento que ella se fue, cuando los bebés tenían un mes de nacidos, yo trabajaba todo el día hasta las dos de la mañana, dormía tres horas, y de nuevo a trabajar a las seis de la mañana. Un día mi patrón me preguntó, "¿Cómo te las arreglas para hacer todo esto?" Yo le contesté: "No soy yo, es Dios" Honestamente hablando, es Dios. Yo me puse contenta cuando una vez la esposa de mi patrón me preguntó, "¿Puedo ir a la iglesia contigo?" Yo dije "¡Alabanza a Dios!" Y el niño aquí era tan travieso. Pero Dios me ayudó a saber cómo tratarlo, cómo hablar con él. Cuando yo empecé aquí él me golpeaba y tiraba cosas a sus padres. Pero ahora él es un niño bueno.

Yo quiero plantar algo aquí. Yo no voy por ahí hablando de Jesús.

Yo trato de predicar con el ejemplo. Los niños lo pueden sentir. Yo no quiero marcharme hasta que sepa que he salvado por lo menos un alma aquí en América. Y yo tengo sabiduría ahora. Veo cómo hacer dinero y cómo ayudar a otra gente. Mis ojos están abiertos. Cada día en América, yo tomo ideas. Quiero aprender a nadar para cuando vaya a mi casa, enseñar a mis niños a nadar. Estoy tomando clases de piano. Alguien en mi iglesia me ha prometido que me va a enseñar a montar bicicleta. La gente dice, "¿Es ella normal? ¿Por qué está haciendo todas esas cosas? ¿Por qué está aprendiendo a tocar el piano?" Yo no quiero desperdiciar un minuto de mi tiempo aquí. Cada segundo cuenta. El año 2010 se acerca y es cuando yo habré ahorrado suficiente dinero para irme a casa. Yo amo mi país ahora veo lo bueno que es. Pero necesito estos años en los Estados Unidos para hacer que mis planes funcionen.

He empezado a escribir un pequeño libro. Un panfleto para gente que vive con SIDA. Lo que aprendí de mi experiencia con mi hermana es que los antiretrovirales no son suficientes. Para vivir, necesitas el espíritu al igual que las medicinas. Así que estoy escribiendo sobre eso.

Y estoy empezando mi propio negocio. Aquí en Oregon, pero mi esposo empezará el negocio en Sudáfrica el enero que viene. Un centro diurno y una casa de huéspedes en nuestro hogar. Tendré computadoras en mi centro diurno. La gente podrá venir a mi lugar y les enseñaré como usar las computadoras. Le hablaré a la gente que tiene niñeras y les diré cuál es la forma correcta de tratar a sus niñeras.

Tú sabes, yo he aprendido mucho de la gente blanca desde que vine a América. En mi país, si estás comprando un carro de segunda mano, dices, "Yo quiero un carro que perteneció a un blanco, porque ellos siempre cuidan de sus carros y los mantienen. "Pero estoy aprendiendo que no todos los blancos cuidan de sus carros. ¡Y algunos blancos comen demasiado! Es gracioso. Nosotros no somos diferentes, nada especial—todos somos iguales, blancos y negros.

Y he aprendido a ser una trabajadora ilegal. Yo trato de explicarle a la gente aquí que Sudáfrica no es como otros países en África. Cualquier cosa que tengas en América, la encontrarás en las ciudades grandes en mi país también. Hay gente de otros países en África que quiere venir y trabajar en Sudáfrica, igual que la gente quiere venir y trabajar aquí en los Estados Unidos. Y también tratamos a los ilegales de mala manera, justo como los trabajadores ilegales son tratados aquí. Los Sudafricanos dicen, "¡Estos son ilegales!" Es lo mismo en América—aquí, tú oyes a los Americanos decir, "Nuestro gobierno está malgastando mucho dinero en esa gente". En mi país los llamamos amak-were-kwere[9] y cuando tú quieres trabajadores baratos, los empleas a ellos. No los reconocemos como seres humanos. Ellos sólo son gentes pobres que vienen a África del Sur a conseguir dinero. En América yo soy ahora justo como esas personas. Hay una de ellos que está trabajando en el campo de mis padres—una señora de Zimbabwe. Ella labra todo el terreno usando solamente un azadón. Y le pagan trescientos rands al mes. Yo digo, "Mamá, si puedes tratar a esa señora bien, tú vas a ser tratada bien. Si puedes aumentarle el salario, Dios va a cuidarme aquí, porque yo estoy en la misma posición que esa señora". Cuando yo regrese a casa, yo voy a asegurarme de que ella obtenga una identificación Sudafricana. Yo no sé cómo voy a hacerlo. Le voy a pedir a mi mamá que la adopte o algo así.

Porque yo *me iré* a casa. En el 2010, después de pagar mis deudas en mi país y pagar el terreno que compré. Mi esposo y mis hijas me extrañan muchísimo. No sabemos qué pasará. En la noche me quedo dormida pensando "2010, 2010, 2010".

---

[9] Un término derogatorio para negros extranjeros.

HÉCTOR, 42

St. Helena, California

Héctor ha vivido y trabajado en los Estados Unidos durante muchos años, la mayoría de ese tiempo como agricultor en el Valle de Napa. Una grave herida de trabajo lo dejo incapacitado para trabajar y por poco en la miseria. Una semana antes de dar esta entrevista fue visitado en su casa por un agente de Inmigración. El agente dijo que sabía que Héctor y su esposa, Isabel, indocumentados, y les advirtió de que si no se fueran el regresaría a arrestarlos y deportarlos a ellos y a sus vecinos.

Yo solía hacer todo tipo de trabajos en los campos de por aquí. Trabajé por muchos años en la cosecha de uva, levantando las guías de tomate, cortando pimientos. Hacía cualquier cosa que se necesitaba. Un día, hace como cuatro años, estaba trabajando sobre el borde de un viñedo en Napa, amarrando alambre por el perímetro. Llegué a un lugar muy empinado y rocoso y estaba parado sobre una superficie alta, recargándome en uno de los otros alambres del cerco para balancearme. De repente el alambre se rompió y caí 10 ó 15 pies sobre las piedras de abajo. No me podía mover. Sentí como si mi cuerpo entero se hubiera quebrado como la cascara de un huevo. Me encontraba solo allá afuera, así que no supe si alguien me vio caer. Pero había un niñito que vino corriendo hacia mí—había venido con su padre al campo para aprender cómo hacer el trabajo—y él regresó corriendo a informarle a su papá. Le dijo a su papá que yo estaba muerto. Cuando su papá llego al lugar donde yo estaba tirado, se sorprendió de que yo siguiera vivo y respirando.

Él y otro trabajador me empezaron a levantar de los brazos pero les pedí que no me jalaran del brazo derecho, primero tenía que meter el hueso en la articulación. Como no me podían parar, tuvieron que regresar con un tractor para poder llevarme a mi carro. No llamaron a una ambulancia, ni me llevaron a un doctor inmediatamente. Yo no quise. Había escuchado que te corren si tienes un accidente de trabajo. Así que me esperé a sentirme mejor. Pero después de unos días, todavía apenas me podía mover. Eventualmente fui a ver a un doctor. Dijo que era una mala fractura, que requería cirugía, y que no iba poder trabajar por un tiempo. Le llevé los rayos X a mi jefe, pero él solo dijo que me había esperado demasiado tiempo en decirle sobre la caída. No recibí nada.

La mañana del domingo pasado, estaba sentado afuera de nuestra casa con mi esposa, pasando el tiempo, cuando un carro con rayas verdes y blancas se metió lentamente a la calle que llega a la propiedad. Tenía miedo. No estaba seguro en el momento pero pensé que ese tipo era del servicio de Inmigración o era uno de los Minutemen, que se visten como si fueran del servicio e intentan cazar inmigrantes.

Intenté actuar muy calmado y comencé a caminar hacia el carro —camino lento porque ahora uso bastón. Al acercarme a su ventana el hombre me preguntó si tenía papeles. Le pregunté, "¿Por qué me pregunta eso?" Y él dijo, "Porque soy agente de Inmigración". Y comenzó a hacer más preguntas. ¿Cuántas personas viven en esa casa ¿Tú vives aquí? Y luego el agente dijo, "Vamos a regresar en siete días y revisaremos cuántos de ustedes tienen papeles y cuántos no. Nos llevaremos a todo aquel que no tenga documentos, "tenemos una orden de cateo". Yo lo único que le dije fue "¡Okay, muchas gracias!"

Mientras caminaba de vuelta a mi casa, le dije a mi esposa que se quedara sentada porque pensé que si nos veíamos nerviosos él regresaría y nos llevaría. Nos esperamos hasta que él se fuera y luego fuimos a las otras casas para contar lo que había sucedido. Les dijimos que tal vez pensaran en irse. Esperamos a que oscureciera, y metimos todo lo que pudimos en mi carro. Dejamos mucho pero teníamos mucho miedo para regresar.

Yo recibo del Estado ochocientos dólares mensuales, por incapacidad y mi esposa, Isabel, trabaja para los dos estos días. Pero con su embarazo, y como nos quedamos sin casa, me estoy preocupando. Ahorita nos estamos quedando con mi primo. Tendremos que encontrar un nuevo hogar pronto.

OLGA

EDAD: *39*
PAÍS DE ORIGEN: *Mexico*
OCCUPACIÓN: *Sirvienta*
DOMICILIO: *Oxnard, California*

SOY TU MADRE,
NO TE ACUERDAS DE MI?

Nacida en Jalisco, México, Olga se encontró madre a los quince años. Después de luchar durante varios años para mantener a sus hijos, Olga decidió mudar su familia a California. La familia hizo su hogar en un garaje convertido a apartamento en el condado de Ventura, California, a unas setenta millas al norte de Los Ángeles. Cuando su hijo Víctor era un adolescente, Olga descubrió que este deseaba convertirse en una mujer. Víctor se transformo en Victoria, o Vica, como la llamaban sus familiares. En mayo del 2007, Vica fue detenida por una infracción de trafico y enviada a un centro federal de detención de inmigrantes en Los Ángeles. A estas alturas, Vica estaba bajo tratamiento por el SIDA. Su madre y compañeros detenidos han dicho que a Vica, 23, repetidamente le fueron negados medicamentos para el SIDA mientras estuvo en ese centro de detencion.

Olga, 39, quien trabaja limpiando casas, nos cuenta su historia desde su humilde apartamento, rodeada de fotografías de su familia. Ella primero nos habla de Víctor como niño, como transexual, y finalmente como un detenido que murió, encadenado a una cama.

Limpio casas. Estoy casada. Mi marido es pintor de casas. Antes, yo trabajaba casi todo el tiempo, seis días a la semana. Me levantaba a las seis de la mañana, preparaba el desayuno para mi familia, y luego salía para el trabajo. Desde que se murió Vica, me resulta difícil trabajar. La gente para quien trabajo son muy cariñosos y siempre me andan abrazando desde lo que paso. Una familia me dio dinero para ayudarme con los gastos del funeral. Llego a la casa a las cuatro de la tarde, pero siempre muy cansada. Me preparo algo de comer y, voy a la tienda, o paso por el cementerio.

Tuve que dejar de trabajar cuando Vica se murió. No podía hacer nada. Lloraba a toda hora. Volví a trabajar porque ya no me alcanzaba el dinero. Cada mañana cuando preparo el desayuno, pienso en Vica cuando estaba viva. Yo me preocupaba por él, que comiera bien, porque sabía que tenía que cuidar de su salud. Ahora sólo lloro cada vez que preparo el desayuno. Me siento a comer y de repente, pierdo las ganas de comer.

ME TOMO MUCHO TIEMPO

Nací en Jalisco, México. Cuando tenía catorce años, fui violada. Eso fue cuando Víctor fue concebido. Cuando mis padres se enteraron que estaba embarazada, mi padre dejó de hablarme. Nunca les conté lo que pasó porque pensaba que no iban a comprender. Mi padre quería echarme de la casa pero mi madre le convenció que me dejara quedar. Mi padre estaba muy enojado conmigo. Cuando me sentaba en la mesa a comer, mi padre se levantaba. No me dirigía la palabra.

Era muy difícil porque mi padre seguía enojado conmigo y se desquitaba con Víctor. Victor gateaba hacia el, y mi padre lo ignoraba. Después me encontré embarazada por la segunda vez. Tenía dieciocho años en ese entonces. Le dije a mi novio que estaba embarazada y nunca volví a saber de el. Desapareció de mi vida para siempre.

Al enterarse de mi segundo embarazo, mi padre me echó de la casa. Estaba completamente sola. Recuerdo que yo iba caminando por callejón largo y estrecho de mi barrio. Tenía a Víctor tomado de la mano—él tenía cuatro años cuando eso—y yo con seis meses de embarazo. Vi a mi padre caminando hacia nosotros, con unos amigos suyos, y pasó por mi lado como si no me conociera.

Me quedé con una amiga y su madre. Unas semanas después, mi hija Sara, nació. Era muy delicada y una noche, casi murió. La llevé a la clínica y el médico me dijo si hubiera esperado unos minutos més, Sara hubiera muerto. Era tan pequeñita. Me acuerdo que cabía en una caja de cartón. Desde niña, siempre he buscada de amor. Nunca tuve a alguien que me amara hasta cuando tuve mis hijos.

La madre de mi amiga me cuidaba los niños mientras que yo trabajaba. En esos tiempos, no teníamos mucho dinero. Yo trabajaba todo el día y los niños se quedaban con la madre de mi amiga. Sólo recuerdo trabajando y rezando que pudiera juntar suficiente dinero para comprarle a Víctor una camisa o un par de zapatos para Sara.

Comencé a darme cuenta de los cambios en Víctor cuando el tenia cinco o seis años. No caminaba como los otros muchachos. No le gustaba jugar con carritos como los demás niños. No tenía amiguitos, sólo amiguitas. Le gustaba la música y le gustaba cantar. Le encantaba Gloria Trevi.[1] No le gustaba cuando le cortaban el pelo. Me preguntaba, "¿Mamá, porque no dejas que me crezca el pelo? Me gusta más largo". Yo le decía que le lucía mejor corto, como un niño. Se callaba cada vez que se lo decía.

También jugaba con las muñecas de su hermana. Casi siempre lo hacia cuando yo no estaba. Creo que lo ocultaba porque pensaba que yo no lo iba a aceptar.

Me tomo mucho tiempo aceptar las cosas. Mi familia es muy conservadora. Mis padres son de   un rancho en Zacatecas. Después que se casaron se mudaron a Guadalajara. Pero siempre fueron del rancho. Siempre se preocupan de lo que piensa y dice los demás.

---

[1] Una cantante mexicana de música pop.

DIOS ME DIO UN HIJO PARA AMAR

Siempre fui madre soltera. El dinero nunca me alcanzaba. Trabajaba limpiando en una clínica. Tuve otros trabajos. Además, trabajaba en una panadería y de zapatera.

Desde niña mi sueno fue mudarme a California. Cuando por fin decidí irme, fue mi padre quien me ayudó con el dinero. Nos habíamos reconciliado. Me dio tanta alegría de volver a tener su apoyo después de tanto tiempo de distanciamiento. Pero, a la misma vez, estaba triste porque la decisión de mudarme significaba que tendría que dejar a mis hijos. Mi madre se hizo cargo de mis hijos durante un año.

Vine a Los Ángeles porque mi tía vivía aquí.

Cuando llegué a Los Ángeles me quedé con mi tía. Nos llevábamos bien. Ella me dio un poco de dinero pero comencé a tener problemas con su marido.

Una noche, me fui para siempre porque no quería crearle problemas a mi tía. Me quedé con una amiga de mi tía. Eventualmente, llegué al condado de Ventura, done vivía mi hermano mayor.

Después de poco tiempo, comenzaron los problemas con mi cuñada. Una noche, salí a caminar y buscar trabajo. Vi que en un restaurante necesitaban trabajadores. Era un restaurante mexicano que especializaba en mariscos. Comencé a trabajar ahí e hice amistades. No necesitaba hablar inglés porque todo el mundo hablaba español, hasta los clientes. Las propinas me ayudaron sobrevivir en esos tiempos. Pase siete años en ese trabajo.

Enviaba casi todo lo que ganaba a mi familia en México. Solo me quedaba con lo que necesitaba para la renta y la comida. Mi padre me siempre me pidió que no los olvidara, y yo le prometí que nunca lo haría. Les ayudaba con lo que podía.

Vine sola porque quería establecerme antes de traer a los niños. Hice lo que debía. Traje a los niños un ano después. Fue muy emocionante cuando los vi después de tanto tiempo.

Un año había pasado desde la última vez que los había visto. Todavía estaban tan pequeños. Víctor tenía siete años y Sara cuatro. Me acuerdo de ver a Sara jugando en la tierra. Me quede mirándola y le pregunté, "¿Soy tu madre, no te acuerdas de mi?" Sus mejillas se pusieron rojas. La abraze. Fuimos inseparables después de eso. Cuando Víctor escuchó mi voz, salió corriendo de la casa. Él era un poquito mayor que ella y todavía se acordaba de mi. Me abrazó, y así comenzamos nuestras vidas juntos.

Cuando los niños llegaron, conseguí otro apartamento en Oxnard. No era gran cosa, un garaje detrás de una casa, dividido en dos habitaciones. Compré literas para los niños. Uno casi no podía moverse en ese apartamento, las camas, dos sillas, y una mesa ocuparan casi todo el espacio. A pesar de las condiciones, ahí pasamos tres años felices.

Víctor aprendió el inglés con mucha facilidad. Me contó que los niños en el colegio hablaban inglés y español. Víctor y Sara se veían muy felices con la escuela. Pero, como les dije, Víctor era un poco, diferente. A los once años le dio por ponerse maquillaje. Lo hacía cuando yo estaba en el trabajo y el estaba a solas con su hermana. Nunca se lo he preguntado a Sara, pero yo creo que los dos se disfrazaban y se pintaban.

Me siento culpable de algunas cosas que hice. Me empecé a sentir avergonzada de mi propio hijo. El llevaba el pelo largo y se sacaba las cejas. El ya estaba muy grande para que yo le estuviera obligándolo a cortarse el pelo. Lo mandaba a su habitación cuando venía la familia a casa, para que no lo vieran. ¿Puedes creerlo? No me puedo imaginar cómo se hubiera sentido. Si se salía de su habitación lo regañaba. Pero él nunca me decía nada, sólo se daba la vuelta y volvía para la habitación.

El guardaba su dinero y se compraba cosméticos. Entraba la habitación de Sara y veía todos eso lápices de labio y otras cosas que sabía que no eran de ella. Nunca supe de donde venían todos esos cosméticos. Tampoco sabía de dónde sacaba el dinero. Aparte del maquillaje, vestía de vaqueros y camisetas apretadas. La gente estaba empezando a hablar mas de él. Mis amistades, mis familiares, me decían que lo habían visto todo maquillado o disfrazado. Se estaban burlando de él.

Creo que fui la última que se enteró, que comprendió lo de Vcitor. La primera vez que lo vi vestido como mujer fue cuando él estaba en la secundaria. Empezó a ponerse nombres de mujer. Recibíamos llamadas a la casa pidiendo a una tal Sandra. Yo les decía que no había nadie aquí con ese nombre. Y ellos me decían que no, que este era el teléfono que Sandra les había dado. La decisión de aceptar a mi hijo fue muy difícil. Tuve que esforzarme a poder aceptarlo. La vida es muy corta. Dios me dio un hijo para amar, no para juzgarlo. Al principio, lo rechacé. Mirando hacia atrás, debería de haber buscado ayuda. Tal vez un grupo de apoyo o algo para evitar los malos que vinieron después.

Se cambió el nombre a Victoria. Yo sabía que a él no le gustaba el nombre Víctor, pero Victoria me parecía tan largo. Le dije, "te voy a poner Vica". El tenía dieciséis años cuando eso. Y después, pude empezar a pensar en él como "ella". Ella estaba tan feliz. Todo era Vica esto, o Vica, lo otro.

Sabes que mi Vica me hizo dar cuenta de muchas cosas. Tanta gente se burla de los transexuales. Yo misma conocía algunos transexuales en Guadalajara. Nunca me pareció raro tener amigos transexuales, pero no creo que estaba lista para tener uno como familiar.

Pero, cuando vi como trataban a Vica, comencé a comprender lo difícil que era su vida. Gente en la calle la señalaba. Cuando conocí a mi marido, lo primero que le dije fue que tenia una hija transexual. Me daba tanta gracia cuando él empezó a llamarla Vica también. La llamó Vica hasta el final. Por un tiempo, éramos felices todos juntos. Y Vica, siempre bromeando. Desde la sala la escuchábamos cantando en su habitación. Yo le decía que si no se callaba, iba a despertar a las ratas y las cucarachas. Ella se reía, A veces no sabíamos lo que estaba haciendo, pero siempre la escuchábamos riéndose. Ella quería hacerse la cirugía. Y si hubiese tenido el dinero, se la hubiera hecho. Si yo tuviera el dinero, la ayudaría ha hacérsela. Se estaba inyectando hormonas, pero muy discretamente. Solo me di cuenta cuando noté que le estaban creciendo los senos.

Vica nunca me contaba lo que hacía cuando salía. Era alegre pero a la misma vez, era muy reservada. Nunca nos sentamos hablar seriamente. Casi siempre, cuando hablábamos, era de bromas y chistes. Cuando me sentía triste y quería compartir la tristeza con ella, ella simplemente me contaba un chiste.

Empezó a tomar drogas cuando estaba en la secundaria. Salía y le olía la peste a marihuana. Las cosas empeoraron cuando le dio por la metanfetamina. Pero ella trató de ayudarse a sí misma, a dejar la droga. Cuando vio que tenía un problema con la metanfetamina, ella misma fue a ingresarse a un programa de rehabilitación. Estuvo fuera de la casa por dos años después de eso. Fue el único tiempo que vivimos aparte. Hablábamos todo el tiempo. La llamaba al centro de rehabilitación y le dejaba recados, o ella me llamaba a mi. Iba todas las semanas a verla. Ella, en aquel tiempo, trabajaba de cajera en Pavillions, una tienda en Hollywood. Pero, al final, se desespero. La rutina la aburría. Las cosas no le resultaron. Volvió a tomar drogas y la echaron del centro.

Se mudo a un hotel. Dejo de llamarme. Veía que las cosas estaban raras. Llamaba a el hotel donde se estaba quedando y me decían que ella no estaba. La llamaba al trabajo y me decían que no había aparecido. Llegó al punto que me aparecí al trabajo de ella a esperar a que llegara. Un día me llamó, pidiéndome que la fuera a buscar. Estaba viviendo en un hotel y se le había acabado el dinero. Estaba en malas condiciones. Cuando llegué a buscarla, solo me decia, "gracias mama, gracias mama".

VIRUS DE LA INMUNODEFICIENCIA HUMANA

Le pregunté que le pasaba. Le dije que me estaba asustando. Cuando me dijo que la habían diagnosticado con VIH, Virus de la Inmunodeficiencia Humana y me eché a llorar. Me sentía como me estuviera volviendo loca. Pensaba que se iba a morir. Me dijo que no me preocupara, que no era una enfermedad que la iba a matar inmediatamente. Me dijo que si se cuidaba, podría vivir mucho tiempo. Yo no sabía mucho sobre la enfermedad. Sara y Vica me buscaron información sobre el VIH en el Internet, que me dio un poco de tranquilidad. Le decía a Vica que se cuidara, que comiera bien. Le decía que no consumiera drogas. La trataba de aconsejar. Ella se regresó a vivir a la casa.

Vica nunca me dijo como se infectó pero pienso que fue por transmisión sexual. Todos los meses recibía medicamentos nuevos. No pasaba un mes que le faltaron los medicamentos.

Hace como dos años el VIH se convirtió en SIDA. Fue a hacerse un examen de la sangre y el médico le dijo que la enfermedad se había avanzado. Vica estaba trabajando en Vons de cajera. Algunas veces volvía a casa sonriente, pero otras llegaba bien triste. Cuando llegaba triste, le preguntaba que si le había pasado algo. Ella me decía que la gente la maltrataba en el trabajo. Yo le decía "No dejes que te hieren". Le decía que no dejara que esa gente le crearar tensión. "No dejes que la amargura de otros te haga sentir mal, porque se riega como un cáncer".

El condando de Ventura tiene pueblos pequeños. Salíamos a cenar y veía como la gente por ahí se burlaba de ella. Eso me enojaba mucho. Ella se reía y me decía que los ignorara, como yo le había dicho a ella.

Sara siempre aceptó a su hermana, desde que eran niños. No habían secretos entre ellos. Vica tenía un carro, pero no tenía licencia de conducir. Una noche, creo que andaba bebiendo, y la detuvieron.

Llamo a su hermana y le dijo que se la habían llevado presa. Sara me llamó a contármelo. Yo estaba enojada porque no se estaba cuidando y se estaba metiendo en problemas. Nos mantuvimos en contacto. Dijo que iba estar en la cárcel unos días pero que después la iban a trasladar a la cárcel del condado de Ventura porque no había aparecido en una vista en la corte.

No la fui a ver en Ventura. Durante esos tiempos estaba trabajando mucho. Las horas de visita se terminaban antes de que yo saliera del trabajo. Tenía la esperanza de que ella iba a salir. Pero a la misma vez, tenía miedo porque en Ventura había agentes de inmigración.

Me acuerdo que me escribió una carta contándome que Inmigración la iba a detener. Dos semanas después, la llevaron al centro de detención de San Pedro.

Le rogué que no dejara de llamarme. Que me contara lo que sea. Que me dejara saber donde estaba.

Lo peor era que no la podía ir a ver.

Era extremadamente difícil para mí no poder ir a verla. Siempre le mandaba dinero, siempre. Me pedía que se lo mandara en efectivo. Cuando la detuvieron, lo primero que les dijo fue que tenía SIDA y necesitaba sus medicamentos.

Cuando me llamaba, me contaba que la maltrataban a ella y a los otros detenidos transexuales. Los humillaban, como hacían otras personas. Los agentes de Inmigración, las guardias de seguridad, hasta las enfermeras las trataban mal. Se reían y burlaban de ellas. También me decía que no le estaban dando cuidado médico. Tenia miedo porque no le estaban dando sus medicamentos. Le estaba pidiendo a los agentes de ICE que le ayudaran a verse con un medico.

Después de un rato, al fin la dejaron ver a un médico. El medico le dijo que su conteo de células T estaba bajo y necesitaba un tratamiento y medicamentos para aumentar el conteo de células. Vica le dijo que sí, que quería el tratamiento. Pero el médico le dijo que le iba a dar tiempo para pensarlo, porque el tratamiento no se podía parar después de que comenzaba a recibirlo. Le volvió a decir que lo quería, pero nunca recibió el tratamiento.

El 5 de julio hablamos por teléfono y me dijo que se sentía bien. Es más, ese día solo hablamos de cosas bonitas. Le dije que se cuidara. Le dije que no se atormentara, que eso era malo para su salud. También le dije que siguiera insistiendo que le dieran el tratamiento. Le dije "Tienes que insistir porque sabes que yo te quiero mucho. Si tu no estas aquí, yo no se lo que haré. Necesito que vivas para mí". Le dije muchas cosas.

Ella me dijo "No sabes lo maravilloso que es para mí escucharte decir esas cosas. Siento que no puedas ver mi sonrisa". Le dije que me alegraba saber que ella estaba contenta, que todo lo que hablamos lo guardaba en mi corazón. Quería que se cuidara. Fue la última vez que hablamos.

El siguiente domingo paso y no supe de ella. Lo vi muy raro. Ese lunes o martes recibí una llamada de Deanna, una amiga de ella del centro. Deanna es transexual, como Vica. Me dijo, "Señora, su hija Victoria está muy enferma. Tiene una fiebre alta y no nos hacen caso. No nos dejan llevarla a ver el médico. Sólo nos ignoran. Está echada en la cama con la fiebre altísima y tiene diarrea. También esta vomitando. Tenemos que cargarla para que llegue al baño, no se puede levantar".

Me puse a contactar a varias organizaciones que se especializaban en ayudar a latinos con VIH/SIDA. Llamé seis, siete veces. Llame a un abogado también. Les suplicaba que nos asistieran, explicándoles la urgencia de nuestra situación. Después de darles la explicación entera, todos me decían "Ay, señora, lo sentimos, pero no la podemos ayudar. No podemos ir y forzarles a que le den la medicina a su hija".

Deanna me volvió a llamar. "Su hija está muy enferma, señora, muy enferma". Estaba tan desesperada. Esos días fueron terribles. Me sentía impotente al no poder hacer nada por ella.

Recibí una llamada el miércoles, 17 de julio. El teléfono sonó y era una persona del consulado mejicano que me buscaba. La persona me dijo "Usted sabe que su hija esta detenida. Su hija está muy enferma. Está en el hospital. Le voy a dar un permiso para que usted pueda ir a verla. Dicen los médicos que no tiene mucho tiempo para vivir". Estaba sola y me eché a llorar en el teléfono. Me dieron la dirección del hospital donde estaba. Llamé a mi hija Sara y a mi marido para que me llevaran a ver a Vica. Cuando llegué al hospital, vi que ahí estaba un guardia de ICE, Inmigracion y Control de Aduanas. Sabía que era de ICE porque llevaba puesto un uniforme con las letras ICE.

Cuando entre, vi a Vica. Sus ojos estaban cerrados y estaba llena de drogas. Pero cuando escuchó mi voz diciéndole "Vica" abrió los ojos inmediatamente. Me imagino que fue difícil para ella, pero me miró.

Trató de alzar los brazos para abrazarme pero no podía. Estaba tan pálida. Había bajado de peso. Trató de fruncir los labios para besarme, pero tampoco podía. Estaba muy débil. Le costaba trabajo respirar, se lo veía en el pecho.

Y cuando trataba de moverse o cambiar de posición, pegaba gritos. Creo que los pulmones le dolían porque cada vez que se movía, gritaba "Ay Dios!" Cuando llegamos, los guardias estaban en la puerta, pero cuando nos acercábamos a tocarla o hablarle, venían inmediatamente y se paraban delante de la cama. Vigilaban todo movimiento que hacíamos. Al principio, no me había dado cuenta que estaba encadenada a la cama. Sólo me di cuenta que cuando trataba de cambiar de posición, no podía mover el pie. Pensé que a lo mejor tenía el pie metido entre la cobija. Cuando levante la cobija vi la cadena. Me partía el corazón, pero cuando vi eso, era demasiado. Ella no merecía morir así. Ya estaba sufriendo lo suficiente. Le dije a Sara, "tiene una cadena".

"Que?" Dijo Sara. Fue a mirar y las dos nos echamos a llorar.

"Por favor," le dije al guardia. "Usted cree que va a tratar de escaparse en esas condiciones? Ni si quiera puede respirar". Le roge "Por favor, quítale la cadena. Deje que muera en paz". Me dijo el guardia que no lo podía hacer. Me pregunto que si yo quería que el perdiera su trabajo. Eso fue todo lo que dijo.

Planeamos quedarnos con ella esa noche. Pero, a las seis hubo un cambio de personal. Nos dijeron que teníamos que salir del cuarto. Cuando tratamos de volver a entrar, los guardias de ICE no nos dejaron pasar. Nos preguntaron por qué estábamos ahí y nos dijeron que no podíamos entrar sin un permiso especial.

Volvimos la próxima mañana y había otro guardia en la puerta. Le preguntamos si podíamos entrar, pero nos dijo que no porque no teníamos una carta de permiso.

Fuimos al carro y llamamos al consulado. El oficial que nos atendió nos dijo que iba a llamar a San Pedro y asegurar que podíamos entrar. Veinte y cinco minutos después, nos llamó y nos dijo que todo se había resuelto, que ya podíamos entrar. Eran las diez de la mañana y pasamos todo ese jueves ahí. Esa noche, como a las dos de la mañana, Vica no podía respirar. Los médicos nos habían dicho que iba a llegar el momento en que ya no podría respirar sin ayuda.

Fue una decisión tan difícil, tan difícil. Esos fueron algunos de los momentos más difíciles de mi vida. Cuando el médico me dijo que la tenía que poner en un respirador, fue muy difícil para mí. El médico me dijo que no se iba a mejorar. Pero, diciéndole que no le pusiera el respirador era como si les estuviera diciendo que le cortaran la vida. Era muy difícil, pero a la misma vez escuchaba las palabras del médico, si no le ponían el respirador, dejaría de sufrir. Creo que quería que se lo pusieran para que yo tuviera un poco de esperanza. Pero ni si quiera existía un chance de uno por ciento.

Mi hija Sara estaba llorando y suplicando que dejara que le pusieran el respirador a Vica. Hable con Sara un largo rato, y le pedí que por favor no me causara mas angustia, porque ya era una decisión difícil que no quería hacer. Pero, no nos quedaba otra. Teníamos que dejarla descansar en paz, que dejara de sufrir. Y por fin, Sara comprendió.

Yo estaba cansada. Mi marido estaba ahí conmigo. "Vamos a

dormir un rato en la sala de espera," le dije a Sara. Durante esa hora, Vica se empeoró. Sus últimas palabras fueron, "Mami, mami".

Cuando entramos a la habitación, Vica había perdido el conocimiento. Ya no tenia vida. Estaba acostada en la cama, pero podías ver que no estaba respirando.

ALGO DENTRO DE MÍ

Mi vida ahora es diferente. La muerte de Vica es lo primero en que pienso cuando me levanto por la mañana. A veces pienso que esto todo es un pesadilla de la cual me voy a despertar. Después me levanto y me voy a trabajar.

Quisiera hablar con otras madres que tienen hijos transexuales y decirles que los acepten, que los quieran, y que los apoyen. Pero en estos momentos, hay mucha incertidumbre en mi vida. Estoy muy confundida. Estoy pasando por una etapa muy dolorosa. No puedo esperar al día que pueda volver a ver a mi Vica. Pero ahora, ahora quiero hacer mi historia publica, lo más publica posible, en inglés, para que los anglos, los americanos sepan y la gente se ocupe. Es importante que esto no le vuelva a pasar a otra familia. Me da mucha tristeza que todos los que fueron testigos de lo que le pasó a Vica fueron trasladados a un cárcel en Texas. El otro día uno de ellos me llamó a decirme que lo mismo que le paso a Vica estaba pasando con otro detenido. A este tampoco le están dando atención médica.[2] Cuando escuchó esas cosas me da la fuerza de hacer más por de hablar. A veces, no quiero hablar con nadie, pero algo dentro de mí me exige hacerlo. Lo que sufrió mi hija no puede haber sido en vano.

---

[2] En el momento de la publicación de este libro, los detenidos estaban en el Centro de Detención del Texas al Sur, en la ciudad de Pearsall, Texas.

ABEL

EDAD: *35*
PAÍS DE ORIGEN: *Guatemala*
OCCUPACIÓN: *Trabajador en una fábrica de pescado,*
trabajador de campo
DOMICILIO: *New Bedford, Massachusetts*

SOMOS INDÍGENAS,
NO TENEMOS FRONTERAS

Abel huyó de su país natal Guatemala cuando era niño, en medio de la campaña contrainsurgente que persiguió a la población indígena durante los ochenta. En 1990, llegó a New Bedford, donde vive ahora con su esposa y su hijo recién nacido. Ya que es un pueblo de puerto marítimo sesenta millas al sur de Boston, New Bedford había perdido veinte mil trabajos de fabricación durante las dos últimas décadas. Actualmente, los inmigrantes representan más del 20 por ciento de la población. Abel ha limpiado y empacado pescado y vieiras; trabajó dándole el acabado "stonewashed" a pantalones de lona; y bordó gorras de béisbol y uniformes. Abel, como muchos de la etnia Maya, trató en lo posible de pasar desapercibido. Él habló calladamente en español durante nuestra conversación, que se realizó no mucho después de la redada de 361 hombres y mujeres en marzo del 2007. Esa barrida de inmigrantes en New Bedford fue una de las más grandes redadas de la historia reciente.

Vengo de un pequeño pueblo cerca del Quiché, Guatemala. Nací el trece de Septiembre, 1972. Mi lengua nativa no es el español—Yo hablo K'iché. La mayoría de mi español lo aprendí en América. Soy un trabajador aquí en New Bedford. Esta historia no es inventada. Son cosas de la vida real.

Mis padres fueron pobres. Ellos trabajaron en los campos, cosechando café, caña, y algodón. Trabajaban según la temporada de cosecha. Nos llevaban a nosotros los niños a los campos con ellos. A los trabajadores les daban comida; pero sólo a los trabajadores, no a los niños. Entonces, mis papas compartían sus raciones conmigo y con mis hermanos. Éramos siete.

Después llegaron los tiempos de violencia. Los guerrilleros combatían al ejército. Nos preocupaba especialmente el General Lucas.[1] Él era quien quería matar a todos los indígenas. Y nosotros éramos parte indígena. Mi papa era catequista,[2] y mi mamá es una mujer maya tradicional. Cada vez que nos veían venir ellos decían, "Aquí vienen los Indios, esos chusmes[3]".

Un día nos detuvieron el ejército. Fue el momento más difícil de mi vida. Era un viernes. Mi mamá es comadrona, ella estaba tomando un curso en otro pueblo y tenía que caminar cuatro horas por las montañas. En nuestro camino a casa, unos soldados nos capturaron. Ellos nos acusaron de ser rebeldes. Yo sólo era un niño, apenas con 8 años de edad. Debido a que mi mamá estaba tomando cursos en la clínica de salud, ellos pensaron que éramos de la contraparte, pero no era cierto.

Ellos me llevaron hacia un lugar, a mi mamá la llevaron a otro. Ellos tenían armas, y nos pusieron sus armas en las cabezas. Me pidieron que les contara acerca de mi padre—dónde dormía y qué hacía. Cuando no les dije nada, me golpearon en la cabeza y me tiraron al suelo. Ellos tomaron a mi madre por su pelo. Yo vi a un soldado poner

---

[1] General Romeo Lucas García, el presidente de Guatemala desde 1978 a 1982.

[2] Los catequistas son los practicantes del cristianismo que toman instrucción religiosa a través de un estudio de preguntas y respuestas.

[3] Una palabra despectiva que significa bichos, o el gentío.

el cañón de su rifle en su *corte*[4]. Empezaron a disparar sus armas. Yo recé. Le pedí a Dios que no nos hicieran nada malo. Yo no sé nada acerca de los milagros de Dios, pero después de torturarnos durante dos horas, nos pusieron en la parte trasera de sus camiones con otra gente. Después uno de los soldados que nos vigilaba se desmayó— simplemente se cayó al suelo, no sé cuál fue la razón. Y Cuando se desmayó, huimos, yo y mi mamá, saltamos de la palangana del camión y huimos.

Cuando llegamos a la casa, y le contamos a mi papá lo que pasó, él dijo que teníamos que irnos—porque ellos nos matarían. Pero no teníamos tiempo. El siguiente día los militares llegaron y entraron a nuestra casa. Ellos buscaron por toda la casa, y sólo encontraron una bandera de la Acción Católica.[5] Después los soldados incendiaron nuestra casa y se fueron. Quedamos atrapados en medio de las llamas. Mis hermanos usaron sábanas para apagar el fuego y así nos escapamos de ser quemados.

Después de eso no conocimos la paz. Ningún lugar era seguro. No podíamos trabajar, porque el ejército era tan malo, siempre estaba buscándonos. Algunas veces iba a la escuela, pero el maestro solo venía por dos horas. Aún el maestro era parte del ejército. Él nos preguntaba que hacían nuestros papás durante la noche. Se decía que nuestro maestro mataba gente.

LLORE MUCHO POR MUCHAS RAZONES

Cuando tenía doce años, me fui a México con mi primo. Me escapé de mi país y crucé la frontera hacia México. Yo me fui en camioneta. Llevé un machete para poder conseguir trabajo en las plantaciones de

---

[4] Falda.

[5] Un grupo evangélico de catequistas que huyeron de la persecución del gobierno durante la guerra civil en Guatemala.

café, pero nadie me dio trabajo porque era muy joven. A la edad de doce años, ¿qué sabía? Yo aún no hablaba español. En México tuve mi primer encuentro con la Inmigración. Un hombre me capturó y me dijo, "Tú no eres Mexicano". Él me quitó mi machete y lo tiró. Así de simple, lo tiró lejos. El tomó todo mi dinero, tomó todo lo que tenía. Solo me dejó los pantalones que vestía. Para comida, yo sólo tenía fruto de café para masticar.

Yo encontré trabajo cosechando fruta en una finca. Había mucha gente de Guatemala. Tal vez quinientos de nosotros. Pero aún estaba solo. Yo extrañaba a mis hermanos, mis padres. Yo lloré mucho por muchas razones. Lloré por mi familia. Lloré porque solo tenía un par de pantalones. Cuando tenía que lavarlos, tenía que pararme desnudo, esperando que mis pantalones se secaran. Tenía trece años.

TENGO QUE VIVIR

Regresé a casa para Navidad. Había crecido un montón en México. Crecí tanto que cuando mi mamá me vio, no sabía quién era. Tuve que decir, "Tú eres mi mamá". Ella se desmayó. Dijo que pensaba que me había muerto, que el ejército me había matado.

Cuando llegué por primera vez a mi casa, vendí huevos. Necesitaba ganar un poco de dinero para mi papá y mamá, quienes se habían enfermado. Todo lo que hice fue trabajar y comer huevos. Después de un tiempo me fui otra vez a México, en donde sabía que podía ganar más dinero.

Le conté a mi mamá que me iba otra vez. Ella dijo, "¡No, no te vayas otra vez! Tú eres mi hijo, y te quiero mucho". Y entonces ella trató de ponerme en una iglesia para convertirme en sacerdote. Pero yo no quería eso. A final de cuentas, me fui de la casa otra vez. Me dije a mi mismo, "No puedo vivir aquí. No puedo vivir con estas armas y guerras y bombas". En esos tiempos todavía había problemas militares. Allá no había paz todavía. Era el tiempo del General Ríos

Montt.[6] Montt era peor que Lucas.

Me fui de regreso a México donde trabajé por algunos años.
Me sentí mucho más seguro. Era mucho más pacífico en México.
Después unos amigos dijeron que sabían el camino para llegar de
México a los Estados Unidos. Ellos decían que en Estados Unidos era
aún mejor. Dijeron que podríamos ir caminando de Chiapas hacía la
frontera. Mi ilusión, mi sueño, era venir aquí porque todo sería paz
total y calma en los Estados Unidos. Después me di cuenta que todo
esto era una farsa.

Caminé en el desierto por ocho días. Antes de eso, ¡No sabía aún
que había un desierto! Y sólo llevé un galón de agua, me lo terminé
en dos días, y tuve que sufrir varios días sin comer ni beber. Éramos
sólo tres viajando juntos. No veníamos con un coyote. Recuerdo que
todo lo que me pensaba era, "tengo que vivir, tengo que vivir". Pasamos la frontera en Arizona. Un amigo me contó, "ustedes ya están
en los Estados Unidos". No sabía nada—no me di cuenta que había
cruzado la frontera. Todo lo que sabía era que quería dormir. El terreno no parecía nada diferente de un lado de la frontera al otro lado.
Era la misma tierra para mí. "Estás aquí," el dijo. "Ya lograste llegar
a los Estados Unidos".

Todos hablaban español, especialmente cerca de la frontera. Pregunté a la gente dónde podría encontrar trabajo. Ellos me contaron,
"¡Tú eres muy joven ¡Ve a la escuela!" Esto fue en Arizona. Fue muy
difícil por un tiempo. No conocía a nadie y nadie me daba trabajo.
Algunas veces dormía en las calles. Después encontré trabajo limpiando casas y cortando grama. Ellos me daban dos o tres dólares por
hora, y un poco de comida.

Más tarde, descubrí que en la costa del este había más trabajo.
Entonces tomé un camión hacia el este. Estuve en camión por varios

---

[6] Efraín Ríos Montt sucedió a Lucas como presidente de Guatemala. Abusos de derechos
humanos esparcidos y bien documentados ocurrieron durante su régimen.

días. Finalmente, me bajé en algún lado cerca de Boston. Paré a un muchacho de piel oscura y le pregunté si hablaba español, y él dijo que sí. Le pregunté si me podría ayudar a encontrar trabajo. Él dijo que en New Bedford había trabajo con pescado que yo podría hacer. No sabía de pescado, pero necesitaba trabajo. Entonces me fui con este muchacho a New Bedford.

NOSOTROS COMÍAMOS LAS PARTES QUE LA FÁBRICA NO NECESITABA

Primero, nadie me dio trabajo porque no hablaba inglés. No entendía nada. Tal vez ellos me ofrecieron trabajo, pero no entendí. Esto fue en 1990. Para entonces, tenía dieciocho años de edad. Pero siempre había sido tan pobre, con muy poco que comer, estaba realmente pálido, delgado y parecía mucho más joven. Pronto conocí a otra gente que hablaba español. No había tantos guatemaltecos en New Bedford durante ese tiempo. Había muchos dominicanos.

Encontré un lugar barato para quedarme durante los primeros seis meses con algunos dominicanos, quienes rentaban un apartamento. Dormí en el clóset de esa casa. No había espacio para mí en ninguno de los cuartos. Pero no fue tan malo porque al menos no hacía tanto frío en el clóset. Esto fue durante el invierno.

Encontré trabajo en un lugar de llantas. Al inicio, cuando era realmente pequeño todavía, no podía aún levantar las llantas y ponerlas en la palangana del camión para reciclaje. Ellos me pagaban $3.50 por hora. Con el dinero de este trabajo pagué mi renta y mi comida. Después pude ahorrar un poco. Tres dólares en Guatemala es un montón. Para mí, durante ese tiempo, valía la pena mi sufrimiento. Pero siempre estaba con miedo porque mi jefe me amenazaba y a veces llevaba arma. Temblaba de miedo por él.

Después del lugar de llantas, empecé a trabajar en la casa de pescado. Me dieron trabajo bajo la condición de que hiciera todo lo que ellos quisieran. Allí estuve por cuatro años. En la planta, uno de mis trabajos fue el de limpiar rape. Los botes venían al puerto y nosotros descargábamos el pescado. Poníamos el pescado en el congelador, y el siguiente día, compartíamos la tarea de procesar. Primero los pelábamos, después los limpiábamos y los empacábamos. Fileteábamos el pescado y nos comíamos los hígados. Comíamos las partes que la fábrica no necesitaba. Los hígados me ayudaron un montón. Lo más que me pagaron fueron cuatro dólares por hora. Ellos me pagaban en efectivo. Ya que antes allá no había guatemaltecos—yo era uno de los pocos—ellos me dijeron que si pudiera encontrar más guatemaltecos para trabajar, me pagarían un poco más. Querían que contactara a mis amigos, para traerlos y que trabajaran por poco dinero. Primero llamé a mi familia. Les conté que estaba en los Estados Unidos. No había hablado con ellos desde que llegué. Ellos me dieron otros números de teléfono de otra gente esa noche, que podrían estar interesados en venir a trabajar para la compañía de pescado. Después de algunos meses ellos vinieron a trabajar. A la compañía le gustaban los guatemaltecos porque somos buenos trabajadores y trabajamos duro. Nosotros estábamos dispuestos a trabajar los fines de semana. Había algunos americanos trabajando, pero nosotros los estábamos reemplazando. Ellos sólo trabajaban ocho horas. Yo llegaba a las cuatro de la mañana y me retiraba a las once, doce de la noche. Hacíamos la limpieza de último. Nosotros hacíamos todo. Cuando expliqué que no podía hablar mucho inglés, me dijeron que tenía que aprender. Pero ellos no me querían enseñar. Y mi español—todavía no podía hablar mucho español, tampoco. Yo hablaba K'iche' más que todo con todos los otros indígenas guatemaltecos que trabajaran allí. A los otros hispanos no les gustaba cuando hablábamos nuestro propio idioma. Cuando nos saludábamos, ellos pensaban que nos estábamos burlando de ellos secretamente. Ellos decían, "No usen ese jodido idioma aquí". Los otros hispanos trabajando allá eran puertorriqueños, dominicanos, y algunos salvadoreños. Éramos como ciento cincuenta, en total. Tú no ves a ningún americano limpiando pescado en las plantas de pescado.

Realmente no había tiempo extra. Si trabajabas dieciocho horas en un día, ellos te pagaban cuatro dólares por ocho horas. Cuando le reclamé al administrador, me empezó a pagar $4.75. Algunas veces, el administrador, para hacerme trabajar más, me daba cerveza. Él me decía, "¡Toma!". Y yo realmente no tenía experiencia tomando cerveza, pero me tomaba la cerveza como me lo decía, y me pegó mientras trabajaba. Y cuando vio que la cerveza me ayudaba a trabajar más, él empezó a darme drogas, marihuana. Él decía, "Fuma esto, y trabajarás con más energía y concentración". No sabía nada acerca de esto. En mi pueblo en Guatemala nada de esto existe. Le dije que prefería no tomar ninguna de esas drogas y eso hizo que le cayera peor. Él estaba vendiendo,quería que los trabajadores le compraran. Él vendía pescado y vendía marihuana.

A ELLOS NO LES IMPORTABA SI NOS LASTIMÁBAMOS

En ese trabajo, tuve que pasar mucho tiempo en el congelador, y ellos no me dieron ropa ni guantes de protección. Yo entraba con mi ropa normal al congelador. Nunca pedí nada. Por eso les caía bien a mis empleadores. Muchas cosas pasaron allá. La gente se resbalaba a menudo. Y eso era difícil porque no teníamos seguro médico ni un doctor, ni nada parecido. Cuando ellos te pagaban en efectivo, tú no tenías ningún derecho. Si te caías y te golpeabas, te agarraban y te mandaban a casa. Nosotros sólo teníamos media hora para descansar.

Allí sucedieron accidentes muy malos. Recuerdo uno de ellos que pasó hace como diez años. Yo estaba cerca cuando pasó. En la planta había una máquina para moler la carne de cazón. Nosotros limpiábamos el pescado, quitándole la cabeza, las aletas, la cola, la carne, y los huesos. Después lo poníamos en la máquina para que se moliera todo. Esta máquina era muy peligrosa, y nadie nos explicó cómo funcionaba. La temperatura de adentro alcanzaba 180 grados Fahrenheit. Una vez nos dijeron que la limpiáramos, para sacar los huesos. Para hacer esto teníamos que meternos. Era como estar en un horno. Yo sentí como si me estuvieran quemando. Me salí para salvarme. Y esta otra persona, mi amigo, quien estaba todavía en la máquina— murió. Él murió en la máquina. Fue absolutamente horrible. Él estaba en los Estados Unidos con su hijo. Me fui de ese lugar después de la muerte de mi amigo y trabajé en otros lugares por algún tiempo, pero encontré el mismo tipo de cosas en otras compañías.

En otra planta de pescado procesábamos vieiras, cazón, hígados de pejesapo, y platija. Nosotros preparábamos un montón de diferentes productos con el pescado. El peligro más grande era otra vez el piso. Las casas de pescado son muy resbalosas. A ellos no les importaba si nos lastimábamos. No querían que fuéramos a ver al doctor, porque si íbamos, Inmigración nos capturaría, nos decían. Nosotros también temíamos que Inmigración nos capturara. Había muchachos que se mantenían en casa por seis meses, porque no querían ir al hospital, por miedo a los oficiales de Inmigración.

En la planta de vieiras, mis empleadores me golpeaban a mí y también a los otros empleados, especialmente cuando estaban ebrios. Mis jefes se ponían ebrios y peleaban con cuchillos, con bates. La mayoría de plantas procesadoras de pescado son así, con jefes ebrios y abusivos. Durante los años que trabajé con pescado, trabajé casi en todas las plantas. Sólo como dos o tres de todos los jefes que conocí respetaban a sus trabajadores. Cuando tenía problemas en una compañía me pasaba a otra, y después de esa a otra, y a otra.

En uno de los trabajos, había un inspector que venía a ver el lugar una vez por semana. Una vez por semana teníamos que limpiar todo. Una vez por semana, teníamos que poner gorras en nuestras cabezas, guantes en nuestras manos. Una vez por semana, teníamos que desinfectar los cuchillos. Ese día no podías fumar, no podías tomar cerveza.

Y cuando el inspector no venía, todos fumaban en el edificio. ¡La gente orinaba en el congelador! Después el supervisor empezó a salir con la inspectora y las cosas fueron menos estrictas. Todo estaba sucio, no desinfectábamos los cuchillos, no teníamos que usar guantes.

La mayoría de compañías no les enseñaban a sus trabajadores cómo estar limpios y seguros. Ellos no nos prevenían de los peligros, ni nos explicaban cómo hacer las cosas en caso de emergencia. Si preguntabas, "Disculpe, necesito saber dónde está la salida de emergencia," ellos decían, ¿Viniste a trabajar o a investigar?

LUSTRA ESTAS BOTAS CON TU LENGUA

En todos esos años no había visto a mi madre. La llamé para contarle cómo estaba, porque ella apenas me conocía. Durante ese tiempo tenía como veinticinco años. Decidí tratar de irme a casa. Quería ver a mi familia. Me fui en avión. Fue en 1996, era fácil viajar. Cuando regresé vi que la paz se había establecido, pero todavía estaban las mismas cosas—la corrupción, la discriminación racial, el egoísmo, y la tortura.

Ya que tenía dinero en New Bedford comí muy bien. Regresé a Guatemala un poco gordo y entonces las autoridades me dijeron, "¿Tú dónde vienes?" ¿No eres de la talla para pelear? Y entonces me capturaron y me enlistaron para trabajar con el ejército del gobierno. Nadie iba voluntariamente. Sí ellos veían que eras de la talla y eras capaz, te tomaban. Yo no quería servir, pero un oficial me dijo que si me rehusaba me matarían. Ellos dijeron, "Tú vas a servir a tu país".

En el entrenamiento no me dieron suficiente comida. Tuve que sufrir hambre por tres, cuatro días. Y ellos dijeron, "Tú tienes que lustrar estas botas con tu lengua. Tú tienes que matar este perro con tus dientes". Ellos me estaban diciendo, "Si tu mamá es guerrillera, mátala. Si tu padre es guerrillero, mátalo. Si tus hermanos son guerrilleros, mátalos". Uno tenía que ser un asesino, completamente.

Entonces escapé. Huí del campo. Ellos nos enseñaron cómo huir de la guerrilla. Usé las mismas técnicas con ellos. Desaparecí sin dejar rastro.

Vine a los Estados Unidos otra vez. Me fui con un coyote esta vez. Él me trajo de Guatemala a Arizona. Tuve que pagar veinticinco mil quetzales, aproximadamente tres mil dólares. Pagué, pero desafortunadamente, la Inmigración mexicana me capturó en la frontera. Ellos, después de un tiempo, me dijeron que si me quería ir tenía que pagarles. Ellos me secuestraron, me capturaron, me golpearon.

Me mandaron de regreso a Guatemala—otra vez. Hubiera sido mejor robarme. En la casa tuve otro encuentro con los militares y le dije a mi madre, "No voy a vivir aquí. Ellos me matarán seguro". Entonces cuando finalmente regresé a los Estados Unidos después de ese viaje, me dije a mi mismo que nunca más regresaría a mi país.

Hice mi camino de regreso a New Bedford y empecé a trabajar otra vez. Encontré trabajo en una planta procesadora que trabajaba con rayas—un pescado con columna. Allí no había inspectores. No había estándares de seguridad. Era una pequeña compañía, pero ellos procesaban un montón de pescado. Otra vez, nosotros descargábamos los botes, procesábamos el pescado, lo lavábamos, y lo empacábamos. En esa planta hasta le poníamos las etiquetas de las tiendas.

NO TUVE UN SIMPLE DERECHO

Yo no sólo había trabajado con pescado. Había una compañía temporal que encontraba trabajos para gente como yo, todo tipo de trabajos. Mi último trabajo, uno de los más difíciles, fue en una compañía que teñía ropa proveniente de México. Nosotros usábamos máquinas con capacidad de doscientos litros de teñido. Ellos me hicieron barrer, al inicio. Después vieron que tenía mucha capacidad de trabajo.

Me dijeron que querían que conociera las máquinas. Éstas eran máquinas grandes con muchos químicos para dar el acabado de "stonewashed" a pantalones de lona. Pero ellos no me explicaron cómo usarlas, sólo me dijeron, "Sólo oprime el botón de inicio". Estas eran viejas, viejas máquinas y a veces te daban un toque eléctrico que realmente te movía. Una vez abrí una de máquinas, y casi me amputó la mano. Y el jefe estaba allí. "Jodido estúpido," me dijo. Yo le dije, "Pero no me explicaste nada. Tú tienes que explicarme cómo operar estas máquinas".

Él me estaba pagando en efectivo, y, según él, yo no tenía ningún derecho, nada. Entonces cuando me ordenó operar la máquina, lo tuve que hacer. Había un montón de lesionados allí, también. Un salvadoreño se golpeó; yo me golpeé. Los empleadores no pensaban nada de todas esas lesiones. Otra mujer, Maya, abortó en ese trabajo. ¿Por qué? Porque ella estaba tratando de empujar una caja que pesaba trescientas libras. Y cuando estás embarazada, no deberías empujar cosas pesadas. Ella estaba en el turno de las cinco de la mañana a las cinco de la tarde, empujando estas cajas. También había problema con drogas en la casa de teñido. Ese administrador consumía muchas drogas y solamente le gustaba tener gente drogada con él. Si no consumías sus drogas, se convertía en tu enemigo. Los empleados siempre estaban muy drogados. Una vez alguien defecó en las gradas. Me tocó ir a limpiarlo.

Una vez, cuando OSHA[7] llegó, protesté con uno de los inspectores. Le dije que no podía trabajar en la oscuridad. También le dije que no podía comer rodeado de químicos por donde fuera, porque me producía alergia en la piel. Y después, cuando el muchacho se fue, mi administrador dijo, "Si le vas a decir a cualquiera lo que pasa en el trabajo aquí, te puedes ir de aquí ahora. Tú eres un indio diablo".

Después de que el muchacho de OSHA vino, mis jefes me hicieron la vida imposible. No me dieron tiempo para comer, me hicieron trabajar, trabajar, trabajar: "Toma esto, haz esto otro, ve a barrer en el

---

[7] El Ministerio de Salud y Seguridad Profesional.

lugar oscuro". Lo eché a perder todo, tal vez, al hablar con OSHA.
Pero estaba cansado de todo eso. Quería más derechos, no me
importaba lo que me hicieran. Le dije a mi administrador que quería
pagar impuestos al gobierno porque eso es lo que deberíamos hacer.
No me gusta que me estén pagando en efectivo. No me gusta robarle
al gobierno. Y entonces el muchacho me dijo, "Está bien, te voy a pagar con cheque, pero primero muéstrame tus papeles". Después dije,
"¿Ahora quieres papeles? ¿En caso de que no sea la misma persona
que fui ayer? Tú ya me conoces". Empezó a amenazarme. Después me
mandó solo a cierto lugar, donde más tarde llegaron dos personas y
me golpearon. Era un jueves, a medio día, a la hora del almuerzo.

Hablé de mis derechos. Me golpearon por eso. Pero seguramente
escucharon algo de lo que estaba diciendo, porque después nos hicieron una pequeña cocina en la fábrica para que pudiéramos comer
alejados de los químicos. También pusieron algunas cuerdas para que
no nos cayéramos. Y entonces todo empezó a mejorar. Pero esto fue
antes de las redadas.

COMO VENENO EN TU CEREBRO

Nosotros la gente maya, a veces sentimos que podemos predecir lo
que va a pasar. Nosotros a veces soñamos lo que pasará. Esa noche
en marzo tuve un sueño. Cuando me desperté no quería ir a trabajar.
Tuve suerte. Todavía estaba en mi casa esa mañana durante la redada.
Oí los helicópteros. Después mi hermano me llamó. El pensó que me
había ido a trabajar y él me dijo que no debería ir a ninguna parte
porque Inmigración estaba por allí. Me contó que ellos habían traído
perros esta vez.

Después de la redada, el presidente de la compañía a quién
pertenecía la casa de teñido dijo, "Ustedes deben irse porque no quiero tener problemas. Ustedes tienen que irse".

Entonces nos despidieron—mujeres, hombres, todos, así de

fácil. Sólo los guatemaltecos tuvieron que irse. Mi supervisor tenía una gran sonrisa en su cara. Levantó sus manos, diciendo, "Salgan de aquí—váyanse. Ustedes son criminales. Ustedes tienen mala reputación en este país. Es bueno que todos ustedes se vayan a Guatemala—ningún indios más aquí. Wooooo!" Todos los trabajadores portugueses aplaudieron. Había cuatro salvadoreños en la planta, pero ellos se quedaron, ellos tenían papeles. Había algunos portugueses sin papeles y ellos tuvieron que irse. Pero a ellos les permitieron regresar después.

Nos dejaron sin trabajo. Estaba viviendo en una casa con seis u ocho personas en ese momento. Desafortunadamente después de la redada, nos dejaron con sólo tres personas. Pasamos un tiempo muy difícil pagando ochocientos dólares de renta. La comida también fue escasa. Una semana se puso tan mal la situación que una mujer que estaba embarazada nos dio un poco de su leche para nuestras hojuelas de maíz.

Desafortunadamente aquí todavía hay un montón de gente que quedó traumatizada por la separación de sus mujeres o maridos. Ellos piensan que cada helicóptero que pasa por aquí es Inmigración y que los está cazando. Alguna de la gente que estuvo en la cárcel se ve asustada. Ellos hablan acerca de malos espíritus. Oyen el viento tocar sus puertas, piensan que cada sonido es Inmigración. Entonces sus sentidos ya no son completos.

Todo es miedo. El miedo nos invade. Uno siempre está asustado—hay constantes limpiezas de inmigrantes, porque alguien le dice algo a inmigración. No hay día que pase sin estas ideas. Es como veneno en tu cerebro.

TODA MI VIDA HA SIDO TRABAJO

Ahora tengo un hijo joven. Mi hijo es americano. Él nació aquí. Él es indígena. La ventaja que tendrá mi hijo es que podrá ir a ver al resto de nuestra familia. Y es mi sueño que cuando sea un poco grande vaya a visitar a mi madre mientras esté viva.

Cada semana sigo mandando dinero para mi familia en Guatemala. Por ahora sólo yo trabajo.

Ahora tengo un trabajo parcial de ocho horas al día. Hago trabajo de jardinería y saco maleza, corto grama y pongo mantillo. También trabajo los fines de semana en los campos, limpiando y sacando maleza de las plantaciones de arándano. Ahora es tiempo de cosecha. Estoy cosechando las bayas.

Los sábados y domingos empiezo a trabajar a las cinco de la mañana. Hay como cuarenta o cincuenta personas en los campos. No hay ningún americano, sólo ilegales. A veces algunas personas vienen sin nada de comida en el estómago y se marean. No hay comida en la casa. Entonces compartimos nuestro pan. Tenemos que ayudar a nuestros hermanos y hermanas. Escondidos debajo de los tractores en los campos de arándano, dividimos nuestro pan.

Supuestamente deberíamos ganar más por trabajar los fines de semana. Pero desde la redada, no es así. El hombre nos ofreció cinco dólares la hora. El salario mínimo en Massachusetts es $7.50, entonces ofrecer cinco dólares viola la ley. Pero, ¿qué opciones tenemos? He estado en este país por casi quince años. He trabajado en diferentes tipos de trabajo. Empezando con las llantas, después sobre todo en pescado. Pero también he hecho ropa. Hasta he hecho uniformes de policía, uniformes de bomberos, uniformes de oficiales del gobierno. Puse los nombres en las chaquetas. Empecé en los campos, en Guatemala—cortando café, limpiando caña de azúcar. Limpiamos caña de azúcar, procesamos el azúcar que venía para acá. Toda mi vida ha sido trabajo.

Ellos nos trataban como esclavos. Si teníamos carros, la policía nos perseguía. Ellos veían que éramos diferentes, que éramos mayas, y nos pedían nuestras licencias cuando sabían muy bien que no teníamos. Era difícil. Teníamos que ir caminando al banco, a comprar comida.

Ahora hay mafia en New Bedford y ellos nos persiguen también. Me han asaltado en la calle dos veces. Saben que los viernes vamos a cambiar nuestros cheques. Nos esperan detrás del banco. Además, el banco ahora nos pide mucha información antes de permitirnos cambiar nuestros cheques y depositar nuestro dinero, casi no tenemos lugares dónde ponerlo. A veces escondemos nuestro dinero debajo de los colchones, debajo de sillas, debajo de las alfombras, en el refrigerador. No hace mucho tiempo hubo un compañero al que le robaron casi nueve mil dólares. ¿Por qué? Porque no pudo abrir una cuenta en el banco.

La compañía temporal que nos da todos los trabajos es de gente china, que es parte de la mafia, creo yo. Ellos nos pagan, pero realmente nunca dicen quién nos está pagando. Todo es ambiguo. A veces no nos pagan lo que nos ganamos. Y si queremos reclamar no sabemos con quién hablar. Nunca nos dijeron quién era el encargado. Ellos usan esta táctica para aprovecharse de nuestro dinero. Un día protesté, y este muchacho chino me amenazó—me dijo, "No juegues conmigo, te voy a cortar la lengua".

NO MÁS LATIGAZOS

Ahora entiendo muchas cosas. No estudié mucho, pero la vida me enseña, la calle me ha enseñado. Ahora reclamo mis derechos. Con o sin papeles, siento que tengo los mismos derechos. Me siento americano—nunca me he sentido guatemalteco, porque no pude desarrollarme allá. Como dice la Biblia, "No más latigazos para los esclavos". Venimos de muy lejos, y recibimos latigazos.

Nos dejan queriendo mucho, aquí en este país. Y nosotros hemos perdido mucho. La escena de la droga está realmente consumiéndonos. Si no nos involucramos en ella también somos víctimas, por las consecuencias de no participar. Nuestras mujeres—si a un americano le gusta a una de nuestras mujeres, él la lleva a su oficina, le toca sus manos, le toca la parte de atrás, como ellos dicen—la palabra vulgar.

Ellos hacen de todo. Y tú no puedes decir nada, porque hablar trae más consecuencias. Hay muchas mujeres que quedan embarazadas de esta forma. Y no hay nadie que controle esto. Las compañías no hacen nada. Las mujeres sienten miedo de ser deportadas y mandadas de regreso a casa. Y si tú interfieres para defender a una mujer, ellos te dicen que ya no tienes más trabajo, empezando desde mañana. Todo lo que hacemos es tolerar, tolerar. En las tardes lloramos—compartimos nuestras heridas de cada día.

Algunos de nosotros nos sentimos cómodos hablando acerca de nuestros derechos—sabemos que es algo que podemos hacer. Hablamos con americanos, gente que tiene papeles, gente que trabaja en organizaciones, gente que puede hacer algo por nosotros. Los jefes de estas compañías temen a estas organizaciones porque nos apoyan. Ellos nos permiten tener un poquito de control. Sin las organizaciones, estamos abandonados.

Un día, recientemente, cuando estaban fumigando las plantaciones de arándano, oír a los aviones me transportó al pasado. Recuerdo cuando nos bombardeaban en Guatemala. El trauma que experimenté nunca me dejará. Lo llevo dentro de mí. Y continúa en este país. Muy a menudo pienso, "¿Acaso no estamos en un país que se identifica como democrático?" ¿Qué político se arriesgaría para defendernos a nosotros? ¿Cuándo veremos un alivio para todo esto?

Muchos turistas van a Guatemala. Nunca les diríamos, "Tú no tienes papeles". La última vez que estuve en casa trabajé algunos días como guía para algunos turistas ya que hablo un poco de inglés. Les di una buena bienvenida, los cuidé. Los traté bien.

Pero aquí te dicen, "¡Regresa a Guatemala! ¡Si no trabajas bien, ándate a la chingada y regresa a Guatemala!" En este país, por ejemplo, hay terroristas, criminales. El único delito que hemos cometido nosotros los inmigrantes aquí es producir y ganar dinero. Ese es nuestro único delito. No es tan grande. Pero somos nosotros, trabajadores, a quienes el gobierno presta atención.

Y como somos indígenas, no tenemos fronteras. Aunque hablamos inglés, nosotros somos indígenas. Entonces, para mí, la justicia no existe aquí. Los golpes que recibimos son más que físicos, son psicológicos.

POLO, 23
Gulfport, Mississippi

Polo proviene de un pequeño pueblo del estado de Oaxaca en México, y habla ambos idiomas Español y Zapoteca. Trabajó para un subcontratista de un subcontratista de un subcontratista de Kellogg Brown y Root (KBR)—que hasta hace poco pertenecía a la compañía Halliburton-limpiando el Seabees Naval Construction Battalion Center en Gulfport, Mississippi, después del Huracán Katrina.

Fuimos a Mississippi a la base naval en Gulfport, y comenzamos a trabajar. Nuestro trabajo era limpiar todo el desorden-las casas, los árboles, todo—aquello que el viento había dañado, que había destruido. Recogimos toda la basura de las calles. Cortamos los árboles caídos y los acumulamos en un sólo lugar. Ese era el tipo de trabajo que estábamos haciendo. Fue un desastre muy serio, y había mucho que limpiar.

Los "bolillos," los blancos, manejaban las máquinas. Nosotros éramos más como ayudantes. Había otras personas viviendo en la base también, negros. Era gente que había perdido sus casas. Eran como refugiados. Me imagino que los negros trabajaban, pero con su propia gente, con gente de su misma raza. Estábamos bastante separados.

Regresábamos a nuestros catres como a las siete de la noche. Dormíamos allí, en un hangar de aviones en la base. No se nos permitía salir de la base porque "los polleros" nos tenían bajo estricta vigilancia. Nos cobraban si queríamos salir. Una vez que nuestras deudas se pagaran, entonces decían que podíamos salir.

Nuestro jefe mantenía un cuaderno con nuestros nombres y el récord de todas nuestras horas. Nos habían prometido once dólares por hora. Trabajamos todos los días—de lunes a lunes—y no fuimos pagados las primeras tres semanas. Cuando nos quejamos de esto, los jefes decían, "Esta bien, no te preocupes. Ya voy al banco". Luego regresaban y nos decían que los del banco no les quisieron darles el dinero, que nos teníamos que esperar. Esa era la excusa que nos daban.

Después de dos semanas nos empezaron a quitar algunos de los catres. Nos tomó completamente por sorpresa. Algunos tuvieron que dormir afuera. No sabíamos que hacer. Decidimos dividirlos por orden de necesidad. La gente que dormía en el piso tenía unas cobijas, pero eso era todo. Había un fuerte calor de día y un fuerte frío de noche.

Y luego la jefe desapareció. Tratamos de encontrarla para conseguir nuestros cheques, pero se había ido. Después de tres días llegaron los militares. Ellos nos hablaron en inglés. Como eran soldados, traían sus armas. Llegaron a nuestros catres—los pocos que todavía teníamos-y se los llevaron. Luego cerraron los baños. Y nos sacaron, como si estuvieran limpiando la base.

Después de, eso nuestro grupo se quedó al lado del cementerio, debajo de lonas de plástico. Sentí mucha tristeza. No me habían pagado. No tenía a dónde llegar. No sabía a dónde querían que fuera, o que querían que hiciera. Eso es lo que estaba pensando: ¿Qué se supone que debo hacer? Pensé en mi familia porque ellos estaban con la idea de que estaba ganando dinero, y allí estaba, sin trabajo, y sin recompensa por el trabajo que había hecho. En ese momento me quería regresar. Mi idea era llegar a Mississippi, empezar a trabajar y mandarle dinero a mi familia. Pensé que aquí sería fácil ganar dinero. Nunca me pude haber imaginado este tipo de humillación. Sí, humillación. Nos humillaron.

[*Nota del Editor*: Después de la queja de un grupo activista al Departamento del Trabajo de Estados Unidos, el subcontratista de KBR les pagó a los trabajadores $100,000. Otro pago de $144,000 está por llegar. Actualmente, Polo está trabajando en una fábrica de muebles en Mississippi, intentando ahorrar dinero para construir su propia casa en su pueblo natal.]

DIXIE

EDAD: *45*
PAÍS DE ORIGEN: *Colombia*
OCCUPACIÓN: *Administradora de escuela, niñera, sirvienta*
DOMICILIO: *Bowling Green, Ohio*

ERA COMO SODOMA Y GOMORRA

Dixie tiene cuarenta y cinco años; es soltera, madre de dos hijos y originaria de Cali, Colombia. Se preparó para ser educadora. Dixie tomó la difícil decisión de venir a los Estados Unidos después de que los problemas económicos en su país pusieran en una cuerda floja el futuro de ella y de sus hijos. Después de una peligrosa travesía, Dixie llegó a la Ciudad de Nueva York y comenzó a trabajar en la industria de comida rápida. Durante un período en el cual estuvo trabajando como clasificadora de correo, conoció a su esposo Paul, quien era ciudadano estadounidense. Al principio, todo iba bien, pero al poco tiempo, después de mudarse a Luisiana, la pareja comenzó a tener serios problemas. Paul no quería que Dixie mandara dinero a su familia en Colombia. La relación se volvió abusiva. Nos encontramos con Dixie en el estacionamiento de un campo de golf, en las afueras de Bowling Green, Ohio, donde habló con nosotros. El campo está localizado en las afueras de un área habitada por gente sin papeles y de bajos recursos.

Mi verdadero nombre es Dethze. Pero la mayoría de los americanos no pueden pronunciarlo. La verdad es que ni siquiera lo intentan. Le digo a la gente, "Llámenme Dixie".

Tengo cuarenta y cinco años. Nací en Cali, Colombia el primero de junio de 1962. No tengo malos recuerdos de mi niñez; tuve una excelente niñez y una buena adolescencia—gracias a Dios—tuve una buena madre, un buen padre, una familia, una buena educación. Tenía todo lo que cualquiera hubiese deseado tener: amor, felicidad, compasión, comunicación, todo. Mi papá siempre estuvo ahí, también mi mamá. Nos ayudaron y nos quisieron mucho, sin importar nuestros errores. Nos dieron a mis hermanos y a mí una educación privada desde la primaria hasta la universidad.

Los vecinos respetaban a mi familia; era admirable la responsabilidad que mi padre mostraba por la familia. Él era un empleado de la compañía de chicles Adams. Llegaba a casa cansado después de un horario agotador, pero aún así, nos preguntaba cómo nos había ido en la escuela y nos ayudaba con la tarea. En mi familia, éramos muy unidos; nuestros padres nos apoyaban. Nuestros maestros y directores decían que nuestros padres eran un gran ejemplo.

Me gradué de un instituto privado en Cali, con una licenciatura en educación preescolar en 1982. Comencé a trabajar como maestra en la escuela donde mi hermana era la directora. La escuela estaba localizada en un barrio al sur de Cali. Durante el transcurso de los años, la escuela se expandió y se comenzó a añadir una primaria, secundaria y preparatoria. Durante el tiempo que mi hermana María trabajó como directora, fui nombrada directora de enseñanza; me encargaba del programa educativo y de supervisar a los demás maestros. Era una escuela privada, no gratuita, sino de pago.

Aunque estaba localizada en un área humilde de Cali, los padres encontraban la manera de pagar porque querían darles a sus hijos la oportunidad de recibir una mejor educación. Algunas escuelas públicas en Colombia son de mala calidad a causa de las huelgas del gobierno y la inseguridad en el país.

Con el paso de los años, se fue haciendo cada vez más difícil mantener activa la escuela. La inflación disminuyó el valor de nuestros salarios. Además, como Cali es uno de los centros de los carteles de narcotraficantes, la ciudad ha sufrido por la violencia causada por la guerra civil. La situación hizo aún más difícil que los padres pudieran pagar la educación de sus hijos. Intentamos aumentar los precios de la colegiatura, pero los padres no estuvieron de acuerdo y perdimos a los estudiantes. La gente estaba enojada. Una vez, recibimos una amenaza por teléfono. Pensamos que el responsable tenía algo que ver con la escuela, pero la policía nunca pudo determinar quién había llamado. Ya para entonces, yo era madre soltera y criaba a mis dos hijos. Los aprietos económicos continuaban empeorando mientras mi salario seguía disminuyendo. Mis hijos iban creciendo. Tenían más necesidades. Intenté dar clases privadas pero no funcionó. Todos vivíamos juntos—mis padres, mis hijos, yo, y mi hermana Luzdali, quien estaba mentalmente discapacitada. Luego, el desastre ocurrió. A mi padre le detectaron cáncer y de repente llegaron los gastos médicos.

Antes, yo era capaz de mantener a mis hijos y de ayudarles a mis padres con los gastos. Pero para el año de 1999, simple y sencillamente no teníamos el dinero suficiente para pagar los gastos. Mis dos hermanos menores, Carlos y Michael, ya se habían ido a Estados Unidos. Comencé a pensar que el irme yo también solucionaría mis problemas.

No fue una decisión fácil. Fue muy difícil dejar a mi familia, especialmente a mis hijos: Cristina y Augusto. Pero pensé: ¿Cómo puedo darles por lo menos las oportunidades que yo tuve? ¿Cómo pueden recibir una educación e ir a la universidad? Si no hacía algo pronto, ¿cómo iba poder costear los gastos de su educación? Fue un sentimiento de orgullo el pensar en que iba a poder darles la oportunidad a mis hijos, así como mi padre, siendo un empleado común y corriente, nos la dio a nosotros. Tuve miedo de no poder hacer por Cristina y Augusto lo mismo que hizo mi padre por nosotros. Ya había perdido el puesto de una profesional.

Dejé Colombia a finales del año de 1999. Pero primero fui a Costa Rica y después a El Salvador. Nunca antes había dejado el país. Mientras cruzaba, tuve que lidiar con gente con la que nunca antes me había encontrado; la gente era muy rara, muy diferente. Para empezar, la gente que ayudaba a transportar a los ilegales era gente muy pobre. Son personas que se ganan la vida transportando a gente ilegal. Fue en ese momento cuando empezó mi verdadero sufrimiento. Una noche, un hombre que era tan pobre que ni dientes tenía, vino a mi casa y me dijo que me llevaría a los Estados Unidos. Sólo podía llevar la poca ropa que pudiera cargar en mi espalda. Y me fui. No llevé nada de mi pasado. Sólo mi piel.

GRACIAS A DIOS, GUATEMALA

Yo era la única colombiana en el grupo. Pero no podía decir en voz alta que era de Colombia. Todos creen que los colombianos somos ricos. Por eso nos cobran más los coyotes y los policías al sobornarnos. Así es que tuve que aprender a hablar como guatemalteca.

Fue muy difícil cruzar la frontera entre El Salvador y Guatemala. Nos pusieron en un carrito y nos cubrieron con canastas. Me tuvieron que esconder porque mi aspecto físico no parecía el de una persona de Guatemala. Ya que habíamos cruzado a Guatemala, nos fuimos en camión—con gallinas, gatos y gente del campo. Y cada vez que el camión se detenía, la policía de Guatemala se subía para revisarnos. Me habían dicho que tenía que fingir ser la esposa de uno de los guatemaltecos que venían con nosotros. Así es que cuando la policía se subía, un hombre me abrazaba, como si fuera yo su esposa.

En Guatemala nos quedamos en un campamento en las montañas. Hacía muchísimo frío. Yo no estaba a gusto. Recuerdo que tenía hongos en las uñas. Llevábamos días sin bañarnos. En las montañas empezamos a ver a hombres armados, vestidos todos de negro. Nuestros guías nos decían que nos tiráramos al suelo y nos cubriéramos con el pasto. Los hombres de negro se llevaron a algunos del grupo. Creo que eran guerrilleros. O tal vez formaban parte del grupo militar.

Estaba muy confundida; era difícil saber quién era quién. Lo único que sé es que algunos se perdieron. Entre nosotros había dos mujeres y un niño, y el resto eran hombres. Y los hombres siempre querían abusar de las mujeres.

Yo me sentía indefensa. No tenía ni dinero, ni forma de comunicarme con mis conocidos. Nos quedamos veinte días en las montañas, con sólo agua de un pozo y harina de maíz para comer. Después de esto, bajamos de las montañas. Tomamos el camión, pero pronto nos detuvieron los oficiales de inmigración, quienes nos ordenaron que nos bajáramos. Para entonces, ya no podía escapar. Me agarraron y me tiraron al suelo, y me llevaron a la policía. Ya ni sabía si estábamos en Guatemala: no sabía dónde estaba. Estuve detenida durante dos días. Me interrogaron. Les dije que era de Guatemala, como me habían dicho que dijera, pero no me creyeron. Al fin y al cabo, querían deshacerse de mí y me llevaron en carro a un pueblo en las afueras de la Ciudad de Guatemala y ahí me tiraron.

El pueblo se llamaba Gracias a Dios; Gracias a Dios, Guatemala. No había mucho que agradecer. Era como ese lugar que menciona la Biblia, Sodoma y Gomorra. Era un pueblo así. Un lugar lleno de pesadillas, de gente pobre y desesperada. En verdad, era un área baja. Era un pueblo lleno de refugiados temporales. Y yo estaba ahí, sin dinero. Tuve que pedirles dinero a los desconocidos. Y la gente nos trataba muy mal—caminaban junto a nosotros como si no nos vieran.

Ahí me hice una buena amiga, una joven. Me dijo que la única forma en que iba a poder cruzar para el norte, era si me prostituía. Yo le contesté: "Perdona, no, yo no puedo trabajar en eso".

Finalmente, una mujer de Gracias a Dios me dio trabajo. Le conté mi historia y me dijo que podía limpiar su casa a cambio de un lugar donde quedarme. Ahí trabajé por tres meses. La mujer me trataba muy mal. Me hacía que durmiera afuera, en un cuarto con ratones y ratas.

Por fin, conocí a un coyote quien estuvo de acuerdo en traerme a escondidas. El hombre me dijo que me cobraría cuatro mil dólares y que me llevaría a Manhattan. Le prometí que uno de mis hermanos le pagaría en cuanto llegáramos a nuestro destino. Él aceptó y tomamos un camión que nos llevó hasta la Ciudad de México. Yo viajé junto con el equipaje, apretada entre las maletas. El lugar era tan pequeño, no sabía ni cómo habían podido meterme ahí. ¿Cuántas horas pasé ahí? Ni sé. Diría que aproximadamente duré dieciocho horas en el camión. La policía nos detuvo cuando llegamos a la Ciudad de México. Nos sacaron a todos. Me agarraron y me esposaron. Pasé la noche en la estación de policía, me pusieron en una celda donde ocurrieron cosas terribles. La gente se hacía del baño por todas partes. Al siguiente día me llevaron a una prisión de mujeres. Ahí me tuvieron detenida por dos meses.

Finalmente tuve que confesar que era colombiana. Pensé que me iban a deportar, pero me dijeron que no lo iban a hacer porque les iba a costar mucho dinero mandarme de regreso a Colombia. En vez de mandarme a Colombia, me pusieron a trabajar en la cárcel. Me encargaba de tender camas. Trabajaba en la cocina. Para entonces, me hice amiga de una hondureña. Nos hicimos amigas de un policía. Este hombre nos ayudó a escapar de la prisión. Nos dejó ir y nos dirigió a un hotel. Esa noche me enfermé, tenía fiebre. Bajé de peso. Esa noche, el policía vino a vernos y me trajo medicina. También nos contó de un hombre que nos podría llevar a Texas. Dos días después, nos fuimos al norte en tren.

Llegamos a otra parte de México, creo que era la entrada a Estados Unidos. Ahí llegamos y nos quedamos en un refugio por una semana. Era una casa con mucha gente que estaba esperando para cruzar a los Estados Unidos.

Luego, una noche, ya muy tarde—han de haber sido como las tres de la mañana—nos sacaron a algunos de la casa. Cuando llegamos al río—no sé ni qué río era—nos dijeron que nos quitáramos la ropa y cruzáramos. Al principio, yo no quería. Yo no quería quitarme la ropa. Pero un hombre me forzó a quitármela. Dijo que necesitaría

ropa seca cuando llegara al otro lado del río. Puso mi ropa en una
bolsa de plástico. Había llantas de carros. Eran las llantas interiores.
Me pusieron en una de esas. Crucé el ancho río. Una persona empujaba.
La corriente estaba fuerte. Un hombre de Ecuador comenzó a
gritar porque se había zafado de la llanta y se estaba ahogando. Lo
tuvieron que pescar.

Cuando llegamos al lado americano, dijeron que era demasiado
peligroso salir a la superficie. Los coyotes dijeron que la migra nos
estaría buscando. Así es que esperamos en la orilla. Ahí me sumergí,
en el agua negra y honda. Sólo mi cara estaba en la superficie para
poder respirar. No sé cuánto tiempo esperé. Tal vez una hora. Luego
ya que había pasado el peligro, pudimos continuar. Pero yo apenas
podía moverme. Ni siquiera podía correr. Perdí toda la vergüenza,
pero tenía que continuar. La bolsa de ropa seca que iba a necesitar se
perdió. Todo lo que tenía era mi sostén y mi calzón, nada más. Alguien
nos dijo que estábamos en Texas.

Gateamos por encima de las hierbas como víboras, hasta llegar a
un refugio. Pero justo cuando creíamos que todo terminaba, la policía
fronteriza nos descubrió. Se oían gritos de todo tipo. Yo y otra mujer
nos escondimos atrás de una lavadora, afuera del refugio. Corrimos
con suerte. Ahí nos quedamos, en silencio. Esta mujer me tapó la
boca porque yo quería llorar y gritar. Y ahí nos esperamos hasta que
todo había terminado, hasta el siguiente día cuando vimos que ya
no había peligro. Nos bañamos en esa casa. Por primera vez en tanto
tiempo, pude dormir en una cama de verdad.

Después de dos días, un hombre vino a preguntarnos por el resto
de la gente. ¡No sabíamos nada de ellos! Sólo dos sobrevivientes, no
lo podía creer. Fue y nos compró ropa. Luego, nos llevó a Houston
en carro.

Ya para entonces estaba cansadísima. Sólo quería irme a mi casa
con mis hijos. Desde hacía seis meses que había salido rumbo a Estados
Unidos. Yo era algo así como una desaparecida. Pero en Houston

resultaron aún más problemas. Me quedé en una casa donde había más mujeres esperando a que las llevaran a distintas partes del país. Llegaban unos hombres a la casa muy seguido. Y cada hombre que llegaba quería que alguna de las mujeres en la casa se acostara con él. Uno de los hombres se me acercó, quería que me acostara con él. Yo no quería. No me gustaba. Tenía miedo de que me contagiara una enfermedad. Me trató de forzar. Dijo que me convenía hacer lo que él quería que yo hiciera. Las demás chicas me dijeron que era mejor que hiciera lo que el hombre me decía para asegurar que el hombre nos ayudaría a todas. Pero yo no podía. Me tomé una cerveza. Traté de ser amigable. El hombre me besó. Lo dejé. Quería llevarme al cuarto, pero ahí estaba otra chica con otro hombre. Por todo el apartamento, la gente estaba teniendo relaciones sexuales. No fue fácil, pero mantuve al hombre lejos.

Me quedé algunos días en ese lugar. El cabecilla de los coyotes me dijo que si mis hermanos no le mandaban el dinero me iba a tener que quedar en esa casa a trabajar de criada y de niñera. Finalmente, contacté a mis hermanos y ellos pudieron ayudarme. Me mandaron dinero.

Me llevaron en una furgoneta y cruzamos todo el país. Desde Texas hasta Manhattan. Nos tomó cuatro días. Y nos deteníamos por todo el camino para dejar gente en Carolina del Norte, Georgia, Virginia.

YO NO SABÍA NADA

Llegué a Nueva York en abril del 2000. Me quedé con mis dos hermanos. Para pronto, ya estaba trabajando. Pude conseguir documentos falsos que me permitieron trabajar. En Queens, se te acercan y secretamente te ofrecen documentos falsos. Así es que conseguí los documentos y empecé a trabajar en Wendy's. Me pagaban cinco dólares la hora. Allí trabajaba desde las siete de la mañana hasta las cuatro de la tarde. Luego, en la noche, trabajaba en McDonald's. En mis días de descanso limpiaba casas. Era muy agotador. Y nada de lo que hacía me salía bien. Dejaba quemar las papas. Quemaba las carnes. Fue traumatizante hacer la transición de trabajar como profesional en Colombia a trabajar así. Por primera vez, sentí que la gente se reía de mí. La manera de vestir era muy diferente. Al principio, yo usaba medias, tacones y maquillaje para ir a trabajar a Wendy's. La gente sólo se reía de mí. Ni siquiera sabía cómo lavar un baño. Honestamente, ni siquiera sabía cómo freír un huevo. En Colombia, yo le pagaba a alguien para que limpiara mi casa. Fue muy difícil para mí—en algunos trabajos me decían 'tonta'. Yo no sabía nada, ni siquiera barrer. Una vez, mi patrón me explicó: "Mira, así se barre, así se limpia la mesa, así se limpian los baños. Tienes que limpiarlos por dentro, así".

Recuerdo una noche, cuando estaba trabajando en McDonald's, las manos se me paralizaron. Contraje reumatismo por todo el trabajo que hacía. Fue muy doloroso y frustrante. Tuve que reducir las horas de trabajo por mientras se me recuperaban las manos.

Después de trabajar en Wendy's pude conseguir un trabajo temporal con una compañía que separaba el correo. Tenían un centro donde separaban, organizaban y mandaban sobres a otras compañías y organizaciones. Era durante la temporada en la que estaban muy ocupados y aceptaban a trabajadores temporales para que trabajaran por algunos meses. Fue en esta compañía que conocí a mi esposo Paul, un americano.

Nuestra relación comenzó en un par de meses. Él hacía cosas lindas por mí, me llevaba a las casas que tenía que limpiar y me recogía del trabajo donde trabajaba hasta once de la noche. Al principio era muy amable conmigo. Aunque siempre había una barrera con el idioma, él me ayudaba con la clase de inglés que yo estaba tomando. Al principio, siempre encontramos la manera para comunicarnos.

Después de seis meses nos casamos. Mis dos hermanos organizaron la ceremonia. Esto fue en abril del 2003. Asistieron algunos parientes de Paul y algunos de los amigos que teníamos en común.

Nuestro plan en ese entonces era dejar Nueva York para regresar a Luisiana, de donde Paul era originario. Decía que era más barato vivir ahí. Decía que en Nueva York siempre íbamos a estar batallando para cubrir los gastos. En Luisiana, tendríamos nuestro propio lugar para vivir.

Yo todavía estaba mandando la mayor parte de mi salario a mi familia en Colombia. En pocos meses, pude mandarles como mil dólares. Paul no estaba muy contento con lo que yo hacía. Cuando nos casamos, él sabía que yo estaba manteniendo a mis hijos y a mis padres en Colombia. Yo le dije que eso no iba a cambiar.

Al llegar a Luisiana no encontramos nuestra propia casa. De hecho, tuvimos que quedarnos con la hermana de Paul. En un tráiler junto con los niños de su hermana. Dormíamos en el sillón de la sala. No fue una sorpresa cuando empezó a haber tensión entre nosotros.

NO PONES EN RIDÍCULO A TU ESPOSA

Nuestro problema más grande, obviamente, era el dinero. El pueblo en el que vivíamos era pequeño y Paul no podía encontrar trabajo. Y los trabajos que conseguía no le pagaban mucho. Decía que iba a tratar de conseguir beneficios por el desempleo, pero por alguna razón que no entendí, no pudo conseguir los beneficios.

Por mi parte, también era difícil. No podía encontrar un empleo. Comencé a preocuparme por no poder mandarle dinero a Augusto y a Cristina en Colombia. Más aparte, ya no tenía los papeles falsos. Uno de mis jefes en Nueva York me los había pedido y no me los había regresado. Y aparte que en Nueva York, los jefes parecen no preocuparse tanto por los papeles, pero en Luisiana sí les importaba. Pero ahora ya estaba casada con un ciudadano norteamericano. Había oído que los ciudadanos podían arreglarle papeles a su esposa. Pero Paul nunca, que yo recuerde, hizo algún trámite con los agentes de inmigración para que yo pudiera conseguir documentos para poder trabajar, aunque ya lo habíamos hablado.

La situación me ponía cada vez más ansiosa. Un día, le dije a Paul que nos estábamos quedando sin dinero y que él tenía que encontrar trabajo. Se disgustó muchísimo y me sacó todas mis cosas del cuarto a la sala y me gritó que me saliera. Lo hizo en frente de los hijos de su hermana. A mí me enseñaron que no se pone en ridículo a una esposa en frente de la demás gente. Me dio mucha vergüenza. Me sentí fuera de lugar y no tenía a ningún amigo a quien acudir. Paul estaba platicando con sus familiares sobre nuestros problemas y ellos empezaron a intervenir. Ellos no simpatizaban conmigo porque me veían como una extranjera que se le había pegado a Paul y que lo detenía. Porque mi inglés era muy limitado, yo no podía hablar con ellos. Paul y yo empezamos a discutir más. Casi todos los días discutíamos sobre las finanzas y por la falta de trabajo. Abusaba de mí verbalmente cuando discutíamos y me seguía corriendo de la casa. Al poco tiempo, nuestras discusiones empeoraron tanto que su hermana nos pidió que nos saliéramos.

Le dije a Paul que me iba a mudar a Ohio, porque mi amiga Clara vivía ahí; la había conocido en Nueva York. Le dije que mi amiga Clara se había mudado a Ohio y que ella creía que yo podría encontrar un empleo en su pueblo. Yo estaba desesperada por encontrar trabajo para poder pagar mis facturas y para continuar manteniendo a mi familia en Colombia. No pensaba divorciarme de mi esposo. Decidí irme porque yo quería mejorar la situación económica de los dos. Estábamos teniendo problemas, pero no quería perder a mi marido ni mi matrimonio. Yo lo amaba; yo no me casé con él por los documentos ni por ninguna otra razón. De hecho, yo intentaba rescatar nuestro matrimonio.

Paul se dio cuenta de que su pueblo en Luisiana no era el mismo que él recordaba. No tenía a sus viejos amigos. Algunos de ellos ya tenían familias y otras obligaciones; algunos eran adictos a las drogas. Se empezó a dar cuenta de que ya no quedaba nada significativo en ese pueblo y decidió irse conmigo a Ohio. Mi amiga Clara estuvo de acuerdo en que nos quedáramos los dos con ella.

Después de vivir en Luisiana, nos mudamos a Ohio. Pensé que las cosas mejorarían. Sin embargo, un día después de una discusión sobre las finanzas, mi esposo me pegó y me caí. Creo que esafue la primera vez que abusó de mí físicamente. Clara escuchó lo que ocurrió desde el otro lado de la pared. Más tarde, ese mismo día, habló conmigo sobre lo que ocurrió. No creía que era correcto que mi esposo me tratara de tal forma. Me dijo que ella era mi amiga, que ella no iba a dejar que nadie fuera tratado de esa forma en su propia casa. Nos pidió que nos fuéramos de su casa. De nuevo, estaba mortificada; no sólo porque Paul me había hecho sentir tan poca cosa, pero lo había hecho enfrente de otras personas. Pero no culpo a Clara por lo que hizo. Lo tomé como una alarma para despertarme y pensar en cómo iba a cambiar las cosas. Después de eso, porque no tenía dinero, nos fuimos a vivir con un nuevo amigo de Paul. Paul tiene una facilidad de hacerse amigos a donde quiera que vaya. Nos mudamos con un señor llamado Steve; tenía un hijo y vivían en las afueras de Bowling Green. Paul y yo conseguimos trabajo en Days Inn.

Después de mudarnos con Steve, Paul y yo volvimos a tener una discusión, y Paul me golpeó. El hijo de Steve escuchó la disputa y le dijo a su padre que había querido intervenir. Steve habló con Paul sobre lo que su hijo le había contado, pero Paul simplemente dijo que lo ocurrido no tenía por qué importarle. Paul, al decirme todo esto, parecía no sentir vergüenza.

Yo estaba disgustada. Yo creía que al dejar Luisiana y la dinámica familiar y las dificultades para encontrar empleo, sería como esos tiempos que compartimos en Nueva York. No llamé a la policía. No sabía que podía llamarla; Paul decía que las leyes en Ohio eran distintas, y que si llamaba para quejarme de algo, la policía nos iba a llevar a los dos a la cárcel. Yo también tenía miedo de que la policía descubriera que yo estaba ilegalmente en el país y de que él fuera a decirle a las autoridades de inmigración. Durante nuestras peores discusiones, Paul me amenazaba con llamar a la policía para que me deportaran. Yo tenía miedo de lo que pasaría si llamaba a la policía. Porque ya ambos teníamos trabajos regulares, encontramos un departamento para nosotros dos. Una semana antes de Navidad tuvimos una pelea porque él quería mirar la televisión después de llegar tarde a casa al terminar el trabajo, y yo tenía que dormir porque tenía que levantarme temprano para ir a trabajar. Encendió la televisión y el volumen estaba alto, le pedí que le bajara. Se puso furioso. No entiendo muy bien por qué. No sé por qué la televisión fue tan importante esa noche. Tiró todas mis cosas que estaban a su alcance, incluyendo mi ropa, los trastes, las fotos de mis hijos, incluso el árbol de Navidad; todo lo tiró por la puerta y hacia la calle. Me pidió que me fuera esa misma noche. Yo le dije que me iría el siguiente día, que no me podía ir a las tres de la mañana. No tenía coche ni un lugar a donde ir. Me corrió de la cama y me fui a dormir a la cocina.

Comencé a notar que las cosas no habían cambiado mucho y que no era tan diferente a la situación que habíamos enfrentado en Luisiana.

Más sin embargo, nuestra vida había regresado a la rutina normal gracias a nuestros diferentes horarios de trabajo. Pero aun así, la situación no estaba mejorando. Un día, escuché a los amigos de Paul— algunos trabajaban en el Days Inn y yo escuchaba lo que decían—que era un tonto por dejar que yo mandara dinero a Colombia.

Un día, en el mes de mayo, sacó el tema del dinero que yo mandaba a mi familia. Estaba muy enojado. Me agarró del cuello y me tiró de la cama.

Decidí llamar a la policía. Llegó a los quince minutos. Un oficial habló conmigo y el otro habló con Paul. Parecía como si la policía estuviera de lado de Paul. No supe exactamente lo que Paul le dijo al oficial, y yo no entendí todo lo que el oficial me dijo. Pero sí entendí que mientras todo acababa, un oficial me dijo que no volviera a molestar a mi esposo. No sabía qué hacer, así es que hice lo que me dijo. En ese entonces no tenía marcas ni moretes para enseñarle al oficial. No me ofrecieron ayuda. Me dijeron que yo dormiría en la sala y Paul en el cuarto. Por lo que me dijo Paul, entendí que si volvía a llamar a la policía, ellos llamarían a inmigración para que me vinieran por mí.

YO NO QUERÍA SER UN FRACASO

Creo que fue el día de las madres cuando tuvimos otra pelea. Me tiró mis cosas por todas partes. Me pegó fuerte. Él tenía una canasta blanca donde guardaba la ropa. Vació el canasto y con eso me empezó a pegar. Cuando me golpeó con el canasto, yo salí corriendo hasta la casa del vecino; creo que eran como las siete de la mañana. Sabía que el vecino hablaba español y había sido amable cuando me lo encontraba cerca del departamento.

Fui hasta su puerta y le dije, "mi esposo se ha vuelto loco, ¿puedo entrar?" Ahí me quedé escondida hasta que Paul se fue. Podía ver por la ventana hacia el departamento. Cuando lo vi irse, regresé y llamé al 911. Les conté del problema, pero les dije que tenía que irme a trabajar. El oficial me dijo que podía mandar a alguien al trabajo para que hablara conmigo, pero yo no quería tener problemas en el trabajo.

En noviembre, tuvimos una pelea muy fuerte que empezó por una discusión acerca de alimentar al pez que estaba en la pecera que tenía Paul. Me acusó de haberle hecho algo a la comida de los peces. Esto resultó en una pelea sobre todos los problemas del pasado. Me fui al cuarto para alejarme. Paul me siguió a la recámara y me pegó tan fuerte que creí que iba a matarme. Terminó arrojándome de la cama y lastimándome gravemente.

Lo dejé definitivamente al siguiente día. Todavía lo quería, pero sabía que me tenía que ir. Esperaba que un día él pudiera cambiar. Le pedía a Dios para que cambiara. Pero incluso el ir a misa causaba tensión entre nosotros. Esa era una razón más que me distanciaba de él y de la mujer que había sido en el pasado. Traté de ser una buena esposa. Lo intenté todo, lo máximo y lo mínimo. No entiendo ni cómo fue que me decidí a irme. Tuve que forzar la decisión. Yo no quería ser un fracaso. No quería estar sola. No quería abandonar mi matrimonio. Pero finalmente, sabía que había intentado todo.

Me he mudado a otra parte de la ciudad. Ahora me mantengo distante de Paul. Trato de encontrar trabajos de niñera y de sirvienta de casa, para ayudar con los gastos de la casa que comparto con una amiga y su hijo. Ayudo en la iglesia a la que asisto, especialmente con el cuidado de niños. Como mis estudios me prepararon para el cuidado y la educación infantil, hago mi mayor esfuerzo para contribuir. Continúo apoyando económicamente a mis hijos que ya son adultos, a mi madre y a mi hermana con el dinero que puedo guardar. Mi padre murió este año y no pude ir al funeral.

Desde que dejé a mi esposo mi vida se ha complicado aún más. Pero, ¿qué otra opción tengo? Han pasado siete años. Siete años en los que me he perdido de la juventud de mis hijos y el cariño de mi familia. Me he vuelto otra persona. Muy adentro, en el fondo, sigo siendo la misma—muestro cariño y caridad hacia los demás—pero también me he vuelto algo así como una guerrera.

Existe algo más. Me siento avergonzada por el hecho de que lo que me motivo para venir a este país fue mi egoísmo. Es verdad, pensé que ganaría mucho dinero, y así fue. Puedo decir con orgullo que logré que mis hijos fueran a una universidad.

La verdad es que también creí que sería como una aventura. Después de haber perdido mi estatus como una profesional, pensé en buscar algo mejor para mí misma. Y cuando todo empezó a salir mal, no quise admitirle a mi familia que había fracasado en todo lo que me había propuesto. Hay cosas que no he podido contarle a nadie. Me encantaría poder regresar a casa algún día. Pero ahora, eso es algo que no puedo explicar.

[*Nota del editor:* Recientemente, Dixie recibió su estado legal. Una provisión de la Ley de Violencia Contra la Mujer (en inglés VAWA), permite que las víctimas de violencia doméstica puedan pedir su estado legal por haber sufrido de abuso por parte de un ciudadano o residente estadounidense. Con ayuda de un consejero legal, Dixie pudo demandar el abuso que cometió Paul. El servicio de ciudadanía e inmigración de los Estados Unidos, una división del Departamento de la Seguridad Nacional, le dio a Dixie el estatus provisional que incluye la autorización de trabajo. Dixie todavía no puede ir a visitar a sus hijos en Colombia ni a su madre, a quienes no ha visto desde hace ocho años. El siguiente paso a seguir es una solicitud que le otorgaría residencia permanente. Como residente permanente, ella podría ir a visitar a su familia.]

EL CURITA

EDAD: *28*
PAÍS DE ORIGEN: *Guatemala*
OCCUPACIÓN: *Pintor de casas*
DOMICILIO: *Bay St. Louis, Mississippi*

LAS ARMAS DE FUEGO ERAN
NORMALES PARA LA AMERICANA

El Curita—un apodo—es un hombre corpulento de 28 años con barba de chivo. Lleva una camisa polo y largos shorts de jean. Es de un pueblo pequeño en Guatemala y vino a los Estados Unidos hace aproximadamente tres años. Después de trabajar como pintor de casas en Virginia, le ofrecieron trabajo en Misisipi reparando daños causados por el huracán Katrina. Él, su hermana y su cuñado viajaron a la costa del Golfo de Florida donde vivían en un tráiler con su jefa, "La Americana". Pronto se dieron cuenta de que el trabajo no era lo que se habían imaginado. Los tenían cautivos y les pagaban una fracción del dinero que les debían. Nuestra conversación tuvo lugar muy tarde en la casa nueva de El Curita—un tráiler dañado por la tormenta que alquila por $425 mensuales, con su cuñado, en Gulfport, Misisipi. Habló en español. En la pared detrás de él colgaban cuadros de terciopelo negro de China y Tokio que un amigo le compró en un mercado.

El contacto comienza por una llamada telefónica . Luego hay otro contacto, y otro. Algunos le llaman "Lobo", otros "Águila". No usan su nombre verdadero así que nunca se sabe quién está a cargo de todo. Cuando hice contacto con uno de ellos, tuve que darle dinero de antemano. Primero se paga un depósito para reservar el pasaje; el resto se paga después. Así comienza el viaje. O la aventura. No sé cuál es la mejor palabra.

Mi apodo es El Curita. La gente de mi pueblo—Santa Cruz El Chol—me lo puso porque cuando era muy joven siempre ayudaba en la iglesia. Santa Cruz El Chol está en la provincia de Baja Verapaz de Guatemala, a unos cuarenta kilómetros de la Ciudad de Guatemala. Allá nací, el séptimo de nueve hijos. Pero cuando tenía siete años mi madre fue raptada por guerrilleros, quienes la mantuvieron cautiva durante dos días. El pueblo se puso demasiado peligroso y entonces mi familia se mudó a un lugar más seguro, un pueblo que se llama San Jerónimo. Viví allá hasta hace más o menos tres años.

Hay decisiones que el destino te obliga a tomar. Cuando tenía veinticuatro años tomé la decisión de viajar a los Estados Unidos. Quería aliviarles a mis padres parte de la responsabilidad y tratar de darles una vida mejor. Habían luchado contra la pobreza y trabajado toda su vida por mí y por mis hermanos. Mi padre trabajaba en una granja en San Jerónimo. Mi madre era trabajadora doméstica, limpiando casas, cocinando, lavando para otra gente. Aunque mi padre asistió a la escuela primaria hasta el tercer grado, mi madre no sabía leer ni escribir. Éramos pobres, y durante mi infancia la vida estuvo llena de complicaciones. Sé que había otros mucho más pobres, que habían pasado por cosas mucho más difíciles que nosotros para sobrevivir. No disfrutamos de privilegios como otros chicos, pero nunca nos faltó nada. Mis padres siempre nos proveyeron las necesidades básicas.

Sin embargo quería que ellos tuvieran una vida más fácil, quería trabajar en los Estados Unidos y hacer dinero para que ellos pudieran vivir con más dignidad. Mucha gente de San Jerónimo se había ido para los Estados Unidos, pero yo era el primero de mi familia en hacer el viaje. Más tarde mi hermana vino también.

DIOS LO QUISO

Después de hacer las llamadas telefónicas y pagar el depósito para asegurar mi lugar entre todos que iban a hacer el viaje al norte, nos juntamos. La mayoría de los adultos tenían entre treinta y cuarenta años. No había gente mayor pero había niños. Me acuerdo que había dos niñas de entre seis y ocho años. Y había una mujer embarazada. Éramos solamente diez saliendo de Guatemala. Después de que atravesamos el desierto hasta los Estados Unidos, ya éramos ciento cuarenta.

El desierto era tremendo. Caminamos casi sin parar por tres o cuatro días y noches. Después de caminar los primeros dos días escuchamos el ruido de motocicletas. Y entonces las vimos: las motos tenían tres ruedas y las montaban policías de la Patrulla Fronteriza. Todos nos dejamos caer al suelo. Fue un momento intenso porque sabíamos que los policías no estaban a una distancia de kilómetros, sino solamente a unos metros de nosotros. Estaban muy, muy cerca los hombres que nos podrían quitar la esperanza de una vida en los Estados Unidos.

Había tres motocicletas. Entonces los guías nos dijeron que usáramos la cabeza. "Un agente de la patrulla sólo tiene dos manos" nos dijeron. "Somos ciento cuarenta. Sólo pueden agarrar a tres de nosotros, pero quien quiera que sea el que agarren va a estar chingado. Los ciento treinta y siete que quedan pueden hacer lo que quieran". Eso nos alivió un poco, aunque pensamos ¿Qué pasa si me agarran a mí? Pero Dios quiso que estuviéramos donde estábamos, porque los policías pasaron sin vernos.

Muchas personas se hacen daño. Las ramas de ciertas plantas y pequeños árboles que crecen en el desierto no tienen hojas, sólo espinas, y las puedes realmente sentir, sobre todo cuando te pegan en la cabeza. Pero no había tiempo de quitarlas del camino porque no podíamos parar. Tuvimos que seguir caminando. No había tiempo de parar y ver si estabas herido o sangrando, ni para limpiar la herida.

Cuando salí de Guatemala tenía los pies blancos. Pero después de caminar por el desierto se pusieron morados. A otras personas se les ampollaron los pies y no podían caminar más. Yo no sé qué hicieron para seguir adelante porque aun sin ampollas a veces me parecía que no podía dar un paso más. No seguimos el paso normal, sino que caminamos más rápido y solamente nos permitieron descansar y dormir por quince minutos. Un guía decía "Descansen," y antes de que terminara de pronunciar la palabra ya habíamos parado. Teníamos que aprovechar cada segundo de descanso.

Te voy a contar algo extraño que pasó durante el viaje en el desierto. Nos acostumbramos a rezar mientras caminábamos. Nuestro grupo constaba de gente de varias religiones, pero yo creo que un mismo Dios nos guiaba. Entonces rezamos durante todo el viaje. Una vez, después de que se nos había acabado el agua, dimos con un arroyo. Los guías nos dieron a cada uno una jarra para llenar con agua del arroyo y llevarla con nosotros . En el desierto una jarra de agua no es nada; no dura mucho tiempo. Y algunas personas sin querer hicieron agujeros en sus jarras. Ver eso era terrible porque esas personas no podían evitar que se les saliera el agua. Al día siguiente durante uno de los breves descansos, vimos a otro grupo que se nos acercaba. Nos sorprendió porque eran todos chicos, quince o veinte de ellos, caminando como zombis. En cuanto nos vieron empezaron a gritar "¡Agua, agua, agua!" Gracias a Dios que habíamos encontrado el arroyo la noche anterior. Esa experiencia me hizo preguntarme si el arroyo era verdadero o si Dios lo había puesto allí para que pudiéramos llenar las jarras para esos chicos que tenían tanta sed.

Pasamos campamentos militares durante el viaje por el desierto. Caminamos justo por el medio de terrenos de entrenamiento militar en Arizona. Los guías nos explicaron sobre la torre de guardia, y sobre cuándo estarían asignados ciertos guardias. Los guías eran muy inteligentes. Habían estudiado todo.

ENTRE LA TRISTEZA Y LA ALEGRÍA

En San Diego nos quedamos en una casita de tres habitaciones, una pequeña cocina, una sala y un baño. Los ciento cuarenta, todos nos alojamos en esa casita. El calor era tremendo. Sólo teníamos un pequeño ventilador eléctrico para hacer circular el aire y esa pequeña cantidad de aire se chupaba instantáneamente.

Desde esa casa los guías comenzaron a mandarnos a distintas localidades en Estados Unidos. El primer grupo en salir era guatemalteco, alrededor de seis personas, y estaban muy contentos de irse. Se fueron para el aeropuerto a las cinco de la mañana. Pero más tarde ese día, a las seis de la tarde más o menos, vimos en las noticias de la televisión que los habían detenido en el aeropuerto. Pensamos, "¿Cómo sería posible que no fueran detenidos?" Todos llevaban ropa del mismo color porque los encargados les habían comprado pantalones y camisas idénticos. No queríamos viajar por avión después de eso, pero no se podían cambiar los planes de los guías.

El día que yo salí, fue a eso de las tres de la tarde. Subí a un avión que voló desde California hasta Baltimore, Maryland, donde llegué a las ocho de la mañana. Tenía un amigo a quien iba a encontrar allá, así que después de aterrizar, tomé un taxi y le di al taxista las direcciones para ir a la casa de mi amigo. El taxista era italiano pero hablaba un poco de español, gracias a Dios.

Eran más o menos las diez de la noche cuando llegamos a la casa de mi amigo. Llamé a la puerta y mi amigo salió. Me dijo, "No puedes quedarte aquí". Y el taxista estaba esperando que le pagara la tarifa. El taxista, que Dios le bendiga donde esté, era un buen hombre. Entendió mi situación y me pasó su celular y dijo, "Haz algunas llamadas y busca el número de alguien que te pueda ayudar. Estás aquí ahora, no puedes regresar". Llamé a Guatemala y me dieron algunos números de teléfono en los Estados Unidos y los llamé. Hice todas estas llamadas entre las diez y once de la noche, en Baltimore, sin conocer a nadie y sin poder hablar inglés.

Alrededor de media noche por fin hice contacto con uno de mis tíos que vive en Virginia. El habló con el taxista y le preguntó cuánto cobraría para llevarme a su casa en Virginia. "Tres cientos cincuenta dólares". "¿Tres cientos?" "Sí". "Está bien. Usted puede traerlo, pero lo tiene que traer como un rey. Quiero que coma, quiero que tome café, quiero que..." Y el taxista dijo, "Está bien, está bien. No se preocupe". Llegamos a eso de las cuatro de la mañana. Mi tío me preparó una taza de café. Allí estaba, cuarenta días después de salir de mi casa en Guatemala, en otra casa muy lejos, tomando café. No podía creer que el viaje había terminando. Estaba en Estados Unidos. Sentí entre tristeza y alegría.

LA AMERICANA

Pasó un mes y no encontraba trabajo. No había nada. La casa de mi tío estaba lejos del centro de Richmond, entonces era difícil moverme para buscar trabajo. Hablé con un primo que vivía en el centro para ver si me podía encontrar trabajo y algún modo de transporte. Así fue que encontré trabajo en una empresa de cortar césped. Trabajé para esa empresa por cinco meses. El trabajo era duro, en parte porque mis colegas y yo trabajamos bajo el sol del verano. Más tarde encontré otro trabajo pintando casas. Ese trabajo era mucho más relajado, mucho menos difícil que el de cortar césped.

Un tipo filipino me alquiló una casa. Me dijo que si yo le pintaba la casa, me daría un descuento en el alquiler. Vio que yo podía trabajar bien, entonces después de pintar la casa que alquilaba, me contó de una amiga suya que quería que le pintara la casa, y que ella tenía un amigo que también tenía trabajo como pintor, y así sucesivamente. Entonces empecé a trabajar para el filipino. Pinté casas por tres meses, trabajando con su equipo. También hacíamos pequeños trabajos que nosotros mismos encontrábamos.

Una vez pintamos una casa por la que al filipino le pagaron diez mil dólares. Al equipo él solamente nos dio ochocientos. Y ese tipo de trabajo requería rodillos, y otras herramientas que no teníamos. Tuvimos que pintar la casa a mano, con pinceles. Después de pagarnos tan poco por ese trabajo de diez mil dólares, el filipino nunca nos pagó más; quería que trabajáramos gratis, diciéndonos que si nos quejábamos, nos meteríamos en un lío con la ley porque no teníamos ni seguro ni licencia. Un día le dije simplemente, "Me voy". Eso era todo. Cuanto más te bajes la cabeza, más la gente como el filipino te quiere dominar. Así que allí se acaba la historia con ese tipo.

Me fui a trabajar para otra empresa de pintura. Mi jefe allí vio un anuncio en el Internet: una mujer que tenía una compañía de limpieza necesitaba a personas para limpiar oficinas, sacar la basura, cosas así. Mi jefe no tenía mucho trabajo para nosotros en ese momento, entonces hizo contacto con la mujer que había sacado el anuncio. Hicieron un contrato. Su equipo—yo y los demás que trabajaban para él—trabajaríamos para la mujer tres días por semana y seguiríamos haciendo trabajos de pintura para la empresa de mi jefe. En otras palabras, él nos prestó a ella. Poco a poco llegamos a conocer a esa mujer y tenerle confianza. Hablaba un poco de español. No voy a usar su nombre verdadero. La voy a llamar "La Americana".

Un día, La Americana me preguntó si quería trabajar en el sur, en Misisipi. Dijo que me pagarían bien porque había mucho trabajo a causa del daño hecho por el huracán Katrina. Para ese entonces, mi hermana y su esposo habían venido a Estados Unidos desde Guatemala. Vivía con ellos en un departamento. La Americana nos dijo que si queríamos trabajar para ella en Misisipi, nos pagaría el alojamiento, la comida, todo. Casi no teníamos tiempo para pensarlo bien, porque ella quería salir casi inmediatamente. Así fue cómo la Americana nos convenció. Todos estuvimos de acuerdo en acompañarla. Pero todo paso tan rápido que no nos dio tiempo para arreglar nuestros asuntos. Cuando salimos, solamente llevamos lo que entraba en la camioneta de La Americana. El resto de nuestras pertenencias se quedó atrás. Nos había prometido que volveríamos después de treinta días. No teníamos mucho dinero, aproximadamente doscientos dólares. La Americana nos aseguró que nos pagaría después de la primera semana de trabajo.

LA DUEÑA DE NUESTRA VIDA

Viajamos a Misisipi en la camioneta de la Americana. Allá vivimos con ella, en el tráiler de ella y de su novio. La Americana y mi hermana tenían sus propios dormitorios, y mi cuñado y yo dormíamos en otro. No nos permitían hablar con otras personas. La Americana nos advirtió que no habláramos con ellos, diciendo que la gente de Misisipi era mala y que los hispanos en Misisipi eran distintos de los de Virginia. Nos dijo que la policía de Misisipi era muy mala, que siempre deberíamos evitarla. No debíamos hablar con nadie excepto ella, y si la policía o cualquiera quisiera saber nuestra dirección, que no deberíamos decírsela, ni decirle que La Americana era nuestra jefa. Nos dijo que fingiéramos que no la conocíamos. Todo eso nos hizo dudar la decisión de ir con ella. Nos parecía sospechoso.

Las horas de trabajo eran largas. Los días más cortos eran de diez a doce horas. Algunos días trabajábamos por dieciséis o diecisiete horas sin descansar. Hicimos tres trabajos grandes para la Americana y muchos pequeños. El primer trabajo grande fue pintar un bar cerca de la playa. Nos llevó casi una semana. Empezábamos a las siete de la mañana y a veces trabajábamos hasta las cuatro de la madrugada sin parar. Pero seguíamos adelante, creyendo que íbamos a ganar mucho dinero. El próximo trabajo grande fue pintar una iglesia. Era una iglesia enorme y trabajamos en ella por un mes. Pero cuando terminamos, La Americana nos pagó sólo doscientos dólares. El último trabajo grande fue pintar una mansión. Eso nos llevó tres o cuatro meses. Una familia estadounidense vivía allí. Fueron muy amables con nosotros. No hablaban español; nosotros hablábamos un poco de inglés. Pero no podíamos hablar con ellos sobre nuestros problemas.

NUESTRO MIEDO LE DIO PODER

La Americana no quería que tomáramos decisiones propias. Durante los tiempos sin trabajo, nos encerró en los dormitorios del tráiler. No nos permitió salir, ni siquiera para ver el sol. Y cuando no le hicimos caso, nos gritó—especialmente a mí—de una manera que nunca habría hecho mi madre ni mi padre. Eso se lo dije en varias ocasiones, pidiéndole que me mostrara más respeto. Pero no me mostró nada de respeto, como si yo no contara. Ella tal vez muestre respeto a otra gente, pero no a alguien como yo, a un hispano como yo.

Aguantamos su abuso porque teníamos que hacerlo para comer. Cuando nos opusimos a ella, o cuando le reclamamos la injusticia de hacernos trabajar horas tan largas, ella encontraba la manera de castigarnos. Una vez nos castigó por hablar francamente, dándonos para comer solamente arroz, huevos, y agua. Eso fue lo único que comimos por más de una semana. También revisaba nuestras pertenencias. Las teníamos ordenadas, pero siempre estaban en un lugar diferente. Había veces que hasta la ropa interior estaba todo mezclada, y sabíamos que La Americana se había metido en nuestras cosas.

No teníamos coche, y dependíamos de La Americana para llevarnos del tráiler donde vivíamos al trabajo y de vuelta. Queríamos comprar un coche para nosotros, y cuando La Americana estaba de humor tranquilo, yo intentaba hablarle del tema. Pero siempre decía que no, diciendo que no necesitábamos un coche porque ella podía llevarnos a dondequiera. No quería que fuéramos independientes. Una de las razones por las cuales nos pagaba el sueldo poco a poco era para que nunca tuviéramos suficiente para comprar un coche. Creo que tenía mucho miedo de que nos escapáramos.

Le pedimos a La Americana que nos dejara regresar a Virginia. Dijo, "Bueno, váyanse como puedan". Ella no temía decir tal cosa porque sabía que no teníamos transporte. Sabía que no podíamos simplemente salir caminando. En Misisipi no es cuestión de tomar un autobús. Estábamos a cuarenta y cinco minutos en coche de Gulfport en una calle desolada. Teníamos miedo de que si nos fuéramos la Americana nos buscaría en su camioneta. Ella tenía armas en el clóset de su dormitorio. Si nos fuéramos a pie, ella podría perseguirnos y matarnos por ese camino desolado y nadie oiría nuestros gritos; nadie diría nada, simplemente desapareceríamos.

Las armas de fuego eran habituales para La Americana. A veces en la noche se sentaba en una silla con una pistola. Si oía un ruido o si veía a alguien afuera en el camino—especialmente si la persona era de color—ella buscaba la pistola. Un día La Americana y su novio salieron para un lugar en Misisipi que se llama Diamondhead, y casi me deportaron a causa de sus pistolas. La camioneta de ellos se había descompuesto en la ruta entonces me llamaron a mi para que les fuera a buscar. Manejé el otro coche suyo, un Nissan. Ni siquiera se me ocurrió escapar en ese vehículo porque no me pertenecía. Si yo le hubiera robado algo a ella, podría haber tenido aun más problemas.

Manejaba en la autopista Interstate 10, cuando me acerqué a un policía del estado estacionado en el costado. Me puse nervioso y me aseguré de que tenía abrochado el cinturón y de que iba a la velocidad legal. Pero cuando pasé el coche del policía, empezó a seguirme. Sonó la sirena. Me asusté y paré y llamé a La Americana. Pero cuando el policía se acercó al vidrio del coche, me dijo que apagara el teléfono y que no podía hablar más. Me pidió los documentos del vehículo. Yo le dije la verdad, que no tenía licencia ni nada. Yo hablo muy poco inglés, pero con el poco que hablé el policía comprendió. Me dejó ir, advirtiéndome que tuviera mucho cuidado.

Cuando por fin llegué a donde estaban La Americana y su novio, los dos se rieron porque me había parado la policía, como si fuera broma o algo. La Americana me preguntó, "¿Te dieron una multa?" Les dije que no, y La Americana quería saber por qué, como si hubiera preferido que el policía me diera la multa o que me llevara a la cárcel. Ella fue al baúl y lo abrió. Adentro había dos armas. Yo no sabía que estaban allí y en ese momento me enfadé mucho porque si la policía las hubiera encontrado, eso habría sido mi pasaje de vuelta a Guatemala. Me habrían detenido antes de hacerme preguntas siquiera.

La Americana era una persona violenta. Una vez llamé al 911 porque peleaba con su novio. Ella lo tenía por el cuello, gritando que le ayudáramos, gritando que él la mataba. Pero era ella quien lastimaba al novio, no viceversa. El asunto es que si ella es capaz de mentir sobre él, es capaz de mentir sobre nosotros. Podría hacernos daño y después decir que se defendía a sí misma. Manipulaba las cosas para servir su propia verdad. De allí venía mucho de nuestro miedo. Aparte de cómo La Americana nos gritaba o nos dejaba sin comida, le temíamos porque tenía armas, por sus tendencias violentas. Nuestro miedo a ella le dio poder.

GRACIAS A DIOS QUE EL BEBÉ NACIÓ EN GUATEMALA

El novio de La Americana era malo también. Llamaba a mi cuñado como si fuera un perro. Cuando quería que le trajera una herramienta o algo, no pedía ni hablaba; simplemente chiflaba o traqueaba los dedos como si llamara al pastor alemán que tenían. Cuando mi hermana quedó embarazada, La Americana comentó que a su perro le gustaban los niños, así que mi hermana debía quedarse en los Estados Unidos para tener al bebé. Para La Americana, el bebé de mi hermana no sería nada más que un juguete para su perro.

Mi cuñado y yo queríamos que mi hermana tuviera el bebé en Guatemala. Pero La Americana dijo que ella no podía irse, que porque el bebé se concibió en los Estados Unidos, tenía que nacer en los Estados Unidos. Nos dijo que hablaría con un abogado. Teníamos miedo de que La Americana intentara robar al infante, y de que porque éramos indocumentados, habría encontrado la manera de hacernos algo malo y tener el bebé para ella.

Para que mi hermana saliera de los Estados Unidos para Guatemala, necesitaba un pasaporte. No tenía documentos de ciudadanía, ni siquiera pasaporte guatemalteco. La única manera de obtener uno era viajar al consulado guatemalteco en Houston, Texas. Vimos la oportunidad de escaparnos de La Americana porque sabíamos que ella no iría a Houston. Pero fue inteligente. Dijo, "Dos de ustedes pueden ir, pero uno se tiene que quedar atrás conmigo". Yo acompañé a mi hermana a Houston. Pero no íbamos a dejar a mi cuñado; tuvimos que regresar por él.

Costaron setenta dólares los pasajes de autobús a Houston. La Americana dijo que los hoteles cobrarían cincuenta por día, y que la comida saldría alrededor de treinta dólares. Entonces nos dio solamente trescientos para el viaje entero, la cantidad exacta que ella había calculado. La cosa es que ese dinero que nos dio era de nosotros, no de ella. Fue el dinero que habíamos ganado trabajando para ella, pero que no nos había pagado.

Mi hermana pudo regresar a Guatemala y tuvo a su bebe allá. Va a cumplir un año. Gracias a Dios que el bebe nació en Guatemala. Cuando La Americana hizo ese comentario sobre cómo le gustaban los niños a su perro, que mi hermana debería tener su bebé aquí para que el perro pudiera jugar con él—nunca me sentí bien con eso.

CICATRICES EN NUESTRAS ALMAS

A medida que mi cuñado y yo llegamos a conocer más y más gente, tratamos de encontrar un modo de escaparnos de la situación, de pedir ayuda. Pero no era fácil—no podíamos acercarnos a alguien y explicar las cosas que nos pasaban en la vida. Nadie realmente podía entender, a menos que hubiera experimentado lo mismo que nosotros. De verdad, lo tendrías que vivir de primera mano para entender cómo sufrimos por tanto tiempo con La Americana. No podíamos mostrar marcas en la piel, nada en el exterior para probar que abusaban de nosotros. Pero teníamos cicatrices en las almas. Esas heridas sólo Dios las puede curar. Le pedimos ayuda a la gente que trabajaba con La Americana. Nadie nos ayudó con la excepción de un tipo. Su consejo fue que nos escapáramos con la camioneta, con las herramientas, todo. No queríamos convertirnos en criminales. Así que seguimos aguantando nuestra situación, nuestro encarcelamiento. Pero La Americana nos hizo criminales de todas maneras. Empezó a obligarnos a robar para ella. Si veía algo que quería, como una escalera de mano, nos decía que se la lleváramos. Yo le dije, "Tú sabes cuál es nuestro estatus legal. No podemos robar". Si nos cogieran, a nosotros acusarían de robo no a ella. La Americana podría irse y dejar que nosotros pagáramos las consecuencias. Pero si no robábamos, significaba otra semana sin comer.

Cuando sí comíamos, era aparte de La Americana y su novio, en nuestras recámaras. Pero a veces cocinaba y nos decía que la comida era para todos. Una vez, después de que mi hermana se había ido a Guatemala para tener el bebé, La Americana preparó la cena y nos invitó a comer con ella. Fue espantoso. La Americana no comió lo que había preparado. Ni su novio. Una sensación de sueño nos ganó. No era un sueño natural sino algo poderoso. Los párpados se nos pusieron tan pesados que ni siquiera podíamos mantenerlos abiertos. No era normal. Pensamos que de seguro había puesto algo en la comida. Pero nunca le dijimos nada. Sabíamos que era capaz de hacer tal cosa. Hacía ese tipo de cosas de manera despreocupada y luego se lavaba las manos del asunto sin pensarlo dos veces.

Decidimos que teníamos que escaparnos. Digo "escapar" porque eso es lo que fue, un escape. Éramos prisioneros.

SE NOS ABRIÓ UNA PUERTA

Un día La Americana tuvo que regresar a Virginia. Creo que tenía problemas con la ley allá. Durante su ausencia mi cuñado y yo empezamos a ir a la iglesia. Era una iglesia católica—Nuestra Señora de Fátima—y nos abrió un camino muy diferente.

Cuando La Americana volvió a Misisipi, mi cuñado le dijo que estudiaba para su bautismo en la iglesia católica. Ella le dijo que podía seguir yendo a Nuestra Señora de Fátima para el catecismo . Entonces podíamos ir a misa los lunes. Pero La Americana sabía exactamente cuándo asistíamos a misa. Cinco minutos después de que terminaba, sonaba nuestro teléfono: La Americana quería saber si ya habíamos salido de la iglesia, y cuánto tiempo nos llevaría regresar al tráiler. Ni siquiera podíamos tardar cinco minutos o nos gritaba.

En Biloxi comencé a trabajar con alguien que también trabajaba para La Americana. Era un hombre bondadoso. Mi cuñado y yo nos acercamos a él de tal modo que pudimos comentarle sobre nuestra horrible situación. Le dijimos que queríamos comprar un coche para escapar. Nos dio un número de teléfono y dijo, "Llamen a esta persona y les ayudará". Llamé al número. El tipo con quien hablé quería saber cómo iba a hacerle los pagos cada dos semanas si me vendía un coche. Yo no podía arreglar nada con él porque mi cuñado y yo nunca sabíamos cuándo La Americana nos iba a pagar ni cuánto nos iba a dar. Una vez que él entendió nuestro apuro, me habló de alguien que podía ayudarnos. Se llamaba Vicky Cintra; era la coordinadora de una oficina que ayudaba a inmigrantes. Fue entonces que se nos abrió una puerta.

Nos pusimos de acuerdo para encontrarnos un cierto lunes porque los lunes por la tarde íbamos a misa y La Americana nunca sospecharía que estuviéramos en cualquier otro lugar. El lunes que nos íbamos a encontrar, mi cuñado y yo no fuimos a Nuestra Señora de Fátima, sino en la dirección opuesta, buscando la oficina de la cual nos habían contado. Todavía no sabíamos de seguro que todo eso no estuviera de alguna forma conectado con La Americana, que no fuera parte de sus planes turbios.

Encontramos la oficina. Desde ese momento podíamos asociarnos con gente cuyas palabras nos daban cierto alivio. Las personas en la oficina nos hacían sentir como seres humanos, que importábamos. Es posible que me olvide de ciertos momentos en la vida, pero nunca me voy a olvidar del momento cuando hicimos contacto con la gente en esa oficina. Teníamos tanto miedo que temblábamos y llorábamos. Con su ayuda, mi cuñado y yo pudimos desarrollar un plan.

La gente en la oficina nos dijo que compráramos una tarjeta telefónica para hacer llamadas sin preocuparnos sobre La Americana y su control rígido del uso del teléfono. Así podríamos mantener contacto con la oficina. Finalmente, un día contactamos con la oficina y les dijimos que estábamos listos para escaparnos. Teníamos miedo, miedo de que el plan fallara, miedo de la incertidumbre sobre lo que iba a ocurrir.

EL COLOR IMPORTA MÁS

La Americana salía a caminar por la tarde, así que por cierta cantidad de tiempo no estaba. El día que íbamos a ejecutar el plan, ella salió como de costumbre para su caminata. No sé si sospechaba o no, porque un segundo después de que llamamos a la oficina para decirles que estábamos listos, ella volvió al tráiler. La gente de la oficina nos había dicho que vendrían a buscarnos en treinta o cuarenta minutos, y creímos que sería buen momento—por que durante la caminata diaria de La Americana, estaríamos solos. Pero por alguna razón ese día La Americana regresó después de diez minutos. Eso nos complicó el plan de escape porque estaría ella cuando llegara la gente de la oficina. Pero no se podía volver atrás. El plan estaba en marcha y teníamos que seguir adelante. Fue el momento de la verdad: o quedarnos encadenados, o tratar de ganar la libertad.

La gente de la oficina no podía encontrar nuestra ubicación. Mi cuñado tuvo que escabullirse; corrió hacia el camino para guiarlos a donde estábamos, sin que La Americana lo viera. Yo me quedé, tratando de distraerle para que no sospechara que mi cuñado se había ido a ayudar a la gente de la oficina. Cuando por fin llegaron, yo estaba tan nervioso que oía el latido de mi corazón en los oídos.

Las cosas se pusieron difíciles. La Americana vio llegar a las dos personas de la oficina en su coche y les dijo que estaban entrando ilegalmente en propiedad privada. Eran Vicky Cintra y su esposo Elvis. La Americana les dijo que si no salieran, llamaría al sheriff. Entonces Vicky se enfrentó con ella sobre la situación en que nos había metido. La Americana insistió en que no sabía de qué estaba hablando. Ella lo negó todo. Me acuerdo que le dijo a Vicky que quería que yo hablara por mí mismo. Así que lo hice, cara a cara con ella. Pero ella fingió no entender lo que yo decía, como si no comprendiera español. "Que hable en inglés para que yo comprenda," dijo ella.

Entonces fue cuando todos comenzaron a enojarse. Yo antes había estado tan miedoso, pero ahora estaba enojado y tenía el coraje de decirle a La Americana a la cara que estaba harto de los gritos y la presión que ella nos había causado, de cómo nos trataba, de cómo éramos cautivos. Le dije que esos días ya se terminaron. La Americana se enojó y las cosas se pusieron tensas.

La Americana llamó al sheriff. Mi cuñado y yo teníamos miedo de irnos con la gente de la oficina antes de que llegara el sheriff porque La Americana le podía decir que habíamos robado algo, y entonces seríamos fugitivos de la ley. Entonces esperamos para que viniera el sheriff a resolver la confrontación, pensando que traería paz y justicia a la situación—que haría su trabajo. Pero no fue así.

Un sheriff diputado llegó. Apuntó el dedo a mí y a mi cuñado. Nos echó la culpa por la confrontación. En vez de hacernos preguntas para averiguar lo que pasó, nos volvió la espalda, tomando el lado de

La Americana. Creo que prefería el color de su piel al nuestro. Me acuerdo que le preguntó algo a mi cuñado y cuando mi cuñado empezó a contestar el sheriff se rió de él y dijo, "¡Ja! él ni siquiera habla inglés". Exactamente así. Un poco después me preguntó en español cuántos años tenía. Hizo la pregunta en español muy claro, perfectamente. Entonces comprendí lo que realmente estaba pasando. Creo que vi en el sheriff un racista verdadero. Cuando el sheriff nos preguntó si éramos legales, La Americana gritó que éramos ilegales. Vicky le dijo al sheriff que él estaba allí para investigar un crimen y no el estado legal de una persona. El sheriff empezó a llamar al Departamento de Inmigración para entregarnos, pero Vicky le dijo que no podía hacer eso, que no era correcto.

Entonces otro sheriff y un guardia de la colonia de viviendas vinieron. Se juntaron contra nosotros. Me acuerdo que uno de los oficiales se le cernía a Elvis, el esposo de Vicky. El sheriff dijo que pensaba que Elvis estaba armado. No era verdad, pero el sheriff le registró por si tenía armas. Buscaba algo para usar en contra de nosotros, inventando cosas para poder decir que teníamos motivos criminales. Gracias a Dios que no encontró nada porque buscaban cualquier excusa para detenernos.

El sheriff les tomó la licencia de conducir a La Americana y a Vicky y llamó en la radio para que las revisaran. Resultó que una de las licencias estaba suspendida. El sheriff no tenía la menor duda que la licencia suspendida era de Vicky. Pero era la de La Americana. Vicky le preguntó al sheriff, "¿Por qué no la detiene usted?" Pero el sheriff le contestó que La Americana no estaba manejando y por lo tanto no había infringido ninguna ley.

El sheriff me pidió las llaves del tráiler. Me dijo que me iba a acompañar a buscar mis documentos, mi identificación, mi pasaporte, todo. Dijo que me acompañaría. Pero fue mentira. Simplemente me tomó las llaves y se las dio a La Americana. Entonces se rió de nosotros una vez más por tomar las llaves a través de una mentira. Nos dijo que no podíamos sacar nuestras pertenencias a menos que obtuviéramos una orden del juez.

Supongo que el color importa más que la verdadera justicia. Si no eres blanco con ojos azules no cuentas en los Estados Unidos. Vimos eso de primera mano. Vicky le dijo a los sheriffs que nos tenían cautivos. La Americana le negó todo otra vez. Pero ya que negaba tenernos cautivos, no podía evitar que saliéramos. La coordinadora de la oficina realmente dominó la situación. Con la ley a su lado era muy fuerte. No permitió que nada más nos pasara. No le pidió permiso a La Americana para llevarnos. Simplemente lo hizo.

Cuando mi cuñado y yo subimos al coche de Vicky y Elvis, por fin nos sentimos libres. En el camino, recuerdos del año horrible que pasamos con La Americana nos giraban por la mente. Sabíamos que había que tomar cada uno de esos recuerdos y botarlos, porque una nueva vida estaba comenzando.

Del tráiler de La Americana, Vicky y Elvis nos llevaron directamente a la oficina donde nos buscaron alojamiento. Nos llevaron a America's Thrift Store para que compráramos ropa. Nos encontraron un lugar donde vivir, compartiendo un tráiler con otros a quienes habían ayudado. Luego nos ayudaron a buscar un tráiler propio. Un poco después, Vicky y Elvis se enteraron que se había ordenado su detención. El sheriff había formulado cargos criminales. Pero La Americana no se presentó al tribunal, entonces unos meses después se retiró la acusación.

COMO GATOS VAGOS

Habían tomado todas nuestras pertenencias materiales. Mi cuñado y yo no teníamos nada. No nos habían permitido entrar al tráiler para sacar nuestras cosas antes de salir. Lo único que teníamos era la ropa de trabajo, nada más. Ni siquiera las cosas básicas de todos los días que la gente necesita, como cepillos de dientes y artículos de tocador.

Mi cuñado y yo tuvimos que esperar meses antes de poder recobrar lo que quedaba de nuestras cosas, porque lo prohibía la ley. Hasta intentamos solicitar una orden del juez, pero en los tribunales nos dijeron que no podíamos tener contacto con La Americana. Es una sensación horrible saber que tus cosas son tuyas pero que no puedes tenerlas. Se convirtieron en las cosas de La Americana, cosas que guardó o que botó.

Más tarde, un abogado trato de ayudarnos a recobrar nuestras pertenencias, llevándonos hasta la propiedad donde habíamos vivido. La Americana ya no estaba allí pero teníamos tanto miedo todavía que insistimos que el abogado estacionara su coche en el camino, muy lejos del tráiler para que no nos vieran al acercarse. Nuestro abogado había hablado con el gerente de la propiedad y el gerente dijo que ya no había nada adentro, sólo basura. Era verdad. La Americana se había llevado absolutamente todo: ropa, televisores, fotos, nuestros pasaportes y documentos personales. Todo. Hasta tomó los números de teléfono de mi familia en Guatemala. Me enteré de que había llamado a algunos, inclusive a mi hermana y a mi hermano. Mi hermano me llamó, asustado después de hablar con ella. La Americana era muy inteligente. Sabía manipularnos, como infundirnos miedo en el corazón, llamando a nuestros familiares como si dijera, "Yo sé donde tú y los tuyos viven".

Adentro del tráiler encontramos lo que quedaba de nuestras cosas, todo revolcado en el piso donde habían vaciado a propósito un bote de basura. Encontré allí una foto mojada de mi madre. Las cosas que nos pertenecían, que La Americana y su novio no se llevaron, las habían desparramado por el piso para que tuviéramos que rebuscar las pocas cosas que pudiéramos encontrar, para que fuéramos como gatos callejeros, hurgando en la basura.

UNA GRAN NACIÓN

Ese año con La Americana fue una eternidad. Lo considero el año más oscuro de mi vida. No sabía si podríamos algún día volver a Guatemala. No sé cómo expresarlo, pero de alguna manera ella sigue gobernando una parte de nosotros. Aunque no estemos bajo su control, todavía tenemos miedo de ella y de lo que será nuestro futuro. ¿Qué pasará? ¿Qué será de nosotros? Estamos aprendiendo de nuevo lo que ha de determinar nuestro futuro, qué dirección tomara la vida.

Ahora trabajo en un lugar donde el dueño le tenía lástima a mi cuñado, y nos ofreció trabajo en el negocio. Los jefes aquí son muy diferentes de La Americana. Son jefes, no dueños. Cuando te castigan, sabes que es porque cometiste un error. Si nos regañan, siempre hay una razón. Realmente es algo impresionante trabajar para un jefe en vez de un opresor.

Pero hay noches que me despierto recordando los terribles momentos que pasamos. A veces me despierto a las dos o tres de la madrugada. Nadie puede saber cómo era de verdad, a menos que caminen en nuestros zapatos. La ley no nos ayudó porque la ley requiere prueba. ¿Qué prueba había que abusaban de nosotros? No teníamos marcas físicas. Violenta como fuera La Americana, tal vez habría sido mejor si nos hiciera daño físico para que tuviéramos algo de mostrar como prueba.

La verdad tiene peso. La verdad contiene poder. No sabemos ni cuándo ni cómo, pero estamos seguros que la verdad traerá justicia. Estamos esperando ahora. Un agente del FBI y dos agentes de inmigración vinieron a entrevistarnos,

Están investigando un caso relacionado con La Americana. Los agentes no dijeron que nos deportarían, pero aunque lo hagan no tengo miedo. Para nosotros no sería tan dañino como lo que hizo La Americana. En cuanto al futuro, está claro. Después de buscar justicia, quiero volver a mi familia en Guatemala. Mi cuñado también.

Esa es mi historia. Soy capaz de contarla ahora porque he podido convertirme de nuevo en la persona quien soy, algo de la persona que era antes—el chico que se reía, el chico travieso, el chico que pensaba

que los Estados Unidos era un lugar donde existía la justicia, donde
había respeto para los derechos humanos. Durante un año de mi vida
ese chico no vivió. Pero aquí estoy, El Curita, tratando de seguir adelante aún con el miedo que persiste adentro. Me crié creyendo que
los Estados Unidos era la nación de Dios, una gran nación. Para mí
los Estados Unidos era como un juguete que quieres tener, el juguete
más valioso. Ahora no sé si la justicia realmente existe aquí en los
Estados Unidos, o si lo que creía ser verdad sólo era delusión en la
mente de un guatemalteco chiquito.

[*Nota del Editor*: La Sección Criminal de la Sección de Derechos Civiles
del Departamento de Justicia Estadounidense, que procesa actos de
tráfico humano y trabajo forzado, empezó a investigar el caso de El
Curita en la primavera del 2007. En octubre del 2007, el Departamento de Justicia le informó por teléfono que no iba a seguir investigando más. No le dieron ninguna conclusión ni decisión por escrito.
Vicky Cintra de Interés y Servicios para Hispanos nos informó que
un empleado del Departamento de Justicia dijo de la situación de El
Curita, "Debe haber visto todo eso en el cine".

JULIO, 46
Kern County, California

Julio ha sido deportado siete veces en veintiocho años, cada vez regresando casi de inmediato al mismo pueblo agrícola del valle central. Hace un año, fue seriamente herido en un accidente de camión en el trabajo. Después de dos semanas en el hospital, su brazo todavía gravemente dislocado, él estaba determinado a regresar al campo. Pero en su primera mañana de regreso, su empleador de siempre lo despidió, supuestamente por faltar esas dos semanas al trabajo. Esta era la primera vez, desde que Julio tenía seis años de edad, que se encontraba sin empleo. Él ha empezado a tomar clases de inglés como segundo idioma.

He cruzado la frontera ocho veces. La primera vez, simplemente me subí a un tren que iba a Mexicali. Allí le pagué trescientos dólares a un coyote. Pasamos por la frontera, brincamos la cerca. Esa es la parte fácil. Éramos veinte. Una vez que cruzamos, el coyote nos dijo que nos teníamos que quedar en el desierto porque había muchos patrulleros de la frontera. Él seguía diciendo, "tal vez mañana, tal vez mañana". Pero mañana nunca llegó. Nos escondíamos, dormíamos en el suelo. Hacía calor de día, había poca sombra, pocos árboles. No comimos durante por lo menos dos días, no había comida, luego un sándwich, luego nada por muchos días. Hasta que al fin alguien nos trajo comida, pero entonces vi a un hombre viejo—había dos viejos con nosotros—y le di la mitad de mi comida. Yo necesitaba agua, pero no me importaba el comer. Caminábamos por millas, parábamos, caminábamos más, y parábamos. No había ningún auto, ningún camino, sólo desierto.

Por tres semanas fue así; todos esperábamos juntos. Pero ya no pude esperar más. Fue entonces que me fui por mi propia parte, y me perdí en el desierto. Estuve solo por cuatro días—sin agua, sin comida. Caminé por dos días enteros, sin parar. Me tomaba mi orina, creo que eso me ayudó. Masticaba mi mochila, creo que eso también ayudó, la saliva del masticar ayudó. Pero por dos días no tomé nada de agua. Finalmente llegué a un canal de concreto. Había poquita agua, tú sabes, pero era agua de mierda. Parecía de chocolate. Me la tomé y pensé, Dios mío, esto no está bien. Después vi a unas vacas, y las seguí por mucho tiempo hasta que me llevaron a un tanque de agua. Tomé de ese abrevadero como una vaca, apoyado en mis manos y en mis rodillas.

En el tercer día el sol estaba muy fuerte, pero yo tenía mucho, mucho frío. Al oscurecer finalmente me acosté para dormir. Excavé un hoyo para dormir en él, para protección. No podía ver nada. Estaba tiritando y temblando. Cuando desperté todavía estaba muy oscuro. Oscuro. Sentí algo frío a mi lado; le extendí mi mano, lo toqué. Era un cuerpo. Toqué el pecho, sentí las costillas. Pensé, ¿Estoy soñando o qué? Continué palpando a mi alrededor, todavía pensaba que estaba soñando, entonces toqué los ojos. O sea, no era un sueño. Alguien estaba muerto, murió aquí. Cuando excavé el hoyo para dormir, supongo que desenterré a alguien que había muerto allá en el desierto. Brinqué y salí corriendo.

En el cuarto día por fin vi a otros mexicanos. Me dijeron a dónde ir, que caminara al tren y saltara en él. La primera vez me confundí y lo agarré yendo al lado equivocado, hacia el sur, a México. Pensé, ¿Qué pasó? ¿Por qué está el sol allá, no aquí? Uh oh. Salté para afuera y me volví a dirigir hacia el norte.

Ahora, después de haber estado perdido en el desierto, nada me asusta. Estaba solo. Lloraba, y nadie me vio. Hablaba, y nadie me escuchó. Perdí el miedo. No me volverá a dar miedo, nunca jamás. Pero a veces, pienso en aquel cuerpo allá en el desierto. El cuerpo que nadie encuentra.

LORENA

EDAD: *22*
PAÍS DE ORIGEN: *México*
OCCUPACIÓN: *Estudiante, Empleada de oficina*
DOMICILIO: *Fresno, California*

SABRINA NECESITA SU
IDENTIDAD DE VUELTA

Lorena es una universitaria de veintidós años que desea estudiar medicina. Dejó su hogar en Puebla, México a los seis años, caminando a través del desierto con su madre, padrastro, y sus dos hermanos. La familia ahora vive en Fresno, California. Además de ser estudiante, trabaja a tiempo completo en una oficina de bienes raíces. La entrevista para esta historia tomó lugar una tarde entre semana, mientras Lorena trabajaba. La primera parte se llevó a cabo en su auto, mientras conducía de su oficina a un almacén. En el almacén, Lorena continuó contando su historia en inglés, mientras que buscaba en cajas un viejo documento que su jefe había pedido.

Tengo una mamá muy joven. Tengo veintidós años y ella treinta y ocho. Acababa de cumplir dieciséis años cuando me tuvo. Tuvo a mi hermano el siguiente año, unos días antes de que yo cumpliera un año. Luego dos años después, tuvo a mi hermano menor. Más bien, ella es como mi hermana. Nunca he extrañado no haber tenido hermana. Siempre escucho a gente decir que desean tener una hermana con quien hablar, pero yo nunca tuve ese deseo.

Mi papá biológico era, o es, un alcohólico. Golpeaba a mi mamá y a nosotros, así que mi mamá nos llevó a quedarnos con mis abuelos, en Puebla, México. Tenían una casa muy pobre, muy básica, sólo paredes de cemento. Era de dos pisos, pero era abierta. Entrabas a la casa, y el primer piso era el patio. Caminabas directo a las escaleras, que subían a la cocina, y luego había una recámara. Pero en el primer piso, a la derecha, se encontraba otra recámara. Es ahí donde mi bisabuelo y mi mamá y los niños, nosotros, dormíamos.

Una vez, mi papá me raptó para vengarse de mi mamá. Mi mamá se había ido a una fiesta o un baile, y había dejado nuestra puerta un poco abierta, porque no nos gustaba tenerla cerrada. Si la hubiera dejado cerrada, nos habríamos despertado escandalizados. Recuerdo que mis hermanos estaban dormidos. El menor tenía dos años, y el de en medio tenía cuatro. Así que estábamos muy chicos. Y mi papá entró en la madrugada. Recuerdo que traía puesta unos shorts y una ombliguera o algo así. Sin zapatos, o suéter. No recuerdo a donde me llevó esa noche, pero sí recuerdo que el siguiente día me llevo a un cantina. Antes de eso, fuimos a la casa de alguien, y él pidió unos zapatos para mí. Los zapatos estaban enormes, como los de un payaso. Ese día siguiente fuimos a la casa de su hermana, y por pura casualidad llegamos al momento que mi abuela también estaba ahí. Así que, así terminó eso. Pero recuerdo que cuando regresé a casa, todos se burlaron de mí porque traía esos zapatotes de payaso.

Recuerdo que mi hermano menor, el que sólo es un año menor, me dijo, "¿Sabes por qué te llevó a ti? Es porque tú no duermes con la cabeza tapada". Esa es la explicación de alguien de cuatro años. Mi hermano siempre dormía con el cuerpo entero tapado.

Para alejarse de mi papá, y por hacer algo por nosotros, mi mamá decidió que necesitaba venir a este país. Vino aquí sola la primera vez, cuando tenía veintiún años. Cruzó la frontera, simplemente atravesó el desierto, igual que muchos otros.

Recuerdo el periodo que no estuvo. Y específicamente recuerdo una vez que mi abuela me llevó a la escuela. Escuché a un avión pasar, y ella me dijo, "Oh mira, ahí va tu mamá". Y dije, "Ya sé, se ha ido por mucho tiempo. Dos años es mucho tiempo". Sólo se había ido por dos meses, pero estaba pensando que habían sido dos años porque estaba tan chica. Tenía seis años.

Hubo mucho chantaje de parte de mi papá mientras ella no estaba, él trataba de quitarnos a todos de mi abuela. Así que cuando mi mamá conoció a mi padrastro mientras ella estaba aquí en los EE.UU., se casó con él inmediatamente. No legalmente, pero al estilo mexicano—empezaron a vivir juntos. Mi padrastro se enamoró de mi mamá muy rápido, y cuando él se enteró que tal vez ella perdería a sus niños, dijo, "Bueno, podemos ir a México y recogerlos. Y luego nos regresamos a vivir aquí".

Recuerdo cuando mi mamá vino por nosotros. Fue a las altas horas de la noche. Fue el primer carro que había visto. Ni siquiera recuerdo el tipo de carro que era, pero sí el color exacto. Era café, como el café del chocolate, y era bien brilloso. Simplemente estaba enamorada de ese carro. Sentía como si, "Guau, ese es un carro de adeveras, y está aquí. Somos bien chidos". Claro, no estaba pensando en "chido". No sé que estaba pensando, pero el equivalente de "chido".

Mi padrastro me aceptó muy rápidamente, más que a mis hermanos. En poco tiempo me tenía sobre su regazo, y estábamos platique y platique. No recuerdo si mis abuelos nos habían dicho algo acerca de nuestra partida. Recuerdo que al irnos, eso significaba que de nuevo teníamos a nuestra mamá, pero estaríamos perdiendo a nuestra segunda mamá. Le llamábamos mamá a nuestra abuela también.

Recuerdo vívidamente que triste estaba mi abuela, sabiendo que nos íbamos. Éramos como sus niños. Pasó como en las películas, cuando los niños están diciendo adiós desde el asiento trasero del carro. Todavía pienso en eso, y me rompe el corazón. Sabía que no los volvería a ver por mucho tiempo, pero nunca pensé que fueran a pasar dieciséis años.

EL FONDO DE LA CADENA ALIMENTICIA

Recuerdo estar caminando a través del desierto. Estábamos mi mamá, mi padrastro, mis dos hermanos menores, y yo. Tenía seis años así que mis hermanos tenían cinco y tres. Tenía tanta hambre. Eso es algo que no deseo que nadie sienta, ese tipo de hambre. Y lo único que podía pensar era que si yo tenía hambre, pues mis hermanos también tenían hambre. Me empecé a preocupar. Estábamos literalmente en medio del puro desierto.

Esa noche, dormimos entre unos arbustos. Era temprano cuando desperté, como las seis o las siete. Estábamos en medio de unos arbustos, encima de otros arbustos, así que estábamos completamente cubiertos. Estaba todo seco, así que hacía mucho ruido. Entonces no nos podíamos mover. Recuerdo que desperté y moví mi pie ligeramente a un lado y los arbustos hicieron un ruido. Y se encontraban del otro lado del arbusto unos agentes del INS. Al escuchar el ruido, echaron una vistazo adentro del arbusto y nos encontraron. También estaban otras personas con nosotros. Creo que éramos siete, u ocho. Pero no eran familiares, así que no recuerdo quienes eran.

Me sentía terrible. Todo había sido mi culpa, y lo sabía, y no podía vivir con eso. Recuerdo que esposaron a mi mamá y a mi padrastro con esas esposas de plástico. Quería pegarle a los agentes, porque estaba pensando, Somos buenas personas. La gente que es esposada es gente mala.

Nos llevaron a una camioneta y de ahí nos llevaron a una celda de cemento. Era un cuarto grande, y tenían a varias personas ahí adentro. Estaba una señora con un bebé, un bebé recién nacido, yo creo que tenía menos de tres meses, sobre su espalda. Y mi mamá le estaba suplicando por poquito Gerber que ella tenía para su bebé, porque nosotros no habíamos comido ni tomado nada en no se cuantos días. Inicialmente la señora no nos quería dar porque era todo lo que tenía. Ya casi no tenía para su bebé. Pero entonces sí nos dio. Y recuerdo que mi mamá no los dio con su dedo.

Esa noche nos dejaron ir del otro lado de la frontera. Ni había pasado un día cuando lo volvimos a intentar. Afortunadamente, la segunda vez sí triunfamos. Recuerdo haber caminado a través de un canal que no tenía agua. Uno de los coyotes me traía de la mano, y me preguntó si estaba cansada, si quería que me cargara. Y le dije, "Oh no, puedo hacer esto. Esto está fácil. Dije, "Esto está igual de fácil que la tabla de multiplicación del tres. Tres por uno, tres por dos, tres por tres". Recuerdo que se burlaron de mí por decir eso.

Llegamos a la casa de alguien y ahí nos dejaron bañarnos. Mi mamá nos bañó a todos. De ahí, fuimos a una pequeña casa móvil. Era de una sola habitación. Era para los tres niños y mi padrastro y mi mamá. Estaba en Lamont, el cual está como a veinte minutos de Bakersfield.

Mi hermano más chico estaba llorando. No quería a mi mamá. Cuando llegamos a Lamont, no recuerdo lo que le llamo mi hermano a mi mamá, pero ella dijo, "No, yo soy tu mamá". Y mi hermano dijo, "No, tú no eres mi mamá, mi mamá es Juana". Ese es el nombre de mi abuela. Por supuesto, eso le rompió el corazón a mi mamá.

Las primeras semanas nada más nos alcanzaba para frijoles y sopas. Entendía que éramos pobres, y entendía que estábamos al fondo de la cadena alimenticia, así que nunca les pedía cosas a mis papás. Sin embargo mi hermano menor, el que tenía cinco años, como la tercera vez seguida que comimos frijoles, se frustró. Dijo, "¿Frijoles otra vez?" Pero lo dijo en español, y lo dijo como niño chiquito. Todavía nos reímos de eso. Simplemente estaba frustrado de comer frijoles.

Comencé mis estudios el día después de llegar a Lamont. Recuerdo que tenía mucho miedo porque en cuanto entré a la pequeña oficina de la escuela, todos estaban hablando inglés. Aunque Lamont es un pueblo poblado más por hispanos ahora, antes no lo era. Todos estaban hablando en inglés, y no sabíamos inglés. Así que me sentía bien perdida. Pero tuve una gran maestra, quien era la perfecta americana. Rubia, ojos azules, todo. Ella se esforzó mucho por hablar español y tratar de hacerme entender. Ella realmente me hizo sentir comoda.

Muchos de los niños eran malos, especialmente las niñas. Ellas eran bien malas conmigo por mi falta de inglés y porque no entendía lo que decía la maestra. Nos sentábamos en grupos. Creo que estábamos tomando un examen de ortografía o algo así. Estaba escribiendo algo, y alcé la vista para pensar, y una de las niñas, todavía recuerdo su nombre—Laurie Greiger—ella agarró su papel y dijo, "¡No te copies de mi!" Lo dijo muy fuerte para que todos escucharan. Ese tipo de cosas, y cosas como, "Oh, tú no mereces hablar conmigo porque tú no sabes inglés".

Los primeros años mi mamá y mi padrastro trabajaron en el campo, cosechando todo lo que estaba listo. Todo desde lechuga a uvas a algodón a zanahorias, todo. Poco después de eso, consiguieron trabajo en la empacadora local. Eso está mejor que el trabajo en el campo, así que eso fue algo muy bueno. Estuvieron ahí mucho tiempo.

Luego mi padrastro consiguió trabajo en construcción. Y mi mamá comenzó a trabajar en una fábrica de ropa. Estaba trabajando en esa fábrica con un número de seguro social falso. Su supervisor sabía, pero ella era muy buena trabajadora así que él sólo dijo, "Yo no soy INS. No es mi trabajo verificar esas cosas, así que mientras no me des problemas".

Estuvo ahí unos cinco años, hasta que una de las trabajadoras, quien estaba en la misma situación, consiguió sus papeles y decidió causarle problemas a los demás. Le insistió al jefe que si él no hacía algo acerca de todos los trabajadores sin papeles, ella le diría a la policía. Así que tuvieron que correr a todos, y mi mamá perdió su trabajo.

Entonces fue cuando ella comenzó a coser para una señora que vende ropa en un tianguis. Comenzaba a trabajar a las cinco de la mañana, y a veces no terminaba hasta las ocho, nueve de la noche. Hacían pantalones de franela y suéteres de algodón barato. Algunas de las ropas eran piratas. No de marcas buenas como Louis Vuitton o algo así, pero Levi's, Ecko, Tommy Hilfiger. Le pagaban diez centavos por cada pantalón a mi mamá, o diez centavos por cada suéter, así que tenía que coser cientos y cientos de pedazos de ropa para que le valiera algo él trabajo del día. Después de ese trabajo, comenzó a trabajar en una panadería, donde trabajaba la caja, limpiaba la panadería y cosas así. Desde ese entonces sigue ahí.

MI TRABAJO COMO SER HUMANO

Mi primer trabajo fue ahí en esa misma panadería. Empecé a los dieciséis años. Hacía lo mismo, nada más limpiar, barrer, trapear, y trabajar la caja. Eso fue muy difícil para mí porque nunca había tenido un trabajo físico, pero me acostumbré, y se hizo rutina. Sólo estuve ahí un par de meses. Me querían ahí pero la dueña de una carnicería que iba ahí para comprar pan para su tienda me vio trabajar la caja, y vio que era rápida. Me preguntó si quería trabajar para ella los fines de semana, le dije, "Sí". Y por un tiempo mientras estuve en la prepa tuve dos trabajos.

Estaba usando el nombre de mi prima Sabrina y su número de seguro social. Sabrina tiene buenos papeles. Es la sobrina de mi padrastro, así que realmente no somos parientes consanguíneos, nada más somos parientes políticos. Ella estaba en México, así que no le molestaba, porque no lo estaba usando. Y le tocaba la declaración de impuestos, porque tiene como tres niños o algo así. Ella estaba ayudándome a conseguir trabajo, y yo también estaba ayudándole. Yo trabajaba, ella archivaba los impuestos , y a ella le tocaba la declaración.

Seguía trabajando en la carnicería cuando comencé mis estudios en la Universidad Estatal de Fresno, en el 2002, especializándome en biología como preparación para ingresar en la facultad de medicina. Tuve suerte de que comencé mis estudios antes de que sacaran al

Gobernador Gray Davis. Él fue el que pasó la ley que le permitió a los inmigrantes indocumentados pagar la matrícula como residentes del estado. De esa forma es posible asistir a la escuela si trabajas. A no ser por eso hubiera sido muy difícil. Pero si no fuera indocumentada, estaría recibiendo ayuda financiera. Probablemente no tuviera que trabajar tanto, y ya habría terminado la escuela.

Tuve que firmar un affidávit declarando que me he graduado de una prepa del estado de California, que he estado aquí cierta cantidad de años, y que iba obtener residencia legal en cuanto pueda. Creo que esa última es para los conservadores quienes creen que sólo estamos educando a terroristas. Es bastante absurdo. Digo, ¿Quién no querría tener residencia legal?

Durante mi primer año, mi consejero, quien es la razón por la cual sigo estudiando, me dijo acerca de una gran residencia profesional en Carolina del Norte, ayudando a trabajadores agrícolas. Y le dije, "Tengo que hacer esto".

Siempre me he recordado que la única razón por la cual estoy en la escuela y tengo un buen empleo, es porque mis padres hicieron trabajo matador para darme a mí la oportunidad de estudiar. Siempre he sentido que tengo que darle a esa gente, porque esos trabajadores en el campo son como mis papás.

No me aceptaron el primer año, pero sí el segundo año. Por poco no fui porque me dio miedo de que me iban ha detener en el LAX, y posiblemente regresarme a México. Le seguía preguntando a mi consejero, "Okay, ¿y si me piden esto? Me pedirán un tipo de identificación". Me dijo, "No, estarás bien. Te mereces esto. Tienes que irte".

Mis papás no querían que me fuera. Mis jefes en ese tiempo y el dueño de la carnicería, no querían que me fuera tampoco. Me dijeron que me estaba exponiendo a riesgos que tal vez serían en vano. Me dijeron que no me podían prometer que iba a tener el trabajo cuando regresara, aunque llevaba ahí ya tres años, y había sido muy buena empleada. Si no fuera por la residencia profesional probablemente estuviera ahí todavía. Estaba intentando mejorarme, tratando de expandir mis horizontes, y tenía a gente diciéndome que no lo hiciera.

Le dije a mi mamá, " ¿Sabes qué, Mamá? Dios se encargará de mí. Estaré bien". Y no tuve ningún problema en el LAX. Me recogieron en el aeropuerto con otro del mismo programa. Fuimos a la casa de alguien y ahí comimos. Esa fue la primera vez que probé el tofu, y otra cosa vegetariana. Sabía horrible. No lo pude comer. Ese primer día fue muy difícil. Fue demasiado hippie.

Pero después, fuimos a la oficina central, y conocí a los demás residentes profesionales. Partimos hacia nuestro lugar de entrenamiento, estaba arriba en las montañas, y era hermoso. Me encantó. Nos empezaron a entrenar para las causas que íbamos a luchar, como el boicot de Taco Bell. Estábamos luchando para que aumenten por un penny cada libra que cosechaban de tomate en Immokalee, Florida. Nos dijeron que estaríamos marchando, y también protestando con piquetes en frente de Taco Bell, y en frente de tiendas para protestar a Mount Oliver Pickles, también. E inmediatamente, pensé, no sé si quiero hacer esto. Era demasiada publicidad para mí, y no sabía si me metería en problemas. Estaba nerviosa.

Después de eso, todos nos regresamos a nuestros respectivos lugares. Me pusieron con otro residente profesional, y nos quedamos con una gran familia. La esposa se llamaba Rosa, y su marido Francisco. Tenían una niña y un niño. El niño tenía unos dos o tres años. Era adorable. Y la niñita era muy inteligente. Me recordaba a mí cuando estaba chica. Me encantaba escuchar todo lo que decía. Mientras estuvimos allí ella comenzó la escuela, y para mí fue maravilloso ver eso. Es como plantar una semilla para mí.

Así que la organización con la cual trabajé ayuda a los trabajadores agrícolas. Sabían a donde mandarte si tenías problemas legales, si tu jefe te estaba tratando mal, o si necesitabas comida. Hacíamos campañas de recolección de alimentos, también, distribuyendo canastas de comida a familias de trabajadores agrícolas.

Me pusieron en contacto con una escuela de medicina. Estaban empezando una investigación acerca de pesticidas y el efecto que estos tienen en los niños, aunque los niños no son los que andan en el campo. Los investigadores querían ver que tanto de los pesticidas que los padres ingerían y respiraban y traían sobre sus ropas y su piel en realidad terminaba sobre los niños. También querían saber que tanto sabían las familias sobre los pesticidas. Fue sorprendente, porque muchas de las familias ni siquiera sabían que eran los pesticidas. Y no sabían que eran malos. Una señora hasta preguntó, "¿Son malos?" Uno piensa que eso es sentido común. Pero no saben. No tienen acceso al Internet. Tampoco tienen teles para ver las noticias.

Parte de mi trabajo era educar a la gente. Les decía a las mujeres cosas como, "Estate segura de que cuando llegue tu marido a casa, que se cambie afuera, que no entre y se siente en el sofá con los niños y juegue con los niños con su ropa de trabajo". O, "Estate segura de que laves la ropa de tu esposo separada de la de tu bebé y la tuya. No dejes que los niños jueguen con esa ropa".

Muchas de estas personas vivían en medio de los campos o muy cerca de ellos, así que cuando los aviónes fumigaban, a la gente les llegaba con la brisa, aún si estaban adentro. Así que también les decía, "Asegúrate de que si oyes a los aviones, cierra las puertas. No dejes salir a los niños. Espérate unas horas antes de que los dejes salir. No abras tus ventanas". Cosas de sentido común.

Ayudábamos de otras maneras también. Estábamos ayudando a la gente de la escuela de medicina a juntar muestras de orina de los niños. Fue sorprendente cuantas de las familias estaban dispuestas a ayudarnos. Tenían que tomar la primera orina del día del niño, y ponerla en una bolsita que les dábamos. Y si no pasábamos por ella, la tenían que tener refrigerada. Al principio pensé, Oh, esta gente no va a querer hacer todo esto, pero sí. Estaban igual de interesados que nosotros en descubrir que tan malos eran estos pesticidas, y que tanto estaban afectando a sus familias, aunque los niños no estén expuestos directamente a ellos.

Mi experiencia en la residencia profesional me abrió los ojos a injusticias de las cuales no sabía antes. El trabajo agrícola en Carolina del Norte es muy diferente a como es aquí en California. En Carolina del Norte los hombres en los campamentos todavía viven en acuartelamientos. Cuando visitamos a las familias, era gente que vivían ahí todo el año, que rentaban una casa móvil o una casa en medio del campo y ahí hacían sus vidas. Pero la gente en los acuartelamientos son todos hombres quienes han sido traídos a Carolina del Norte para trabajar.

Hay un campamento de H-2A, donde viven los trabajadores que están aquí legalmente, y ahí un campamento para los indocumentados. La parte de los indocumentados es oscura y está atrás. Es algo asi como "si no preguntas, no te digo". Y los indocumentados en Carolina del Norte tienen mucho miedo de dejar entrar a alguien. Habían campamentos de indocumentados en medio de montones de árboles. Al menos que supieras que había un caminito por ahí, ni te darías cuenta de que habia un campamento.

Fuimos a varios de estos campamentos, y se me rompió el corazón al ver como viven. En los campamentos de los indocumentados, no pudimos entrar a ninguna de las moradas. Nada más pudimos entrar a las moradas de los campamentos H-2A. Y esos estaban terribles. Los prisioneros han de vivir más cómodamente y en mejores condiciones. Si pusieras a cualquier animal en esas condiciones se armaría un disturbio. Y si vieras cuales son los únicos requisitos legales que tiene que tener el dueño para los trabajadores… Sólo se requiere tener un escusado por cada quince personas, y una regadera por cada diez personas. Están todos estos hombres, viviendo en casas como acuartelamientos sin nada de privacidad, sólo una cama. Los colchones llevan años y años ahí. Tienen manchas de sangre de otros trabajadores que han estado heridos o hasta muerto. Escuché historias de horror acerca de trabajadores que habían muerto de hipertermia o de la enfermedad del tabaco.

Cuando vi todo esto, le dije a mi supervisor que mi misión era cambiarle la vida a una persona. Educar a una persona, y si su jefe los trata mal, ellos podrían decir, "No, yo sé que no puedes hacer eso, es contra la ley". Si puedo hacer eso, entonces he cumplido con mi trabajo como ser humano. Quería por lo menos darles el conocimiento para poder defenderse.

Esta gente no tiene manera de transportarse. La tienda más cercana literalmente está a millas de ellos. El cultivador los recoge en un camión a cierta hora de la mañana, antes de que salga el sol, y los lleva derecho a donde van a trabajar. Luego los regresa cuando han terminado. Una vez a la semana, los domingos, los recogen a cierta hora para ir al pueblo y lavar su ropa, comprar mandado, comprar cualquier cosa que necesiten. Así que mi supervisor y yo íbamos a los campamentos para ver si necesitaban algo. Muchas veces llevábamos a gente al doctor porque se sentían mal. Y muchas veces llevábamos a gente a la tienda para comprar una tarjeta telefónica, para que pudieran hablar con sus familias a quienes no habían visto en un año.

Todavía me mantengo en contacto con la familia con quien nos quedamos. El esposo, Francisco, fue un trabajador agrícola por mucho tiempo, así que él conoce a todos los otros trabajadores. Todos los trabajadores están con regularidad. Los llaman cada año si no son puestos en la lista negra por causar problemas. Francisco conoce a la mayoría, y todavía preguntan acerca de mí por nombre. Es halagador.

DIOS NOS DEJA CONDUCIR

Cuando regresé a California, tuve que comenzar a buscar otro trabajo. Había escuchado acerca de un trabajo como mensajero en Benson-Thomas Real Estate, así que entré y pedí una aplicación. Nunca había tenido un trabajo en una oficina, y tenía miedo. Ni sabía que era un mensajero.

Me llamaron el siguiente día para entrevistarme. Los dos jefes estaban ahí, Grant Thomas y su socio Fred Benson, el típico republicano blanco. Y la gerente de oficina, Geri también estaba. Fue una entrevista muy intensa. Pensé que me hablarían el siguiente día para darme la decisión, pero no lo hicieron. Después de unos días de no escuchar nada, pensé, Oh que bien, no lo conseguí. Y me hizo sentir que gente como yo, en mi situación, gente hispana, no conseguimos trabajos de oficina. Estaba segura de que tenía que volver a ir a otra carnicería, o tal vez ayudarle a alguien a limpiar casas, o ser niñera.

Luego Geri me llamó el último viernes de agosto del 2004, y me ofreció el puesto. Entré ese domingo, y Geri me comenzó a entrenar y me explicó como vestirme.

La imagen era todo para Benson-Thomas. Tenía que usar tacones. Tenía que usar pantalones. Me metí completamente a ese trabajo. Repartía folletos a todos los listados, a todas las casas que teníamos en venta. Recogía paquetes. Recogía regalos. Recogía documentos. Llevaba documentos de plica. Llevaba depósitos al banco. Cualquier cosa que salía de la oficina o que entraba, el mensajero lo hacía.

Realmente no pensé que yo era el tipo de persona para una oficina. Pensé, no soy lo suficientemente refinada, no soy el tipo de persona que buscan. La compañía estaba más concentrada en bienes raíces de gente blanca de clase alta, así que pensé que se darían cuenta tarde o temprano de que sólo soy una niña mexicana que no sabe como hablar con la gente o como comportarse adecuadamente. No pensé que duraría. Pero lo hice. Terminé quedándome.

Cuando empecé a trabajar ahí, todavía estaba haciéndome pasar por alguien legal usando la identidad de Sabrina. Al principio, si decían "Sabrina", continuaba trabajando. No prestaba atención hasta que me daba cuenta, "Ay, esa soy yo". Llevaba cuatro o cinco meses trabajando ahí cuando Sabrina decidió regresar a los Estado

Unidos. Mi tía, quien intermediaba entre la verdadera Sabrina y yo, llamó y dijo, "Tienes que renunciar. Sabrina necesita su identidad de vuelta". Me sentí destrozada. Me encantaba mi trabajo. Sabrina es de Nueva York. Si viviera en California sería posible usar su número de seguro social para las dos y nada más fingir que ella tiene dos trabajos. Pero no puede estar trabajando en Nueva York y California a la misma vez.

Así que finalmente, un día, llegué con lagrimas en los ojos al trabajo. No podía hablar. Le dije a Geri, "Tengo que hablar contigo". Me sentía culpable de haberle mentido a ellos, y tenía mucho miedo de cómo iban a tomar la noticia. Todos habían sido tan amables al entrenarme. No podía ni usar una maquina de fax cuando empecé. Ellos me convirtieron en una persona productiva en la oficina. Me trataron como familia.

Geri y yo fuimos al restaurante mexicano que estaba al lado, donde teníamos juntas y hacíamos entrevistas. Le enseñé mi tarjeta de identificación de la Universidad de Fresno y le dije, "Ésta soy yo en realidad. Siento haberte mentido. Pero quiero que sepas que no lo hice con mala intención, o para lastimar a alguien. Lo hice porque tenía que, porque tenía que pagar por mis estudios".

Me preguntó, "¿Esta chica sabía que estabas usando su identidad?" Le dije que sí y le expliqué todo.

Me sorprendió cuando me dijo, "Bueno, vamos a ver que podemos hacer, pero no vas a tener que renunciar". Me dijo, "Grant no tendrá ningún problema. Con el único que tenemos que hablar es con Fred". Porque, como ya he dicho, él es el conservador.

Pasaron dos días antes de que Fred llegó a la oficina. Tenía mucho miedo. No podía comer, no podía dormir. Entró por diez minutos, nada más para recoger unas cosas. Geri le dijo, "Necesito hablar contigo".

Volvimos al restaurante mexicano. Estaba segura que iba a decir, "Bueno, siento mucho tu situación, pero no podemos tenerte". Geri le dijo todo. Era como mi abogada. Como si estuviera luchando el caso de un santo, o un ángel, o una virgen o algo así.

Y Fred me dijo, " ¿Por qué no te pagamos en efectivo?" Lo dijo como si estuviera diciendo, " ¿Por qué no vamos a la esquina a comprar un raspado porque hace calor?" Estaba llorando. Lo miré y le dije, "Fred, eso es algo serio. Te puedes meter un muchos problemas por eso, y no quiero ponerte en esa situación".

Él dijo, "Has sido muy buena con nosotros. No te puedo dejar ir". Creo que fue ese día o el siguiente cuando Grant entró. Estaba en frente haciendo algo con los folletos. Me dijo, "Sabrina, ven acá". Tomé mi bloc y mi pluma, y fui a su escritorio. Estaba como a diez pies de su escritorio. No me quería acercar más. Él dijo, "Acércate". Me acerqué lo mas posible a su escritorio, y él dijo, "Ven acá, date la vuelta".

Pensé, ¿Me va a golpear? Estaba sentado, y yo estaba a su lado. Se me acercó y me dio un abrazo. Me dijo, "No te preocupes, te vamos a cuidar. Vas a estar bien".

No podía explicar lo agradecida que estaba. Casi todos han dejado la compañía por los problemas económicos, hasta Geri. Pero yo no lo dejaré, porque él arriesgó su vida por mí. Todavía podría ir a la cárcel. Por mí.

No muchos de los otros empleados saben que soy indocumentada. Fred y Grant saben. Geri sabía. Pero los otros empleados creen que estoy en la nómina. Me pagan once dólares la hora. Trabajo unas doce horas al día, todos los días, siete días a la semana. No hay pago por horas extras, nada de eso. No puedo estar bajo el seguro médico de la compañía porque no soy una empleada legal. Así que uso la clínica en la universidad para mis visitas al doctor. Sólo voy para mi revisión médica anual. Lo que si me tengo que chequear seguido son mis ojos, cada seis meses, porque uso lentes de contacto. Lo pago con mi propio dinero, lo cual me sale caro, así que he buscado el lugar más barato.

Ahora voy a Sam's Club, pero no debería de ir ahí porque tienen un monopolio. Sin seguro es el único que me alcanza con mi dinero. Nunca he estado lo suficientemente enferma para no ir al trabajo. En mi familia, vas al trabajo pase lo que pase, al menos que estés hospitalizado. Nunca he tomado vacaciones desde que empecé a trabajar ahí. Pero sí me dan días feriados como el cuatro de julio o navidad. Mi jefe, Grant, es la persona más desinteresada que conozco. El carro que manejo es un regalo de él. Es un Volkswagen Beetle. Él hizo un contrato de arrendamiento por dos años, para que no tenga que preocuparme de hacer los pagos o pagar el seguro. Lo uso para manejar por todos lados para mi trabajo. Aprendí como conducir en Carolina del Norte. Uno de mis supervisores me enseñó. Claro, no tengo licencia, así que siempre estoy fijándome por los espejos para asegurarme que no haya ningún policía. Como dice mi mamá, "tenemos la licencia de Jesús. Dios nos deja conducir".

He estado en este trabajo por tres años. Ahora, hago todo, desde ser mensajera a ser gerente de la oficina a ser gerente de las operaciones principales. No tengo una descripción fija. Si le preguntas a alguien en la oficina que cual es mi puesto, te juro que dirán, "Todo".

Mucha gente en la oficina, como Geri y Fred, me han dicho, "Tienes que asimilarte, tienes que hacerte americana". Y apoyo eso. Apoyo hablar inglés. Apoyo el respeto de este país, porque lo amo. Me ha dado oportunidades que no hubiera tenido. En México, ya sería mamá de tres o cuatro niños. No tendría una educación. Sé eso.

Pero es muy difícil para mí seguir con mi identidad de mexicana. Estoy muy orgullosa de ser mexicana, pero ser mexicana es casi tabú. No me defino como hispana. Tampoco no me llamo a mí misma latina. Porque latina es como, latina con actitud. La latina que pelea, pero no la buena pelea. La alborotada. Chicana es igual. Chicana es, "Oh, siempre estás protestando por algo, siempre estás enojada por algo o con alguien".

Realmente ya no sé que llamarme. Soy mexicana. Eso es lo que pongo en las aplicaciones. Es donde nací, y legalmente esa es mi ciudadanía. O, creo que soy mexicana-americana. Amo a ambos países. Amo a mi patrimonio. Es hermoso, y es antiguo. Sus tradiciones han durado siglos. Y muchos americanos desean tener eso. Escucho eso mucho en la oficina, que desean tener tanta tradición, tanta historia y cultura. Pero también amo a este país por darme las oportunidades que me ha dado.

CAMINANDO A SUS MUERTES

Unas semanas después de haber conseguido mi trabajo con la compañía de bienes raíces, en septiembre del 2004, comencé una organización en la escuela para ayudar a los campesinos locales. Me pongo un poco radiante cuando lo menciono porque es algo que yo empecé.

Había regresado de Carolina del Norte llena de ganas y espíritu revolucionario. Habíamos tenido estudiantes elegidos para la misma residencia todos los años pero nadie había regresado y hecho nada. No podía entender, después de ver todo eso—lo que ocurría en el campo—por diez semanas, que nadie regresara para continuar la lucha. Me dije a mí misma, tengo que hacerlo. Tenemos que seguir educando a la gente.

Así que junté a algunos estudiantes de la escuela y les hablé de lo que quería hacer. El boicot de Taco Bell todavía estaba sucediendo en ese momento, así que hicimos muchas manifestaciones en la universidad. Visitamos a diferentes clases y hablamos en eventos. Y luego, finalmente, Yum! Brands, quien es el dueño de Taco Bell, acordó a dejar de comprar tomates de ese dueño.

También ayudamos a pasar la ley del programa de emergencia de calor en California, para reducir el número de muertes de campesinos relacionadas a la hipertermia. Habían muchos trabajadores agrícolas que estaban muriendo de hipertermia. Ayudamos a organizar una conferencia de prensa con uno de nuestros senadores estatales, y fuimos el único grupo estudiantil que asistió. Tomó lugar en medio de un campo, a las doce de la tarde, justo cuando el sol está mas fuerte. Todos los reporteros tuvieron que caminar por la tierra y sentarse sobre cubetas, y escuchar al senador hablar de la razón por la cual es tan importante pasar esta ley.

Otro estudiante y yo nos vestimos todos de negro. Éramos la muerte. Teníamos cruces y flores y velas para los tres hombres que habían muerto por hipertermia, una después del otro. Estábamos representando el hecho de que si la ley no pasaba, cuando los trabajadores caminaran hacia el campo, estaban caminando a sus muertes. Casi nos desmayamos por lo mismo nosotros, pero todo salio bien.

Como resultado de la ley, los granjeros tuvieron que poner una área con sombra. Y eso no sólo es un árbol. Tenían que poner una cubierta o algo así. Y tenían que proveer agua para los trabajadores. La ley también aclaraba que no se podía castigar a los trabajadores por tomar un descanso si se sentían mal. Antes de eso, los trabajadores no tomaban descansos si se sentían mal por miedo de que no los volvieran a llamar para trabajar el siguiente día.

Después de eso, empezamos a recibir hasta treinta personas en las juntas. Pero ahora el número ha bajado. Fui presidenta por dos años, pero este último año otra persona es presidente. Nadie maneja las cosas como la persona que lo creó. Muere mucha de la pasión.

SE TRATA DE AYUDAR A LA GENTE

Estoy rezando y esperando terminar la escuela el siguiente año, 2008. Ese sería mi séptimo año. Se está poniendo más y más difícil hacer esto. Todavía me gusta estar en el salón. Todavía me gusta aprender biología. Pero sólo estoy tomando una clase ahora. Primero, porque fue para lo único que me alcanzó cuando se tenía que pagar. Segundo, con mi trabajo, no hay manera de tomar mas de una clase. Es una lucha diaria, entre la escuela y el trabajo. Tengo que trabajar muchas horas para pagar la escuela. Pero trabajar tantas horas me quita tiempo para estudiar.

Antes me sacaba puros dieses. Pero ahora, el tiempo que me sobra después de trabajar doce horas al día, siete días a la semana, es muy poco. No importa cuantas ganas tenga de leer ese capitulo o cuantas ganas tenga de investigar más para un ensayo, mi cuerpo no me lo permite.

El semestre pasado me fue muy mal. Mi trabajo estaba exigiendo mucho de mí, y también la escuela, así que me enfermé. Empecé a tener síntomas de una úlcera. Me hice anémica. Comencé a tener ataques de ansiedad. Empecé a pensar que necesitaba elegir o el trabajo o la escuela, pero mi prometido insistió que no podía dejar la escuela. Y yo sé que no puedo. Tengo que hacerlo por mí. Porque sé que puedo.

Después de la universidad, tengo esperanzas de ir a una escuela de medicina. Sé que puedo ser doctora. Tengo dos piernas y dos manos. Tengo ojos, y sé leer. Así que, ¿qué me está deteniendo? Mi mamá me enseñó a nunca pensar que el dinero te puede detener.

Mucha gente me pregunta que cómo pagaré mis estudios de medicina. No puedo aplicar para prestamos o becas. Eso lo arreglo cuando llegue el momento. Nunca he pensado en que tipo de casa compraré cuando sea doctora, o que tipo de carro manejaré. No se trata del dinero para mí. Se trata de ayudar a la gente, especialmente a los trabajadores agrícolas, quienes son los que necesitan ayuda.

Después de la escuela de medicina, probablemente entraré a neurología o a emergencias—porque me gustan las cosas rápidas—hasta que pueda abrir mi propia clínica. Cuando fui a Carolina del Norte, decidí que quería tener una clínica móvil, para poder ir a los campamentos, y ayudarlos. Fue muy triste estar ahí. Todos extrañan a sus niños y a sus esposas, y luego se enferman también. Algunos son diabéticos y necesitan insulina. Necesitan todo tipo de cosa.

Arriesgamos nuestras vidas para venir a este país, y tuve la oportunidad de ir a la escuela. ¿Por qué no hacerlo todo? Siempre pensé que era bastante inteligente. Como no tengo muchas maneras de defenderme, sé que el conocimiento es la cosa con la que puedo armarme. Cuando tienes un MD después de tu nombre, muy pocas personas te van a decir que no, para nada.

EL MOJADO

EDAD: *29*
PAÍS DE ORIGEN: *México*
OCCUPACIÓN: *Empacador de carne, trabajador de productos lácteos, instalador de alfombras*
DOMICILIO: *Dodge City, Kansas*

YO SE QUE NO SOY
ALGUIEN IMPORTANTE

Nacido en Guerrero, México, el hombre que se nombra así mismo El Mojado[1] vive con su esposa y cuatro hijos en Dodge City, una de tres ciudades en el suroeste de Kansas conocida colectivamente como "el triángulo dorado" de la industria empacadora de carne del estado. Él también ha trabajado en tejados, riego, carpintería en dos talleres y una finca lechera, y ha vendido pollos en un parque de la ciudad. Estuvo de acuerdo con ser entrevistado por petición de una monja católica. Llegaron juntos una noche a las oficinas de la organización. El Mojado, aunque tiene 29, parece mucho mayor. Nuestro intérprete menciona casualmente que el edificio ha sido un hogar para ancianos y que el sótano está embrujado. Por suerte, la entrevista tuvo lugar en una habitación en el piso de arriba que El Mojado habló en español de sus esfuerzos y del costo físico y emocional que había pagado. Mientras su historia se desarrollaba, su realidad se hizo dolorosamente clara: a pesar de haber trabajado casi sin parar, él no está más cerca al sueño americano que cuando vino a los Estados Unidos hace ocho años.

---

[1] *Mojado.* Un nombre peyorativo para latinos inmigrantes, que se refiere a trabajadores que cruzan el Río Grande hacia los Estados Unidos.

Yo nací en la Sierra de Porvenir, Guerrero, México, que es en la costa. Se puede acampar, pescar, cazar. Es una ciudad pequeña y campestre. Es como Dodge City, si no hubiera Home Depot, Dillons, Burger King, Wal-Mart o Sears. La única cosa es que no hay playa en Kansas. Y no hay lotes de alimentación en Porvenir. Aquí en Kansas, a las siete de la noche, todas los días, se huele la pestilencia de los lotes de alimentación.

Yo no fui como cualquier niño normal que terminó la escuela primaria. Me sentía realmente separado de los otros niños. Cuando yo tenía seis años en la escuela primaria, algunas veces pasábamos el día sin almuerzo. Teníamos que vender cosas, como mazorcas de maíz tierno, pavos, pollos, huevos y panes. Teníamos que vender cosas para ganar un peso, dos pesos. También teníamos que caminar por una hora para lavarnos en el río.

Yo solamente tengo un hermano y una hermana. Mi hermana tiene veintiséis años. Mi hermano tiene veinticuatro. Yo soy el mayor. Mis padres se separaron hace mucho tiempo. Mi hermano y yo no terminamos la escuela secundaria. Era mejor para nosotros empezar a trabajar. Mi hermana se quedó en la escuela y estudió ingles y francés. Mi madre está trabajando para tratar de sostenerse a ella y a mi hermana porque ahora yo no puedo ni mandarle dinero. Mi madre limpia. Ella limpia edificios de oficinas. Un lugar de gas. Ella gana suficiente para una persona, pero todavía tiene que pagar por la luz y las cuentas, y para una mujer es más duro tratar de hacerlo por sí misma. Mi hermana todavía vive con ella. Mi hermano ya esta casado.

Mi esposa y yo tenemos cuatro hijos. Mi esposa tiene veintiocho años. Ella es muy gentil, muy trabajadora y una buena cocinera. Ella hace tamales muy buenos, que algunas veces vendemos. Me gusta la manera en que cuida la casa. También esta tomando clases para de inglés. Y yo le digo que no deje la escuela. Será una gran ayuda para ella. Me ayudará a mí también. Podrá traducir. Por lo menos ella adelanta, aunque yo no pueda estudiar. Nos resolvemos con lo que yo gano. Es con lo único que contamos. Tres de mis hijos nacieron aquí—la niña tiene cinco, el niño mayor va a cumplir dos, y el menor—uno. Mi hijo tiene ocho. Él también es un mojado.

TODO SE MUEVE CON DINERO

Vienes aquí con un sueño. Vienes aquí por una razón: Me dijeron que ganaría el doble de lo que estaba ganando en México. Pero la única cosa mala es que tu sueño nunca se realiza. Tú sólo quieres ver los verdes. Mucha gente se ha muerto queriendo ver esos verdes. Aquí todo se mueve con dinero. Mi esposa quería venir aquí también. Ella pensó que sería un lugar mejor para los niños, que hay más oportunidades aquí para los niños.

Estuvimos alrededor de ocho meses viviendo en la frontera en Juárez antes de cruzar aquí. Para mantener a mi familiar trabajé en un lugar como cocinero. Yo crucé primero, solo, con un coyote y algunos otros tipos. Dejé a mi familia en Juárez. Oyes historias acerca de la frontera, de mujeres que son violadas. Gentes que son asaltadas. Dinero robado. Así que en diferentes lugares, dependiendo en donde tu cruzas te encuentras con diferentes problemas. El problema más grande que teníamos era trepar una cerca, que era de unos doce pies de alto. Tenía este alambre afilado en el tope. Tuve que ayudar a un tipo, un amigo, que se enganchó en ese alambre. Estaba sangrando. Se había cortado el pie. El coyote nos dejó. Estaba corriendo adelante con los otros. Pero la verdad es que yo no podía dejar a un amigo así, enganchado en este pedazo de alambre. Si Inmigración lo hubiera desenganchado quién sabe lo que le hubiera pasado. Yo le ayudé a bajarse y le limpié el pie con una camisa. Tuvimos que tirar esa camisa.

Más tarde, corrimos a través de una carretera de cuatro líneas. Honestamente me sentí como un ladrón. Entonces corrimos hacia el pueblo de El Paso para buscar un hotel en donde pasar la noche. Cuando llegamos al hotel, el coyote dijo "No Salgan. No le abran la puerta a nadie. Hay gentes que reportan a gentes que se están quedando en hoteles en El Paso, llaman a Inmigración. Entonces medio día después, me pusieron en un ómnibus que vino directamente a Garden City en noviembre de 1999. Vine a Kansas porque mi esposa tenía familia aquí. Yo tenía veintidós años.

Mi familia cruzó en Marzo del 2000. Mi esposa vino como una ciudadana americana. Caminó a través del puente con una ID falsa que compró en la frontera. Algunas veces los ciudadanos de Estados Unidos venden sus papeles. Por ejemplo si yo soy un ciudadano hago copias y vendo mis papeles. Mis papeles terminan en el área de la frontera. Un coyote entonces los compra por alrededor de quinientos dólares. Entonces él los vende otra vez por alrededor de mil o mil quinientos. Así que mi esposa tenía buenos papeles, los papeles de otra persona. Cuando yo la vi al principio, casi no la reconocí, se veía tan fea, vestida como esta otra persona en los papeles.

Mi hijo mayor tenía tres años entonces. Él también tenía los papeles de un ciudadano. Él pasó solo, sin mi esposa, con el hijo de un coyote, un niño de doce años. Mi esposa ya estaba esperando en el otro lado. Tú ves, los coyotes tienen que separar a los hijos de los padres porque a veces los niños dirán "Mi mamá no tiene papeles". Tienes que tener cuidado con esas cosas. Y digamos que descubren a la madre, que la agarran, por lo menos el niño ha pasado. Cuando ella llegó a Garden City mi esposa estaba llorando. Ella nunca había estado separada de su hijo así y tenía miedo de que algo pudiera pasarle. Por eso es que te sientes mal cuando te separan. Y tienes que confiar en gente que no conoces. Gracias a Dios todos estamos aquí y estamos bien. Yo no quisiera que ninguno de nosotros tuviéramos que pasar por eso otra vez.

MUY CALIENTE Y MUY FRÍO

Al principio nos quedamos con la familia de mi esposa. Nueve de nosotros vivíamos en un remolque pequeño. El primer trabajo que tuve aquí en Garden City fue en la planta Monfort de empacar carne. Mi cuñado trabajaba ahí y me ayudó a conseguir el trabajo. Usé mis papeles falsos. Cuando vi la vaca por primera vez en el matadero yo estaba sorprendido. Nunca había visto animales así, todos cortados, con sangre en todas partes. Siempre hay trabajo en el matadero. No paran el trabajo haya nieve o lluvia. Así que en cierta forma es bueno tener trabajo, pero en otra forma, no es bueno porque discriminan. Hacen a algunas gentes trabajar más que a otras. Te forman, pero muy poco. Algunos sólo te dicen, "Mueve la muñeca, calienta los dedos". Pero nunca calientas la espalda y estás de pie todo el tiempo. Depende en el trabajo que te den, pero yo estaba de pie todo el tiempo en el trabajo que me dieron. Los dedos se me entumían. Todavía están entumidos. Pero si Dios lo permite, mis dedos se mejorarán, porque es malo tener los dedos medio fastidiados.

En la planta, trabajaba algunas veces diez, doce horas al día. Dependía de las horas que me dieran. El salario era muy poco. Yo ganaba unos $8.00, $8.50 la hora. Nos dijeron como usar el equipo, pero nos cobraban por el uso. Nos cobraban por las botas, los guantes, el casco, los lentes—todo el equipo. La pieza de equipo más cara era el guante de acero. Ese guante cuesta alrededor de $30, yo creo. No sé de seguro. No te dan una lista de cuánto las cosas cuestan. Los cheques que yo recibía eran supuestamente por alrededor de $300. Y terminaban dándome unos $150 después que me cobraban por el equipo.

Yo trabajaba en la línea. Eramos tres en la línea. Uno hacía el corte plano, yo quitaba el hueso. Entonces cuando yo trabajaba en el plano, otro hacía el hueso. Mientras yo trabajaba en el hueso, otro hacía el plano. Y tomábamos turnos así. Y teníamos que hacerlo rápidamente—en menos de dos minutos—o todo terminaría juntado, el trabajo se te acumularía. Los pedazos de carne vendrían a través de la mesa. El primer trozo era de unas veinte, treinta libras. Tenía un hueso en el medio. Yo tenía que separar la carne y tirar el hueso en la correa. Si el hueso no estaba limpio, los que estaban más allá en la línea—si veían que no estaba bien limpio—me lo tiraban para atrás para que lo limpiara bien. El otro pedazo se llamaba corte plano, el cual pesaba unas cinco, quizás diez libras. Para eso yo tenía que recortar la carne, la pura carne, y tenía que cortar la grasa de la bola de carne.

Hay dos tipos de climas en el matadero: muy caliente, y muy frío. Yo trabajaba en procedimiento, así que en el lugar que yo terminé era muy frío. Eso mantiene la bacteria fuera de la carne. Yo me ponía un chaleco, mangas, delantal, y cuatro guantes. Yo estaba mojado todo el tiempo. Temblaba interiormente. Cuando me quitaba la ropa cogía fiebre. Algunas veces el cuerpo se aclimata al ambiente. Otras veces, con el paso del tiempo, terminas con problemas respiratorios. O tienes problemas del corazón. Coges muchos catarros, demasiados. También tuve sinusitis.

Solamente nos daban dos descansos—uno de quince minutos y otro de media hora. Cuarenta y cinco minutos en total. No dejan que la gente descanse. En cambio te hacen trabajar más. Algunas veces yo tenía que hacer el trabajo de otro si estaba ausente. Y como yo era nuevo, algunas veces tenía que hacer el trabajo que nadie quería. Pero lo tenía que hacer. Yo necesitaba un trabajo estable. Tenía miedo que me despidieran y ¿a dónde voy yo sin papeles?

Y así es como es. En los Estados Unidos, trabajar como un mojado es muy difícil. Estoy trabajando ilegalmente, y las cosas se me están poniendo más difíciles. No puedo pelear por mis derechos. No tengo derechos aquí en los Estados Unidos. No tengo derecho a nada. No puedo pelear por nada. Yo sé que no soy alguien importante.

Unas navidades hubo un fuego en la planta, y se quemó. Así que nos mandaron a Greeley, Colorado para trabajar en otra planta. Monfort pagó por quince días en un hotel, eso fue todo. Pero después de eso Monfort no pagó más, y esos hotelitos son caros si tú estás pagando con tu propio sueldo. Así que nos botaron del hotel y tuvimos que conseguir otro lugar para vivir.

Para mí, hay patrones mexicanos buenos y malos. El patrón en Morfort era un buen tipo. Porque era mexicano, sabía más o menos cómo tratar a los mexicanos. Pero él me dijo que si quería ganar más dinero, yo tenía que poner aún más esfuerzo. En la línea ganas más, pero tienes que trabajar más. Algunas veces es mejor tener un patrón mexicano. Pero algunos mexicanos discriminan a otros hispanos porque tienen papeles y otros no. El patrón en Greeley no era mexicano, era un árabe. No hablaba inglés muy bien. Era más estricto, más racista. No quería mexicanos. El árabe nos hacía hacer el trabajo de tres personas.

Yo tuve un accidente. Fue en Greeley, afuera del apartamento donde yo vivía con mi cuñado y un conocido de Monfort. El tipo que nos llevaba al trabajo dejó las llaves dentro de su carro. La ventanilla estaba abierta unas cinco pulgadas. El trató de meterse a través de las cinco pulgadas, pero rompió la ventanilla. Había pedazos de cristal en todas partes. Yo lo jalé para afuera y me corté la mano. Tuve que ir al hospital. Yo no tenía seguro. Pagué $495 todo en efectivo. Me cosieron, pero dejaron cristal dentro. Casi no podía trabajar, aún cuando yo quería. La planta quiso una nota del doctor dándome permiso para seguir trabajando. Yo le dije al doctor que yo no podía trabajar. Mi mano se veía bien mal, color verde. Yo pensé que terminaría sin mano. Estaba toda inflamada. No me podía poner guantes ni nada. Ahora, cuando hace frío, mi mano me duele muchísimo. Todavía se pone un poquito verde.

No podía trabajar, y si no trabajaba, no comía. No podía pagar la renta. Tuve que regresar a Kansas para mantener a mi familia en cualquier forma que pudiera. Vendí pollos. Yo iba al parque de la ciudad y buscaba gente y les decía "Mira, estoy vendiendo pollos". Ellos me decían que les trajera un pollo, dos pollos, un pollo y medio. Entonces yo preparaba el pollo con una ensalada, cebolla, arroz, y una salsa con una mezcla especial de especias. O vendía el pollo entero. Si vendía catorce pollos al día, podía pagar mis cuentas.

CONTINÚA, SIGUE ADELANTE

Encontré otros trabajos. Empecé a retocar las abolladuras en carros, preparándolos para la pintura en el taller. Yo era mas bien un pulidor ahí. Lo hacíamos a mano. Mi patrón ahí me trataba muy mal. Él me robaba los sábados. Por alguna razón no le pagaba a la gente cuando trabajaban los sábados. Un día encontré una secadora de pelo afuera del taller. Yo le pregunté a mis compañeros, y uno de ellos dijo que estaba rota. Yo dije "Bueno, alguien la puede usar todavía o aprovechar las piezas". Cuando la estaba recogiendo mi patrón me vio. El me preguntó qué estaba haciendo. Yo le dije que estaba en las basura, que mis compañeros me dijeron que no trabajaba. El dijo "¿Qué quieres decir, que no trabaja?" Dijo, "Trabaja bien". No me creyó. Me acusó de robar. Me despidió ahí mismo, después de ocho meses.

Tuve otro empleo trabajando con regadíos grandes para granjas. De la clase que riega el maíz. Poníamos los nuevos, o arreglábamos los viejos. Me pagaban $6.50 la hora: trabajábamos más de doce horas al día. Nos dieron un aumento. Querían que trabajáramos más para que ellos pudieran ganar más. Trabajábamos en nieve, el calor, lo que fuera.

En 2003, trabajé en techos y gané trescientos dólares a la semana. A ese patrón tampoco le gustaban los mojados.

Con mis papeles falsos yo pude trabajar en muchos empleos. Yo nunca hice mis impuestos, así que nunca recibí dinero del gobierno. Yo estaba pagando, pero no recibiendo dinero devuelto.

En Junio 2006, apliqué para un trabajo de limpieza en la planta IBP de empaque de carne. Aunque trabajas más, IBP paga más que en otros trabajos. Una muchacha Americana en la oficina tomó aplicaciones. Ella tomó mi foto y chequeó la foto y mis papeles en la computadora. Vio que las fotos no eran iguales. Me dijo, "Si no te vas, voy a llamar a la policía o llamar a inmigración". Llamó a otra persona—un tipo grande Americano de la oficina, y él estuvo de acu-

no puedo descubrirlo por nada. Él llamaría a la policía o inmigración. Mi_coyote está legal aquí. Si yo digo que él es un coyote y yo no tengo papeles y él tiene papeles, es lógico que le van a creer a él y no a mí.

Ese es el mundo. Esa es la vida del inmigrante. Eso es un mexicano. Gente de El Salvador, Honduras, Guatemala—ellos pagan aún más. Un Guatemalteco es dos veces un mojado. Los guatemaltecos pagan cinco mil dólares para venir aquí. Los Salvadoreños son tres veces un mojado. El Salvadoreño tiene que pasar por Guatemala, y después México y después…

COSAS QUE UN AMERICANO NO HARÍA

Los inmigrantes necesitan documentos. Necesitan por lo menos una ID o licencia. Pero no hay manera de obtener una licencia. Aquí en Kansas, tienes que manejar para ir a la tienda, al hospital, a todas partes. Y todo lo que hacemos es un crimen. No tienes papeles, es un crimen. Compras papeles falsos, es un crimen. Vives constantemente con el crimen.

Los Americanos quieren que trabajemos más duro, mas rápido, pero por menos dinero. Si al menos tuviéramos seguro o un aumento… venimos aquí para encontrar una vida diferente. Trabajamos duro aquí; si trabajáramos así de duro en nuestro país, sufrimos la discriminación como lo sufrimos aquí. Mi sueño es ser dueño de un hogar, un terreno, para mis hijos. Pero la verdad es que no se puede hacer.

Los Estados Unidos es bueno para conocerlo. Es bello cuando está verde. He aprendido a conocer la cultura. Pero en estos días es duro trabajar aquí. En 1986, hubo una amnistía.[2] Ahora no quieren hacer más amnistías y el gobierno se está poniendo más duro. Ahora los

---

[2] El Acto de Reforma y Control de Inmigración de 1986 hizo ilegal emplear a sabiendas a un trabajador indocumentado, al mismo tiempo dándole amnistía a inmigrantes ilegales que entraron a los Estados Unidos antes de 1982 y residieron allí continuamente desde entonces.

oficiales de inmigración van a los trabajos a buscarte. Antes no lo hacían. Sólo si, infringiste una la ley. Los Americanos con papeles van a México y manejan. Pueden trabajar allí también. ¿Por qué nosotros no podemos trabajar aquí? Muchísimos Americanos en México tienen hoteles, restaurantes. Ellos viven bien ahí. Y aquí, nadie nos quiere aquí, pero allá, ellos están viviendo realmente de ti. Hacemos cosas que un Americano no haría. Los mojados. En vez de ayudarnos, nos patean, quieren botarnos como basura.

¿Quién trabaja las naranjas? ¿Quién trabaja la construcción? ¿Las lecherías? ¿Los campos? ¿La granjas de cerdo? ¿Limpian casas? ¿Quién hace todo eso? Inmigrantes. Yo no pienso que alguien papeles vaya a hacer eso. ¿Un Americano, cuando él va a recoger naranjas? ¿Quién va a ordeñar las vacas por diez horas seguidas, y después tener un almuerzo de cinco minutos?

YOGESH, 24
St. Louis, Missouri

Yogesh llegó de la India a los Estados Unidos cuando tenía once años. Estuvo aquí legalmente hasta los veintiún años, cuando se volvió, en efecto, un huérfano legal. Como ya no era dependiente, perdió el derecho de su solicitar una tarjeta verde a través de sus padres, la cual ha estado pendiente durante diecisiete años. Sus padres están aquí legalmente, y mantienen permisos de trabajo. Pero la única manera en la que Yogesh puede hacerse residente legal es que la lay cambie. Él espera que una propuesta legislativa llamada el DREAM Act se apruebe. Yogesh se graduó de la universidad el año pasado.

Primero vinieron mis padres a los Estados Unidos, a St. Louis, sin mi hermano y yo. Nosotros nos quedamos con mi tío. Mis padres pensaron que sólo serian un par de meses y enviarían a alguien por nosotros y nos encontraríamos. Así que pasó un mes, luego otro y otro. Con el tiempo pasaron dos años. Era difícil vivir sin mis papás. Cada vez que nos llamaban, mi hermano lloraba después de que colgáramos. No era porque mi tío y tía no nos amaran—nos trataban como si fuéramos sus hijos, simplemente no era lo mismo.

Me han dicho que la razón para la gran demora fue que mis padres recibieron promesas falsas de un abogado. Realmente él sólo fingía ser abogado; en realidad era un notario. Y les dio mala información. Él les decía que pronto iban a tener sus tarjetas verdes. Y ya con la tarjeta verde iban a poder traernos más fácilmente. Pero las tarjetas de residencia nunca llegaron. En diecisiete años mis padres aun no han recibido sus tarjetas verdes.

Mis padres estaban trabajando muchas horas todos los días. Mi papá estaba trabajando de cajero. Mi mamá encontró trabajo de secretaria. No la han pasado tan mal. Hace poco compraron una casa. Pero creo que tienen remordimientos. Especialmente en cuanto a la situación de mi hermano y mía. Ellos tienen permisos de trabajo y ahora que ya no somos dependientes, hemos perdido nuestro estatus legal. Empecé a estudiar en la universidad el otoño del 2001, con esperanzas de que con el tiempo los problemas inmigratorios de mi familia se resolvieran. Había, en ese tiempo, discusiones en el Congreso para tratar de encontrar alguna manera de resolver el estatus de los indocumentados en los Estados Unidos. Pero entonces el ocurrió once de septiembre. Tengo muy claro ese día. Estábamos pegados a la televisión. Las siguientes semanas sólo empeoró la situación, mientras escuchábamos y leíamos las historias en el periódico local de la gente que estaba siendo deportada debido a violaciones migratorias Habíamos escuchado de gente en situaciones como la de mi padre, quien tenía que renovar su permiso de trabajo cada año, a que se le rechazaban sus renovaciones de permiso. No sabíamos que esperar. Cada semana nos enterábamos de alguna redada de inmigrantes que acababa de ocurrir en alguna parte de los estados centrales. Así que continuamos esperando, pero no sabemos qué.

Mi situación todavía no se ha resuelto. Han pasado cinco años desde el once de septiembre. Pero últimamente me siento optimista porque estaría protegido por el DREAM Act, si es que llega a suceder. Conocí al Senador Dick Durbin de Illinois y hablamos acerca de ello. Lo extraño fue que cuando nos encontramos, el mismo senador me dijo que él no sabía cómo su madre había llegado a este país. Él sólo sabía que ella había venido de Lituania. También estaba el consejero más veterano del Senado Durbin, o su director de política—se me olvida su puesto—pues él dijo que su abuelo había llegado a este país ilegalmente, creo que de Líbano. Él dijo que alguien le dijo a su abuelo, "Cuando vea la estatua de La Libertad, salte al agua y nade a la costa". Y es así como su abuelo llegó a este país.

Todo esto me dejó con la boca abierta, pero también me dio esperanza. En cuanto a documentos, no tengo ningún estatus. Pero esto no significa que no sea americano. Porque, digo, y lo voy a decir: no hay manera que yo pueda regresar a la India. No sé qué haría.

JOSE GARCIA

EDAD: *37*
PAÍS DE ORIGEN: *El Salvador*
OCCUPACIÓN: *Cocinero, consejero de adicciones*
DOMICILIO: *Mount Vernon, Washington*

EN ESE BARRIO, SI NO ERES MIEMBRO DE UNA PANDILLA, VAS A SUFRIR

A las cuatro y media de la tarde, en la biblioteca publica de Mount Vernon, Washington, se puede escuchar el chachareo en ingles y en español. José García se encuentra parado al lado del buró de información en la sala de entrada. Nacido en El Salvador, con 37 años de edad, ha vivido en Estados Unidos por 24 años. Trabaja en un restaurante y como consejero de adicciones. Vestido con pantalones guangos y una sudadera negra encapuchada, se para con las manos en los bolsillos. Lleva una carpeta llena de fotos, que después nos explica que son de graffiti y marcas de pandillas. Habla ingles con un acento ligero, y de repente se para buscando la manera de decir algo. Parte de su trabajo en la comunidad es darles charlas a ex-adictos y a niños en las escuelas publicas. Se ve agradecido por la oportunidad de hablar sobre su niñez en El Salvador y sus razones por venir a los Estados Unidos.

Soy de Jucuapa, de la provincia de Usulutan de El Salvador. Mi madre se enfermó muy gravemente cuando yo nací y murió poco tiempo después. Nunca conocí a mi padre. Fui criado por mi abuela y mis dos tías, Marta y Luisa. Ellas hicieron mucho por mí, pero siempre supe que no tenía una verdadera madre. Era un poco difícil para mí vivir en una casa la cual no me pertenecía. Pero, a pesar de eso, nunca me faltó el amor de ellas. Me enseñaron que siempre tenía que hacer lo correcto. Mi tía Marta, para mí, era "mamá".

En esos tiempos, mi tía probablemente ganaba menos de un dólar al día. Cultivaba tomates y cebollas y los vendía. No sé cómo, pero siempre, o por lo menos casi siempre, estábamos alimentados.

No era una vida fácil. Cuando vino la guerra civil en los 80, la situación empeoró porque no mucha gente tenía dinero. La lucha entre el ejército y la guerrilla previno la entrada al pueblo. A veces las batallas duraban semanas.

Teníamos buena casa. Teníamos electricidad y agua, que eran lujos, especialmente por que mi tía no ganaba tanto dinero.

Mi abuela falleció cuando tenía cinco años. Mi tía Luisa, para este tiempo, vivía en San Salvador, y cada año, cuando comenzaba la escuela, ella me compraba ropa. Nunca tuve ropa nueva, pero no era ropa mala. Luisa me la compraba en el mercado o en las tiendas de ropa de segunda mano. Era ropa enviada de los Estados Unidos a El Salvador como obra de caridad, pero así era como algunas personas ganaban dinero.

Nuestro barrio era tranquilo. Creo que era tranquilo porque en esos tiempos la gente todavía le hacia caso a sus madres. Nosotros nos criamos con la mentalidad que si no le haces caso a tu mamá, algo malo te va a pasar. Dios se va a enojar contigo.

Era bonito. Sólo tengo buenos recuerdos de esos tiempos. Después del colegio, jugábamos fútbol, desde las tres hasta que se ponía demasiado oscuro para ver la pelota.

SOLO EL CUERPO, SIN CABEZA

Recuerdo el momento en que me enteré de los guerrilleros. Estábamos jugando afuera y vimos algo caer de un avión. Parecía una bomba, pero no era una bomba. Corrimos hacia lo que había caído y vimos que era un montón de papeles, propaganda del FMLN. Estaban luchando contra el gobierno, diciendo que el pueblo merecía mas derechos y que el imperialismo nos estaba matando y robándonos de nuestros terrenos.

Esto tuvo un gran impacto sobre muchos de mi generación. Habíamos escuchado de los rebeldes en otros países, en Cuba o Nicaragua, hasta en Rusia, pero nunca pensamos que íbamos a ver algo así en El Salvador. Especialmente en nuestro pueblo, porque era tan tranquilo y todo el mundo se conocía. Sin embargo, muy pronto comenzamos a ver el graffiti. Era de diferentes grupos como el FMLN, el LP-28, y el BPR, Bloque Popular Revolucionario. Todavía me acuerdo de eso.

Creo que tenía como diez años cuando tiraron la bomba de papel. Todo lo que vino después ocurrió bien rápido. Un mes después, comenzaron a aparecer cadáveres en mi pueblo. A veces sólo encontraban los cuerpos, pero sin cabeza. Otras veces era el cuerpo de un hombre, pero con la cabeza de una mujer. Y empezó a pasar todos los días. Lo que hacían los soldados era recoger a alguien en un pueblo, pero dejar su cadáver en otro. Era difícil porque veías a los cerdos y a los perros comiéndose a los muertos. De vez en cuando, los tiraban en el rió. No sé si es verdad o no, pero había un rumor que alguien había encontrado anillos dentro de un pescado. Los peces se estaban comiendo los cuerpos de los muertos. Nadie quería comer pescado después de eso.

Teníamos miedo porque pensábamos que eso nos podía suceder. Casi todos los días nos despertábamos con la noticia que los soldados se habían llevado tres o cuatro personas de nuestro pueblo. Un día, vinieron y se llevaron a mi primo, que vivía al lado de nosotros. Era un primo de cariño, nos criaron juntos, como hermanos. Éramos parte de una gran familia. Era alrededor de la una de la mañana cuando los oí entrar. Le estaban pegando patadas a la puerta. Lo próximo que oímos fueron los llantos de su madre, avisándonos que se lo habían llevado.

Tenía como veinte años. Creo que era parte de uno de los grupos de rebeldes, así que, por eso, el gobierno vino y lo mató. La mayoría de los muertos de mi pueblo fueron asesinados por el gobierno. El gobierno pensaba que el pueblo entero apoyaba a los guerrilleros. Era difícil viajar fuera del pueblo porque el gobierno había puesto muchos retenes en las carreteras. Si te pedían identificación y veían que eras de Jucuapa, casi siempre te detenían.

Me acuerdo de una vez que fui a San Salvador con mi tía Luisa. El ejercito vino al pueblo y se llevaron a todo el mundo. Tía Luisa me dijo que llegaron unos 600 soldados al pueblo. Sacaron a todos de sus casas y los llevaron al centro, a un parque grande. Pusieron a los padres y a las hijas y los hombres, mujeres, y niños en una fila. Después, les pusieron bolsas de papel sobre las cabezas. Cuando te ponían la bolsa, sabías lo que sucedía después. Te iban a matar. Ese día, creo que se llevaron dos cientos y tantas personas. Creo que sólo unos cuantos de los cadáveres fueron recuperados. El resto, nadie sabe.

Mi hermano mayor era un soldado en el ejército. Me contaba cosas. Una vez, su comandante lo mandó a que raptara a dos muchachas y que matara a sus familias. El comandante quería tener relaciones con las muchachas. Mi hermano se negó a hacerlo, así que el comandante consiguió a otra persona que lo hiciera. Secuestraron a las muchachas en un lugar cerca del río y el comandante iba ahí a violarlas dos veces al día. Eso paso por dos o tres semanas hasta que al fin, mataron a las dos muchachas. Mi hermano le reportó lo que había sucedido a otro comandante. ¿Y sabes lo qué pasó? Castigaron a mi hermano. No debió de haber dicho nada. Se fue a EE.UU. poco tiempo después. Mi hermano nunca se recuperó psicológicamente de eso. Se murió en los años noventa.

Antes de que comenzara la guerra civil, no creo que los salvadoreños verdaderamente tenían el deseo de abandonar el país. Es un país bello, El Salvador. Aún ganando poco dinero, ganas lo suficiente para vivir bien. En mis tiempos, no necesitabas mucho dinero. Como les dije, cuando todo eso comenzó, era algo completamente extraño para nosotros. Nadie quería abandonar sus casas, sus pueblos, o sus amistades. No creo que se hubieran ido si no fuera por la guerra.

SI DE VERDAD ME QUIERES, TE IRIAS

Tenía trece años cuando llegamos a EE.UU. Era el año 1983. Mis cuatro hermanas, ellas llegaron primero. Yo no quería venir. No conocía a mis hermanas muy bien. No tenía confianza en ellas. De todas maneras, una de ellas vino a El Salvador a buscarme. Me rehusé al principio, pero mi tía logro convencerme. Me dijo que lo que estaba pasando en El Salvador no iba a parar. Ella pensaba que si me quedaba, me iban a matar. Básicamente, me dijo "Si de verdad me quieres, te irías. Allá puedes ir a la escuela, conseguir trabajo. Me puedes mandar dinero para que yo vaya a vivir contigo".

Tomamos el autobús. El autobús que iba desde El Salvador a Guatemala, y después desde Guatemala a México. Cada vez que te paraba la migración mexicana, le tenías que dar dinero. Si no tenías suficiente dinero, te hacían volver. Por eso nos tomo tanto tiempo. Desde la Ciudad de México tomamos un autobús a Tijuana, donde le pagamos al coyote. Nos costo quinientos dólares para cada uno. Éramos 25 en nuestro grupo. Nos hicieron quedarnos en un rancho en Tijuana mientras esperábamos el mejor tiempo para cruzar la frontera. Pasamos tres días en el rancho sin que nos dieran de comer o beber. Por las noches, salíamos a andar por el rancho a ver si alguien nos daba agua.

En dos ocasiones, casi nos matan. El hombre que nos iba a llevar se enfermo, así que nos mandaron a cruzar con otro, pero ese no se sabía el camino muy bien y nos desviamos. Me acuerdo que empezamos a caminar como a las diez de la noche, y el carro que nos venía a buscar al otro lado de la frontera no llegó hasta las seis o siete de la mañana. Caminamos por casi nueve horas. Y, en el proceso, el hombre se perdió. Estaba muy oscuro, y no se veía bien. Vimos estas cosas grandes delante de nosotros y pensábamos que eran piedras. De repente, una de las piedras comienza a moverse. Estábamos caminando entre una manada de toros. Creo que eran de un rodeo. Empezaron a corretearnos. No se como no nos llegaron a matar. Uno de los muchachos fue golpeado por uno de los toros. No se murió, pero sufrió heridas.

Después que cruzamos la frontera, nos metieron a todos dentro de una autocaravana. Una de las llantas se desinflo mientras que íbamos por la carretera. La autocaravana comenzó a vibrar fuertemente. Se rompieron las ventanas. Chocamos contra dos árboles grandes. Mi hermana estaba sangrando por la nariz y tenía una cortada en la frente. De ahí, comenzamos a correr.

Creo que esto fue in San Isidro, no muy lejos de la frontera. Terminamos en una propiedad donde había muchos perros. Veíamos a los dueños caminando, y los perros empezaron a ladrar hacia nosotros. Nos escondimos en un túnel. No se si los dueños nos vieron, pero un rato después, llegó la policía. Ya era oscuro. Estaban justo a la entrada del túnel, podíamos ver la luz de sus linternas.

Era el tipo de túnel que pasaba el agua de sentina, el agua de la ciudad. Era un túnel grande, de cemento y muy oscuro. El agua estaba sucia. Teníamos miedo ir muy dentro. No sabíamos si había animales adentro, o ratas.

No sé cuanto tiempo estuvimos ahí, pero recuerdo que hacía mucho frió. Como no teníamos chaquetas, nos arrimamos uno al otro. Creo que pasamos la noche entera ahí. Nos fuimos bien temprano por la mañana. El coyote nos vino a buscar, nos puso en otra autocaravana, y nos llevaron a Los Ángeles.

UNA GRAN MANERA DE AUMENTAR LAS GANANCIAS

Al principio, no me gustaba Los Ángeles porque no hablaba ingles. No conocía a mis hermanas muy bien y ellas fueron de poca ayuda para mí. Tenía trece años y la ciudad me parecía gigantesca, especialmente donde vivíamos nosotros. Mi hermana mayor estaba casada, así que fui a vivir con mis tres otras hermanas en un apartamento cerca del aeropuerto LAX.

Abandonar a mi pueblo, a mi familia para venir a vivir con mis hermanas fue horrible. Lo peor eran las pesadillas. Me despertaba cuatro o cinco veces cada noche, pegando gritos, viendo a mi tía Marta muerta y decapitada.

Mis hermanas tenían problemas con el alcohol. Bebían constantemente, así que no les importaba que yo fuera a la escuela o no. Estaban más interesadas en que consiguiera trabajo. No les importaba si había comida en casa o no. Unos meses después que llegué una de ellas me consiguió un número de seguridad social para que empezara a trabajar. En esos tiempos no era muy difícil encontrar trabajo, aun sin documentos. Pero tenías que tener una conexión. Si eres hispano, de México o de El Salvador, o de Guatemala, o de a donde sea, la única manera de conseguir un trabajo era si tenías una amistad o familiar que ya trabajaba en el sitio. Mis dos cuñados han trabajado en los mismos dos restaurantes por mas de treinta años. No eran legales cuando comenzaron, pero ahora lo son.

Uno de mis cuñados me consiguió mi primer trabajo en un lugar que se llamaba Coco's. Mis cuñados, mi hermano que murió, y mis hermanas, todos trabajamos en ese lugar en algún momento. La primera vez que fui a trabajar ahí, me echaron después de una semana. Era tan flaco, tan chiquito. El hombre que me empleo sabía que sólo tenía trece años. Lavar los platos era fácil, pero me costaba limpiar las mesas. Tenías que recoger la mesa de un solo pase, y no podía cargar tantos platos. Eran muy pesados, todos esos vasos y platos.

Después de Coco's trabajé en todo tipo de restaurante. Trabajé en McDonald's, Burger King, Denny's, y Red Robin. Busqué trabajos por la noche para poder ir a la escuela durante el día. Iba a la escuela todo el día y al trabajo desde las tres o cuatro de la tarde hasta la medianoche. Casi siempre renunciaba después de unos meses porque era demasiado difícil hacer las dos cosas.

Era frustrante. Esto le pasaba a mucha gente que yo conocía. Era lo mismo si trabajabas setenta horas o cuarenta horas, solo te pagaban por las cuarenta horas. Y si no te gustaba, no importaba. Si no tenías papeles, no te pagaban las horas extras. Y te obligaban a trabajar más que a las personas que sí tenían papeles. Otra cosa, en la mayoría de los restaurantes, solo el gerente tenía papeles. Empleando a indocumentados es una gran manera de aumentar las ganancias. Los gerentes ganan dinero, la compañía gana dinero, y no les importa si uno está contento o no. Si necesitas trabajo, toma lo que te ofrecemos, guste o no te guste. Los que tenían papeles ganaban seis, siete dólares por hora. El resto ganaba cuatro dólares con ochenta y cinco centavos. Eventualmente, después de unos años, regresé a trabajar a Coco's. Seguía perdiendo trabajos. Todavía estaba en la escuela. Coco's era el único lugar que me contrataría y necesitaba dinero.

Tenía como quince años cuando uno de los amigos del gerente me violó. Violó a cuatro personas, a mí y a tres de mis amigos. Nos compraba cerveza, y en su casa tenía licor. Cuando estábamos en su casa, empezaba a tocarnos. Después que pasó una vez, nos amenazó de que si no lo volvíamos a hacer, o si no veníamos el día que el decía, se lo iba a contar a nuestras familias. El gerente era blanco, pero el hombre que nos hacía esas cosas era Salvadoreño. Mis hermanas lo conocían, era amigo de ellas. En ese entonces, como no había tantos Salvadoreños en el área, todos nos conocíamos. Me violó cinco ó seis veces antes que al fin, renuncié. Nunca se lo conté a nadie. Estaba muy avergonzado. Además, tenía miedo. En todos los trabajos que tuve, nos amenazaban con llamar a Inmigración y reportarnos si nos quejábamos.

Hace unos cuantos años, me contaron que alguien mató al hombre a puñaladas. Me imagino que fue porque les seguía haciendo las mismas cosas a los que trabajaban ahí.

EN CADA TERCER CASA VENDEN DROGAS

Mi introducción al mundo de las drogas fue a los catorce años, cuando fumé marihuana por primera vez. Al principio, no me gustaba. Quería ir a la escuela y tener un buen trabajo para poder mandarle dinero a mi tía en El Salvador. Después vino la cocaína, y después de ella, la heroína, uno o dos años después. Recuerdo la primera vez que me llevaron preso, a la cárcel juvenil. No trataron de deportarme. A lo mejor porque era tan joven, sólo tenía trece o catorce años. Pasó cuando todavía estaba recién llegado a Los Ángeles. Tenía hambre y nunca había comida en casa, así que fui a un restaurante, pedí comida, y me fui sin pagar.

Me acuerdo que el juez me dijo, "la próxima vez, no me hagas pasar por esto". Le dijo al fiscal público, "La próxima vez que haga falta que le paguen una comida de un chamaco, llámame a la casa, yo la pago".

Se suponía que me iban a dejar ir, pero hubo un problema con los papeles, y terminé quedándome en la cárcel por casi cinco meses. Cuando volví a la corte, me tocó el mismo juez. El juez insistió que me libraran inmediatamente. Ordenó que me quitaran las esposas y dijo "quiero ver que ese niño salga de aquí con mis propios ojos".

Unos años después, estaba usando *crack*. Una noche andaba drogado y me imagino que estaba un poco descontrolado. Mis hermanas llamaron a la policía. Cuando llegaron, estaba escondido dentro de un clóset. Esa fue la segunda vez que me llevaron preso. Estuve detenido por diez días.

Al cumplir los dieciséis años, mi dependencia de las drogas estaba completamente descontrolada. Dejé de trabajar. Estaba usando heroína y *crack*, además de estar fumando marihuana y bebiendo alcohol. Entraba y salía de la cárcel constantemente.

En el barrio donde vivíamos, se podía conseguir drogas en cada tercer casa. Cuando empiezas a andar con gente que han estado en el país por siete, ocho años, te comienzas a dar cuenta de muchas cosas. Mientras que tú trabajabas por $4.85 la hora, los que estaban vendiendo drogas estaban ganando mucho más. Me decían, "no seas tonto, mira los carros que tenemos, todo el dinero que estamos ganado. Tú pudieras hacer lo mismo".

Alrededor del mismo tiempo que empecé a usar drogas, también me enredé con unas de las grandes pandillas de California. Mis primos me presentaron a los pandilleros, y me dijeron que podía ganar mucho dinero con ellos, vendiendo drogas. En ese barrio de Los Ángeles, si no eres miembro de una pandilla, seguramente vas a sufrir. Era la única manera que tenía de protegerme contra las otras pandillas del barrio. Pero, más que nada, no quería sufrir más abusos. Sentía que había venido a este país para salir adelante. Traté lo más que pude y no lo podía lograr, y no tenía a nadie quien me ayudara. Mis hermanas jamás se ocuparon de mí. Mis empleadores se aprovecharon de mí. Ahora, al fin, llega alguien prometiéndome ayuda, y siento que es hora de vengarme de los abusos.

Siempre estaba claro que lo que estaba haciendo era malo, pero me acostumbré. Si alguien tenía que morir, preferiría que fuera otra persona.

Me casé por primera vez a los dieciocho. Era de familia puertorriqueña, pero nacida en California y era ciudadana americana. Unos años después, cuando salí de la cárcel, traté de aplicar para mi residencia. Pagamos el honorario, pero nunca terminé de llenar los formularios. Mi esposa intento terminarlos, pero era yo quien tenía que ir a las citas de la Inmigración, y yo nunca iba. Era drogadicto. No me podía concentrar en nada, ni en papeles y formularios, ni nada.

Pasé años así. Trataba de dejar la droga, pero no podía. Intente suicidarme tres veces. Y las tres veces me salvaron en el hospital. Los médicos pensaban que había tomado la sobredosis sin querer. No entendían que estaba tratando de suicidarme. Pensaba que, si me inyectaba una sobredosis de heroína, moriría sin dolor. Había escuchado de gente que se había muerto de sobredosis de heroína, y me imaginé que no sería una muerte dolorosa. Pensaba que me iba a dormir, nunca despertarme.

Me acuerdo que también pensaba que si me deportaban, a lo mejor me salvaría la vida. A lo mejor, si me hubieran mandado de vuelta a El Salvador, hubiera podido dejar la droga.

EN LA CARCEL

Ahora tengo 37 años. Dejé de usar drogas cuando tenía 30. Pasé catorce años usando drogas, la mayoría del tiempo, en la cárcel.

No me gusta hablar de esto porque no estoy orgulloso de lo que hice. Pero, creo que Dios sabe lo que hace. Creo que mi historia puede ayudar a otros.

Pase doce años en la cárcel. La primera vez por tres años, la segunda vez por seis años, y la tercera por tres otra vez. Dos veces por recibir propiedad robada y una por posesión de drogas. Nunca me llevaron preso por cosas grandes, siempre chiquitas. Una vez, la segunda vez que me llevaron preso, iba caminando con un amigo y nos encontramos una vídeo-casetera en un basurero. Nos la llevamos y la limpiamos para poder venderla para comprar drogas. La tenía en mis manos cuando llegó la policía. Cuando la policía vio que tenía antecedentes penales, me llevaron a la cárcel. Mi segundo hijo nació el 2 de enero de 1992. El 3 de enero, yo estaba de nuevo en la cárcel.

Durante todo el tiempo que estaba en la cárcel, no se le ocurrió a nadie deportarme. Nunca me regresaron a El Salvador. Me amenazaban con deportarme, pero en vez de hacerlo me mandaban a programas de rehabilitación.

Mi esposa se cansó de esperarme. Pasó once años esperando que saliera de la cárcel. Era mi mundo, esa mujer, mi ex. Fue un golpe enorme cuando al fin me dejó.

"¿Sabes qué?" me dijo un día. "No quiero saber nada de ti. Me da igual si les escribes cartas a los bebes. Les veras cuando salgas. Tengo un novio nuevo y nos vamos a casar". Estaba en shock, no sabía que pensar.

Al fin, decidí dejar la pandilla. Me sentía solo, que no tenía a nadie de quien depender. Los de la pandilla, me apoyaban cuando estaba en la cárcel, pero al salir, ya no estaban.

Dejar una pandilla no es fácil. Tenía miedo de que me hicieran algo, o peor, a mi familia. Tenía miedo de que les fueran a hacer algún daño. O que me iban a matar, y que mis hijos se criarían sin padre. La mayoría de los de la pandilla sabían que yo no era de los que iban a ir a la policía a contarles lo que hacían. Ellos me conocían. La policía no iba a sacar ninguna información de mí.

IGUAL QUE CUALQUIERA

Después que me liberaron de la cárcel en el año 2000, les dije a mis compañeros de la pandilla que me iba. Si me querían matar, estaba bien, pero ya no podía aguantar esa mierda. No quería saber nada de la droga. Estaba cansado de estar vendiendo drogas y matando a mi propia gente. No quería matar a nadie jamás.

Los de la pandilla sabían quien era. Conocían mi manera de ser. Les dije, "¿Saben qué? Sólo necesito un chance. Dame la oportunidad de hacer algo por la comunidad, de ayudar a nuestra gente".

Tenía 30 años. En la cárcel, tomé la oportunidad de tomar cursos de electricista y de cocina. Saqué un diploma en electrónica. También tomé el examen de equivalencia de la escuela superior. Tomé cursos de consejero de adicciones. Cuando salí de la cárcel, pasé el examen para ser consejero, así que también hago eso.

Me fue bien el primer año. Me involucré con la comunidad, participando en liderazgos comunitarios. Establecí un programa de rehabilitación, gratis para personas indocumentadas que deseaban dejar la droga. Conseguí dos trabajos para pagar la comida y otras necesidades.

Tuve mucho éxito. Mucha gente empezó a participar en el programa. Al fin estaba haciendo algo con éxito. Hasta los de la pandilla me felicitaban por lo que estaba haciendo.

Por fin pude liberar mi espíritu. No me sentía encadenado a la memoria de El Salvador, aunque me gustaría volver algún día. Todavía me emociono un poco cuando pienso en mi patria. Pero tantos están muertos. Antes me enojaba mucho con el gobierno, con el presidente salvadoreño. Y con el gobierno americano también. Estaban mandando armas para prevenir que los comunistas tomaran el poder. Pero mi rabia se calmo cuando me di cuenta que mis problemas no eran a causa de los comunistas, ni del gobierno, ni de la guerra. Lo que pasó en mi país fue horrible y muchos fallecieron, no queda duda que pagamos por los errores de nuestro gobierno. Pero tenía que soltar ese rencor. Ese era mi problema, el rencor en mi corazón. Claro que tengo otros problemas, la adicción, el alcohol, pero mi gran problema era ese rencor.

He vivido en Washington por tres años. Mi hermana vive aquí hace ocho años. Un día estaba hablando con ella, contándole acerca de mi programa de rehabilitación y ella me dijo que no había nada por el estilo, para hispanos, en Washington. Decidí mudarme para allá para ver si me gustaba, y si podría establecer un programa allá.

Así fue como llegué a vivir en Washington. Empecé como cocinero en un restaurante, después trabajé para un programa de rehabilitación. Después de siete meses trabajando con el programa pude establecer mi propia organización. Y todavía cocino. Me mantengo bastante ocupado.

Conocí a mi esposa unos cuatro meses después de que llegué. Nuestra hija cumple dos años el mes que viene, y mi hijo cumple cuatro meses.

Mi esposa es salvadoreña también. Ha vivido aquí por cinco años. No es ciudadana, pero esta bajo protección "TPS". Trabaja en restaurantes. No estamos casados legalmente todavía, pero llevamos dos años juntos, y nos vamos a casar pronto.

Mi hijo mayor tiene 17 años y el segundo, 15. Los dos viven en California con mi ex.

Hablé con un abogado que me dijo que California es uno de los estados donde pueden sellar archivos criminales. Estoy tratando de ahorrar el dinero para empezar los procedimientos para que me lo sellen, para que mis delitos no me impidan la residencia. Entiendo que, como he cometido más de un delito, probablemente no me sellen el archivo. A lo mejor tendremos que pedir asilo.

Le dieron asilo a un amigo mío porque están matando a muchos ex pandilleros en El Salvador. Cuando los deportan de Estados Unidos, los matan en El Salvador por ser pandilleros en Estados Unidos. El gobierno americano piensa que es el gobierno salvadoreño quien les está matando, así que, a veces eso ayuda a que te den asilo aquí.

El abogado me dijo que esas eran mis únicas opciones para obtener la residencia, serian que me sellaran los archivos, o que me dieran asilo. Me dijo que si tomaba mi caso, podría buscar otras maneras, como pedir asilo retroactivamente. Pero eso seria difícil.

Comencé este proceso recientemente, porque sabía que iba a ser difícil. Cuando salí de la cárcel en California, me di cuenta que iba a tomar mucho esfuerzo de mi parte para mostrarle al gobierno que puedo ser parte positiva de la comunidad.

Cuando fui a la cárcel juvenil por primera vez, les dije que era de Puerto Rico. Cuando apliqué para la residencia la primera vez, no podían encontrar mi nombre en el sistema. No existía ninguna prueba de que había estado en la cárcel juvenil, ni en la de adultos. Espero que todavía siga así.

Me imagino que si hoy en día me detuvieran, y me pidieran los papeles, me mandarían de vuelta a El Salvador. Trato de no pensar mucho en eso. De vez en cuando, ponen retenes de Inmigración en Washington. Creo que la última vez deportaron a 50 o 60 personas.

Mi fe es lo que me da fortaleza, lo que me ayuda a no preocuparme. Si algo pasaría y tengo que volver a El Salvador, creo que pudiera ayudar a los de allá también. Claro que me tuviera que reacostumbrar, ya que muchos de mis familiares se han ido. Pero creo que puedo ayudar a mucha gente si me quedo acá. Cada semana, tengo entre 25 y 40 alumnos en mis cursos de adicción. Creo que el 60 por ciento que van a mis clases, logran dejar de beber o tomar drogas. De veras creo que eso tiene un efecto positivo en la comunidad.

Voy a las escuelas y hablo con los alumnos sobre la adicción y las pandillas. Ahora estoy tratando de recaudar fondos para estudiantes de minorías. Quiero mostrarles a las personas que piensan mal de los hispanos, que si nos dan una oportunidad, podemos lograr lo mismo o más que cualquiera.

Otro programa que queremos establecer sería para las escuelas, y se haría foco en la cultura. Queremos mostrarles a los alumnos la diferencia entre lo que es ser un cholo, o pandillero, y lo que es ser representante de su propia cultura. Muchos en California, especialmente la juventud mexicana-americana piensan que ser cholo es parte de la identidad hispana, latina, o chicana. Eso me molesta. Si yo me visto como un cholo, soy un pandillero, no quiero que eso sea indicativo de mi cultura. Ahora, ver a un latino que es dueño de su propio negocio, y le va bien, eso es lo que debe ser representativo de la cultura.

El gobierno ha hablado mucho sobre el tema de la inmigración, y me parece muy bien. Yo respeto la ley. Bueno, ahora respeto la ley. Creo que deberíamos venir a vivir a Estados Unidos de manera legal. Aunque muchos de los que vienen acá, no vienen con malas intenciones. Vienen porque en sus países, no tienen de comer, porque quieren mejorar sus vidas. Quiero que el gobierno entienda que si a estas personas no les dan oportunidades para mejorar su situación, pueden desviarse. Conozco a muchas personas, buenas personas, que hacen cosas malas por necesidad, porque no tienen otra manera de sobrevivir.

Y, si algo pasa con todo este pleito de la inmigración que esta sucediendo ahora, nosotros vamos a seguir buscando maneras para ayudar a Estados Unidos. Como me decía un amigo mexicano, "dale a un mexicano una bicicleta, y ya tiene la mitad del restaurante. Dale una autocaravana, y ese es el restaurante entero".

ELIZABETH

EDAD: *36*
PAÍS DE ORIGEN: *Bolivia*
OCCUPACIÓN: *Maestra*
DOMICILIO: *Fairfax, Virginia*

AQUÍ ERES LO PEOR

Elizabeth creció cómodamente en La Paz, Bolivia, y llego a ser maestra de inglés. A finales de el 2002, su hija, a los ocho años de edad fue diagnosticada con una forma de artritis severa. Después de probar una variedad de tratamientos y doctores, Elizabeth vino aquí sola por sí misma con los records médicos de su hija y con la esperanza de que la medicina americana pueda tener algunas respuestas. Su búsqueda rápidamente se convirtió en una pesadilla de abuso sexual, explotación, y encarcelamiento. Ella accedió a ser entrevistada mientras se encontraba en custodia de inmigración en una cárcel de condado en Virginia. Después de meses de estar encarcelada, Elizabeth se ve pálida y delgada mientras habla en una mezcla de español e inglés.

Mi mamá es enfermera y mi padre contador. Nosotros nunca tuvimos problemas económicos. Como cualquier otra familia, en ocasiones tuvimos problemas. La cosa principal fue que me casé muy joven. Tenía diecisiete años de edad. Tuve dos bebes. En realidad tuve tres, pero uno falleció—el segundo.

Cuando di a luz a mi segundo bebé, el doctor me dijo que yo jamás me podría volver a embarazar. Pero nosotros siempre quisimos tener tres hijos. Así que intentamos e intentamos, hasta que al fin me quedé embarazada de mi tercer bebé, una niña. Tuve muchas complicaciones durante el embarazo, pero di a luz mi hija y ella ahora tiene dieciséis años.

Como me casé, no pude terminar la preparatoria. Y después tuve problemas con mi marido. Él me dejo con los niños, así que me tuve que poner a trabajar. Me entrené en el Centro Boliviano-Americano para enseñar inglés y comencé a trabajar como maestra de inglés en una escuela pública. Primero trabajé con los principiantes, luego al nivel intermedio, y después llegue al nivel avanzado de inglés. Regresé a la ciudad a tomar más clases, para mejorar mi habilidad de hablar y mi gramática. Estuve allí unos cuatro años, tomando cursos y practicando a enseñar. Obtuve mi certficado en 1999. Después me dieron trabajo en el Centro como maestra oficial.

En el Centro dábamos clases de cultura americana, de lenguaje, de todo. Trabajando con la embajada americana, nosotros ayudábamos a los estudiantes bolivianos a aplicar para becas y a tomar los exámenes requeridos para estudiar en los EE.UU. Cada una de las universidades de EE.UU. nos mandaba su información. La embajada americana nos ayudaba con la visa y papeles. Nosotros dábamos consejos culturales y prácticos sobre como llegar a los EE.UU. Éramos un recurso para oportunidades de estudios extranjeros e intercambios culturales.

VENDÍ TODAS MIS PERTENENCIAS, TODAS

Hace unos años, descubrimos que mi hija tiene una forma de artritis severa, lo cual es raro para alguien tan joven. Comenzó a manifestar algunos síntomas a los ocho años, empezó con dos dedos. El dedo de en medio de su mano derecha, y el dedo de en medio de su mano izquierda, lo recuerdo. Al principio, pensé que sólo era algo simple. No le presté mucha atención. Dos o tres meses después, era la mano entera, todos los dedos excepto el pulgar. Sus dedos estaban muy rojos e hinchados en las articulaciones. Entonces, empezaron a deformarse.

Ella no podía escribir. En veces ni siquiera podía moverse. Sus piernas, sus brazos estaban dañados completamente con esta enfermedad. Sus extremidades, quedaban dobladas, desviadas. Es como si quisieras sostener un vaso, y tus manos se quedan en esa posición, ella no podía enderezar sus dedos. Me decía, "Mamá, prefiero quedarme en cama". No quería caminar. Fuimos al doctor tres meses después de que aparecieran los primeros síntomas. La doctora estaba muy sorprendida. No quería que mi hija estuviera en su oficina. Ella me quería hablar en privado. Me dijo que lo sentía mucho, pero mi hija tiene artritis, y es crónica y muy agresiva, y que ella no está segura de cómo tratarla.

Después del diagnostico, la llevé a muchos doctores, y probé muchos medicamentos diferentes, drogas farmacéuticas, dietas especiales, hierbas naturales, pero no hay pediatras reumatólogos en Bolivia. Además nuestra tecnología esta atrasada. Para tratar a mi hija, por ejemplo, es necesario hacer una prueba de una muestra de su líquido sinovial. Esto era imposible de hacer en Bolivia.

Un día en el trabajo, yo estaba llorando por lo de mi hija. Los doctores me habían dicho que su enfermedad no tenía cura. Era el año 2002, noviembre o diciembre. Mi jefa preguntó, "¿Por qué llora?" Cuando le dije que ocurría con mi hija, que en Bolivia no hay el tratamiento para la condición de mi hija, mi jefa dijo, "Elizabeth, nosotros te ayudaremos a encontrar un hospital fuera del país donde tu hija pueda recibir el tratamiento que ella necesite". Mi hija se encontraba muy débil, estaba perdiendo su habilidad de caminar. Había estado entrando y saliendo del hospital, viendo a muchos doctores diferentes, y a mí se me estaba acabando el dinero. Vendí todas mis pertenencias, todas.

Mi jefa me dio su tarjeta de trabajo, y recuerdo exactamente lo que ella dijo: "Usted sabe que yo trabajo para la embajada americana. Yo soy ciudadana americana y tengo conexiones. Vaya con la esposa del presidente de Bolivia. Ella me conoce. Y dígale lo que sucede con su hija—ella la ayudará". Y con esa tarjeta de trabajo, y con la referencia de mi jefa, me fui, llorando, a pedirle ayuda a la esposa del presidente. Le pagó a mi hija seis meses en el mejor hospital—un hospital belga en Cochabamba. Lo doctores trabajaron muy duro. Ellos descubrieron que también había un problema con el corazón de mi hija. Vio a un cardiólogo que me explico que su válvula mitral estaba disfuncional. Tengo entendido, que las fiebres que mi hija sufrió fueran a causa de la inflamación de sus articulaciones, y estas fiebres le han dañado el corazón. Me dijeron que iban hacer lo más posible por mantener el corazón funcionando, y tener la artritis controlada.

No tenía dinero y pensé, los seis meses terminaran, y ella necesitará más y más. Dejé mi apartamento; le pedí a mi mamá que me cuidara a mis niños; y decidí venir aquí a los Estado Unidos. Le dije a mi jefa, "Por favor ayúdeme con la visa, con la embajada. No tengo nada de dinero mas que los cuatro mil dólares que voy a usar para el boleto y para que mi mamá tenga para cuidar los niños por dos o tres meses. Iré a los EE.UU. y trabajaré y conseguiré ayuda para mi hija". Yo estaba determinada en venir aquí, por mi hija.

Apliqué para mi visa y como estaba trabajando para el Centro Boliviano Americano, no fue difícil conseguirla. No pude traerme a mi hija porque ella estaba hospitalizada.

ME SENTÍ COMO UN NIÑO

Llegué aquí el 23 de octubre, del 2003, a Miami. Estaba completamente sola y me sentía perdida, así que le hablé a mi jefa. Ella es mormona y le habló a alguien de su iglesia. Él se llamaba Lawrence, y él fue por mí al aeropuerto y me llevó a una iglesia donde me podía quedar. La persona que me cuidaba era el papá de Lawrence. Estaba muy viejo. Ni siquiera podía ver. Yo no tenía idea de cómo encontrar los hospitales u otra cosa cuando recién llegué porque estaba tratando de comprender este nuevo lugar. Yo era nueva. Recuerdo que una vez me perdí en Miami. Tenía mucho miedo. Ya eran las diez u once de la noche y no podía regresar al lugar en el que estaba viviendo. Fue algo muy frustrante para mí porque yo soy una persona adulta pero me sentí como una niña. La primera cosa que hice fue buscar una biblioteca para poder usar el Internet. Y así me podría mantener en contacto con mi familia en Bolivia. Además, podía conseguir información de los hospitales por Internet. Cerca de donde vivía se encontraba una biblioteca, y rápido conseguí mi tarjeta de biblioteca. Tenía media hora cada día para uso de Internet.

Me comunicaba con mi hija por teléfono. Hablé en cuanto pude de la iglesia, con una tarjeta telefónica. Mi hija siempre se culpaba. Me dijo, "Mamá, te fuiste a causa de mí". Y yo contesté, "No, estoy bien. Regresaré con muchas cosas, con dinero e información".

Con quienquiera que hablaba, le hable de mi hija. En Miami, me refirieron a un hospital en Maryland. Conseguí información de ese hospital y descubrí que allí hay un programa especial de investigaciones de enfermedades sin cura. Yo quería saber si tenían alguna investigación sobre artritis infantil. Pero el problema era como moverme. Aquí en los EE.UU. las distancias son muy grandes. En mi país no es así. Hay muchos camiones en mi país.

Me fui de Miami a las tres semanas de haber llegado. Tomé el Greyhound para tratar de llegar al hospital en Maryland. Durante el viaje—fueron unas veinticuatro horas dentro de ese camión—me enfermé. Me sentía tan mal que no pude continuar con el viaje. Bajé del camión en Richmond, Virginia. Me quedé en el hotel más cerca de la estación de Greyhound. Estuve allí por dos semanas con un dolor de estomago, con fiebre; no podía comer nada. Creo que me enfermaron unos mariscos que comí en Red Lobster. El gerente del hotel me dijo, "Lo siento, pero usted tiene que hacer algo. No la puedo tener aquí así, o le hablo a la policía". Dos, tres días en el cuarto, el gerente dijo que eso estaba bien. Pero yo estuve allí dos semanas.

Así que una señora negra que trabajaba en el hotel me dijo que su mamá me podía rentar un cuarto. Ella dijo, "Será más barato si vive con mi mamá. Ella le cobrará cincuenta dólares a la semana". Yo acepté la invitación, pero cuando llegué allí, no me pude acostumbrar a vivir con ellos. Ellos tenían diferentes costumbres y yo estaba enferma. Necesitaba medicina y estar en reposo. Yo estaba enferma en mi cama, y ellos estaban haciendo ruido, bailando toda la noche. Muchos, muchos hombres pasaban por la casa, fumando y haciendo cosas de ese estilo. Era algo tan ajeno para mí. Tenía suficiente dinero en ese momento, pero sabía que ese dinero no duraría mucho. Sólo me quedé allí cuatro días. No terminé la semana, pero le pagué la semana entera. Lo recuerdo.

Busqué ayuda de mi madre. Le hablé, y le conté lo que me sucedía, entonces ella y mi hermana me encontraron ayuda. Mi hermana me dijo que ella tenía un amigo y que este amigo tenía un hermano en Nueva Jersey. Y ella dijo, "Él te va a ayudar. Vete a Nueva Jersey". Y me dio un número. Le hablé y le dije, "Soy la hermana de Paula, y estoy aquí en Virginia, estoy enferma y no sé qué hacer". Él me dijo que tome el Greyhound a Newark y que él iría por mí. No sé cómo, pero lo hice.

QUERÍA GRITAR Y NO PODÍA

El tipo me dijo cómo iba a estar vestido, así nos localizamos cuando llegué a Newark. No voy a usar el nombre de este tipo porque todavía está allá afuera. Me trajo a su casa. Él me dijo que mi mamá ya había hablado con su tío en Bolivia. Dijo que me rentaría un cuarto. Pero como estaba enferma, me dijo que me mantuviera en reposo, que tomara el primer mes para recuperarme, y el mes que viene hablaríamos de la renta—algo así dijo. Parecía muy buena gente, al principio.

Él me dijo, "Le toca mi recámara porque al momento no tenemos cuartos disponibles". Yo protesté, y él insistió, "Pero si estás enferma,

Elizabeth, así que toma mi recámara, y yo dormiré en el sótano". Yo dije, "OK, muchas gracias". Si necesitaba medicina, él iba al CVS y me conseguía medicina para aliviar el dolor de la fiebre, y Pepto para mi estomago, cosas así. Él siempre me estaba cuidando.

Estuve en cama por dos semanas más. Ni siquiera me podía parar, mucho menos ir a los hospitales para hablar con doctores acerca de mi hija. No salía del cuarto, excepto para ir al baño, pero pronto entendí que la casa era muy, muy grande. Abajo, vivía un colombiano; arriba, tres tipos de Turquía—en total, vivían siete hombres en la casa y sólo yo, la única mujer. Y pensé, okay, conocen a mi mamá, ellos hablaron con mi mamá en Bolivia. Por el momento me sentí segura.

Ya llevaba allí alrededor de un mes, todavía recuperándome, cuando le pregunté al Boliviano si podía usar el Internet para escribirle a mi hermana. "Sí", me dijo, "La computadora está en la recámara de mi tío" Y entré, y estaba usando la computadora , y él me trajo un vaso con Coca y me dijo, "Le puse un poco de vino, está bien?" "Pero estoy tomando medicamento," le dije, "así que no puedo tomar alcohol". "No, es sólo poco," me dijo. Y al probarlo se sintió muy ligero. Yo dije, "Okay".

Pero el puso otra cosa en esa bebida. Al tratar de levantarme después de mandar los e-mails, me caí. Recuerdo que él me llevo a la cama, y no podía sentir mi cuerpo. Quería gritar y no podía. Mi voz no estaba. Él puso algo en mi bebida y me sentía muy mal. No recuerdo. En realidad no recuerdo. Cuando desperté el siguiente día, me encontraba en la cama de su tío. Estaba desnuda.

No sabía qué hacer. Yo tenía treinta y cuatro años, y él veinticinco. Yo soy más vieja—¿Quién me creería? Me sentía muy avergonzada. No sabía qué hacer. Quería salir de la casa esa noche. Estaba empacando para irme y él me dijo, "No, tú no vas a ninguna parte. Si te vas a otra parte, le hablaré a tu madre y le diré que tú eres una puta, que no nada más estuviste conmigo pero con los otros hombres de esta casa". Eso no me paró, pero entonces él dijo, "¿Okay, te vas? ¿A dónde? No sé si te has dado cuenta pero aquí no hay mendigos como en Bolivia. La policía te parará y si no tienes domicilio aquí, te arrestarán por vagancia. Te dirán, "Señorita, si no tiene domicilio, se tendrá que devolver a su país". Y eso me paró, porque no quería regresar.

Él no dejaba que me fuera y las cosas empeoraron. Un día hice una llamada porque estábamos discutiendo y él me pegó, me lastimó. Había visto en la tele un número al cual se le puede marcar para reportar la violencia doméstica y yo hablé. Les dije que alguien me estaba lastimando y que no soy de este país. Estaba llorando, y dije que alguien me había violado y ella dijo que me tenía que hacer la prueba del VIH—me dio el número de una trabajadora social.

Salí bien de las pruebas, y la trabajadora social me dijo que me fuera a un refugio. Me dio su tarjeta de trabajo y todo. Pero regresé a la casa con él, no sé por qué. La cosa es que no quería que mi mamá se enterara de todo esto. Si lo reportaba a la policía, él hablaría con su madre allá en Bolivia, y mi mamá se enteraría de todo. Y la idea de mi hija, enferma en cama, escuchando cómo se encuentra su mamá... Y mi mamá estaba cuidando mis dos niños. Sería demasiado para todos. Así que, estaba pensando en eso, y dije, "No, nadie sabrá de esto. Okay, tú ganas," le dije. Y él dijo, "Okay".

Recuerdo que era el 28 de diciembre, mi cumpleaños, y estaba esperando una llamada de mi mamá y le dije, "Yo no voy a ninguna parte. Voy a quedarme aquí y esperar la llamada de mi mamá". Mi mamá estaba tratando de buscar a otra persona que me pudiera ayudar. No le dije lo que estaba pasando, sólo que no conseguía trabajo, así que tenía que irme a otro lugar. Mi mamá estaba tratando que contactar a otra persona que ella conociera en este país. Estaba esperando. Yo esperaba esa llamada. Y el boliviano dijo, "Elizabeth, es tu cumpleaños. Te quiero sacar a algún lugar".

Le conteste, "No, no puedo ir. Tengo que esperar a que me llame mi mamá". Se molestó mucho. Salió y se emborrachó, y no regresó hasta las doce, a la medianoche. Tumbó mi puerta con una patada. Me empezó a golpear porque quería tener relaciones conmigo otra vez. Dijo, "Despierta, quiero hablar contigo". Comenzó a tirar todas mis cosas por todos lados. Me empujo de la cama y sobre el piso. Salió del cuarto y regresó con un cinto. Me empezó a azotar con el cinto. Yo estaba tratando de escaparme de él, y cuando llegué al las escaleras, me empujó y caí. Caí por todas las escaleras. Me empujo de veinte a veinticinco escalones. Él bajó y me empezó a patear las piernas. Me dijo, "Abre las piernas". Me pateó en la cabeza. Yo quería llegar a puerta de enfrente, para intentar huir. Me puso el cinto alrededor del cuello—y dijo, "¿A dónde vas? Si te vas, sólo tengo que jalar esto, y tú no vas a ir ningún lado". Estaba jalando el cinto—no podía respirar. Le pregunté, "Por favor, déjame ir". En ese momento, pensé que me iba a matar. Estaba muy borracho. Muy, muy borracho. Al fin me soltó y se fue a tomar otra botella de vino o algo así. Eventualmente, se quedó dormido en la sala.

SÍ PENSÉ EN REGRESARME

Estaba trabajando en McDonald's en ese tiempo. Uno de los que vivía en la casa me había conseguido un número de seguro social. No tenía la tarjeta, pero tenía el número. Fui al trabajo unos días después de mi cumpleaños. Cuando llegué, mi jefa vio mis moretones, y me dijo, "Ya basta. Esto no te volverá a pasar". Inmediatamente le habló a la policía, y la policía me ayudo a salir de esa casa y entrar a un refugio. Era el 2 de enero.

En el refugio, le dije todo a la trabajadora social. Me concentré en mi visa, porque ya era enero. Había llegado el 23 de octubre y sólo tenía tres meses para estar aquí. Así que el 23 de enero se vencía mi permiso. Le pregunté a la trabajadora social si sabía de algún abogado con el cual pudiera hablar de mi estatus legal. Y ella sugirió que me regresara a mi país, por mi estado anímico y todo lo que había pasado.

Sí pensé en regresarme. Me encontraba sin dinero, así que la trabajadora social dijo, "Yo le conseguiré un boleto. No sé cómo, pero si quiere regresar, yo le conseguiré un boleto. Así no perderá la oportunidad de conseguir la visa de diez años".

No podía cumplir mi meta de conseguir ayuda e información para mi hija, no podía hacer nada. Me sentía tan frustrada. ¿Qué le iba a decir a mi hija? Me sentía tan triste. Así que decidí que no iba a regresar, iba a extender mi visa.

Cuando estuve viviendo en el refugio, todos mi gastos los pagó el gobierno estadounidense. Y mi abogado me dijo, "Inmigración va revisar esto—van a decir. 'Ella está viviendo en un refugio, no está generando nada para nosotros.' Seguro que van a rechazar la extensión de la visa". Yo dije, "Yo misma lo haré".

Fui a la biblioteca, conseguí las formas para extender mi visa, y yo sola las llené—no sabía si habían quedado bien o mal, pero las llené. Compré un giro postal. Fue la primera vez que usé un giro postal. Le metí la aplicación entera y la mandé. No sabía que tenía que tomar el recibo. Pero yo mandé la cosa entera. Necesitaba una dirección, pero no podía dar la dirección del refugio. Esa era parte de la norma, no dar la dirección. Así que puse la dirección de una señora india que había conocido en el refugio.

A veces en el refugio, se desaparecen de repente las mujeres que están viviendo allí—ellas deciden ya no vivir allí. Y mi amiga india hizo eso. Ella desapareció. Un día simplemente no regresó. Así que no pude conseguir la respuesta de inmigración acerca de mi extensión de visa.

SIEMPRE DECÍA QUE SÍ

Seguía viviendo en el refugio cuando vino a ayudarme de nuevo la persona de la iglesia mormona. Él vino por mí al refugio. Me dio comida y un lugar en el cual me podía quedar. Al recuperarme, el hombre me dijo, "¿Prefiere quedarse aquí en Nueva Jersey, o mejor allá en Virginia? Parece estar mejor allá para usted—su embajada está mas cerca y ese tipo todavía sigue libre en este estado. Y no creo que esté segura con ese tipo cerca de usted". Yo dije, "Okay, me voy a Virginia".

Llegué aquí a Virginia en Marzo del 2004. Renté un cuarto en una parte en donde vivían otros Bolivianos, y comencé a trabajar. La señora que me rentó el cuarto limpiaba casas. Y entonces yo la acompañé, para ayudarla. Me sentía cómoda con ella porque era mujer.

Me pagaba en efectivo. Pero después me di cuenta que no me estaba pagando muy bien. Me pagaba veinticinco dólares por dos casas. Veinticinco dólares al día. Al principio, para mí era excelente. No me quejaba. Pero después, conocí a unas personas que me dijeron que a veces pagaban cincuenta dólares por casa. "Okay," dije, "Consigo otro trabajo".

Empecé a trabajar pintando. Recuerdo que pinté la oficina de un dentista. Me dijeron que se me haría fácil porque todo era blanco. Fue mi primer trabajo como pintora—estuvo muy fácil. Mi jefa fue muy buena conmigo. No tenía instrumentos—ella me compró todos los instrumentos que ocupaba para pintar. También limpiaba—trabajaba para esta compañía que limpia todos los Home Depots.

Al principio, solía trabajar ocho horas al día porque no podía conducir. Me tardaba tiempo llegar al trabajo. Contando la ida y vuelta, estaba fuera de la casa el día entero, de las siete de la mañana a las siete de la tarde, pero sólo trabajaba siete u ocho horas.

Eso era en el 2004. Aunque no tenía mucho tiempo para investigar sobre la enfermedad de mi hija, por lo menos podía pagar mi renta. Todo mundo me quería dar trabajo. Y yo nunca decía que no. Siempre decía que sí. Y siempre mandaba dinero a mi casa. Estaba mandando doscientos dólares semanales, para el tratamiento especial que mi hija necesitaba. Con ese dinero, pagaba la hidroterapia que le bajaba el dolor de las articulaciones y fortalecía sus músculos. Y también pude mandar lo suficiente para pagar su escuela.

En el 2005, conseguí trabajo en un café Italiano, un restaurante. Como sabía inglés, el tipo me dijo, "Okay, vas a trabajar aquí. Vas a ser una de mis meseras". Fue mi mejor trabajo. Practiqué mi inglés y conocí a muchas personas buenas. Mi jefe me enseño todo sobre restaurantes, todo de la comida italiana. Era fácil para mí porque sólo trabajaba nueve horas. Entraba a las once de la mañana, y terminaba a las tres, y luego, entraba otra vez en la tarde de cinco a diez. Ganaba bien. $120 al día, y en veces $160. No era un trabajo como limpiar o pintar. Sinceramente disfrutaba ese trabajo, pero lo dejé porque por fin encontré un hospital que talvez me pudiera ayudar. Tenían el equipo para hacer la prueba que mi hija ocupaba—la prueba del espécimen del líquido sinovial. Ellos pueden analizar el espécimen y averiguar que tipo de artritis tiene. Ellos tienen esa prueba porque trabajan con pacientes de cáncer. Les llamé y me dieron una cita. En julio del 2005, le pedí a mi jefe una semana de vacaciones para poder ir a Miami y dijo que sí.

ME SENTÍA SEGURA

Cuando estaba viajando por Greyhound, tuve que transferirme en Jacksonville a un camión en ruta a Tampa. Fue entonces que inmigración me detuvo por la primera vez. Era julio del 2005. El agente de inmigración estaba parado afuera del camión revisando—no revisando a todos—pero cuestionando, "Tú, tú, y tú—déjenme ver sus pasaportes". Yo le di el mío. Él dijo, "Espérese un momento". Y le habló a alguien de la oficina, y me dijo, "Oh, perdón. Sé que usted pidió una extensión de visa, pero a sido rechazada".

Le dije, "Yo no sabía". No tenía manera de enterarme. Le dije lo que había pasado en Nueva Jersey, y me dijo, "Bueno, ¿Qué va hacer?" Y le dije que iba al hospital—le enseñé los papeles que documentan la condición de mi hija, y me dijo, "Está bien, Elizabeth". No me arrestó. Me dijo, "Se tiene que cuidar. Está viajando sola. Es mujer. Algo le pudiera pasar". No me pidió nada más. Y me subí al camión.

En el hospital, descubrí que la fiebre de mi hija pudiera ser a causa de una infección que sufrió de bebé. Los doctores no están seguros de la causa, pero la fiebre está adentro. El doctor dijo que la inflamación de cada articulación estaba causando la fiebre. No es una fiebre que se pueda revisar externamente. Es una fiebre interna. Me dijeron de un termómetro especial para revisar su temperatura.

Hablé con mi mamá de cómo seguía mi hija en el hospital en Cochabamba. Me dijo que después de hacer pruebas de sangre y tomar rayos-x, los doctores prescribieron medicina para la artritis, pero era muy fuerte, hecha para adultos. Después, nos enteramos que esta medicina iba a interferir con el desarrollo de los huesos de mi hija, y entonces tuve que buscar una alternativa.

En el 2006 contraté a un abogado. Al principio yo no quería ir a corte, tenía mucho miedo. Así que le pregunté al abogado, "¿Hay una manera de no ir a corte?" Y mi abogado me dijo que pudiera cambiar la dirección para posponer la fecha de corte, y le dije que por favor cambie la dirección. Le di mis papeles y él no hizo nada. Era dos días antes de la cita de corte original y le pregunté si había cambiado la dirección y me dijo que no. Me dijo, "Disculpa, Elizabeth, no pude hacer nada. Estuve muy ocupado. Así que tenemos que ir a la corte".

Estaba tan confundida, tan deprimida. No sabía qué hacer. Fui a corte y estaba pensando que mi abogado explicaría la situación de mi hija y por qué me tenía que quedar en el país. Primero, llegó una hora tarde. Cuando llegó a corte, solamente firmo unos papeles. Le estaba tratando de dar los records médicos de mi hija, y me dijo, "No, no. No preparé nada. Le vamos a decir que tiene un novio americano. Y se va a casar próximamente. Y su novio está en Miami, volveremos a cambiar la dirección. La deportará si no decimos nada".

Entonces le dijo al juez, "Esta mujer quiere cambiar su dirección porque se va a mudar a Miami para estar con su novio—él es ciudadano americano". Y el juez aceptó eso. Él dijo que me podía quedar, y me dio cita de corte para el siguiente año, 2 de enero, del 2007. Dijo, "Aceptamos eso. ¿Tiene una dirección?" "Sí, tenemos una dirección". "Okay, le mandaremos la carta, diciéndole cuando será su siguiente audiencia". Di la dirección de un amigo en Fort Myers. Como estaba libre, me sentía segura, y perdoné al abogado. Me dijo, "Disculpe que no hice mi trabajo, pero es que estuve muy ocupado. Pero ahora tiene la oportunidad de conseguir a alguien con quien casarse. Yo dije, "Pero usted sabe que no tengo tiempo de conseguir a alguien con quien casarme. No estoy aquí para eso".

Comencé un nuevo trabajo como un representante de ventas para un distribuidor de tarjetas telefónicas pre-pagadas al mayoreo—ésas que usamos para hablar a nuestro país. Mi jefe me contrató porque yo sé de computadoras. Le hablaba a todos los clientes y les preguntaba si todo estaba bien con las tarjetas, tomaba sus órdenes, todo. Trabajaba muy duro. Trabajaba con él desde las nueve de la mañana hasta las once, doce de la noche. Para ese tipo no sólo su secretaria, porque además era niñera y limpiaba para él y su esposa. Estaba haciendo de todo. Estaba con él de lunes a domingo, trabajando. Me pagaba bien así que tenía dinero. Mi jefe estaba muy contento conmigo. Me dijo, "Elizabeth, está trabajando muy bien. Lo único que le falta es una licencia de conducir. Consiga su licencia y podrá hacer mis entregas también". Y lo hice. Conseguí mi licencia de conducir. Y con lo que había ganado, pude comprar un carro viejo y hacer las entregas.

Pero a veces este tipo se enfocaba demasiado en el dinero. Sólo quería dinero, dinero, dinero. A veces no le importaba la gente. Ni siquiera los clientes o la gente con la que trabajaba—trataba a la gente como máquinas. Al principio, esto no me molesto. Vine aquí a trabajar y a ganar dinero. No vine aquí a hacer amigos o algo así. Así que si no me trata bien, ¿a quién le importa? Con que me pague bien—para mí, eso es suficiente. Pero desafortunadamente en septiembre 2006, tuve un accidente.

Choqué con un árbol con mi carro. Tal vez fue mi culpa, no sé. Estaba haciendo entregas para mi jefe y me fui lejos. Fui a Richmond, Arlington, a todos lados, haciendo entregas. Una de las llantas de mi carro estaba muy vieja y al pasar sobre un tope, la llanta explotó y choqué con un árbol. La bolsa de aire no funcionó, así que me lastimé, y mi carro quedó muy dañado. Tenía cobertura total, así que el seguro pagó todo, pero tenía que pagar un deducible de seiscientos dólares. Pagué los seiscientos dólares, y me dieron un carro de renta, y mi jefe dijo, "Elizabeth, tiene que seguir haciendo las entregas en el carro de renta". Le dije, "Yo no puedo hacer eso. Si algo le pasa al carro de renta, será mi culpa y yo lo tendré que pagar. Si quiere que haga las entregas, deme su carro, y las hago". Y discutí sobre esto con él y dejé el trabajo.

Después de poco, quería que regresara. Había conseguido trabajo como cajera en una gasolinera, pero él me habló y me dijo, "Elizabeth, la necesito. Usted es la única persona que se sabe todo de aquí. Le subiré su salario, y le daré mi carro. Por favor regrese".

Así que regresé, y trabaje con él otra vez. Pero mi carro seguía en el taller. Estaba tratando de contactar al tipo en Florida para conseguir mi carta sobre mi siguiente fecha de corte. Cuando al fin lo contacté, le di autorización de abrir mi carta. Le dije, "Sólo necesito saber el día de mi cita en corte. Necesito saber". Me dijo que el 20 de enero. Le pregunté, "¿Está seguro que es el 20 de enero?" Me dijo que sí, y le creí. Pero le pedí que si por favor me mandaba la carta.

Entonces arreglé todas mis cosas para irme a Miami el 18 de enero. La carta me llegó el 16 de enero, y cuando le leí, decía que la cita en corte era el 2 de enero—ya me la había perdido. No sabía que hacer. Le hablé a mi abogado y él me dijo que el juez ya había ordenado la deportación. Le hablé a otro abogado y le pedí que volviera a abrir mi caso. Y me dijo que sería muy, muy, muy difícil—tal vez imposible.

Luego, el 9 de abril, un policía de Fairfax me detuvo y me dijo que mis placas estaban suspendidas. Cuando le di mi licencia de conducir, me dijo que también tenía una orden de deportación. Así que me arrestaron ese día y me tuvieron en la cárcel del condado de Fairfax. Estuve allí dos días. El 11 de abril, agentes de inmigración me recogieron y me llevaron a la oficina de inmigración cercana. Me preguntaron que si sabía que había infingido la ley, que había faltado a corte. Dije que sí, pero cuando les traté de explicar lo que había sucedido con mi abogado que no me había dicho la fecha, no me escuchaban.

NADIE QUIERE ESCUCHAR

Me trataron como un criminal. No nos daban nada de comer. Estaba allí con otras mujeres, y estaban pidiendo algo de comer, y los agentes nos tiraron dos cajas de lasaña cruda. "Coman, si quieren," dijeron, "No están en un hotel". Todas estábamos llorando. Me trataron muy mal. Gente que me lastimó—ellos nunca fueron a la cárcel. Yo no lastimé a nadie, así que no merezco ese tipo de tratamiento.

El 12 de abril, me transfirieron aquí a Hampton Roads, a este centro de detención federal donde me encuentro. Le escribí una carta a la persona encargada de mi caso en Inmigración, dejándole saber de mi situación. Ahora quiero volver a abrir mi caso. Quiero luchar. Le escribí una carta al juez también, explicándole todo. Le escribí tres páginas diciéndole por qué estoy aquí, y pidiéndole piedad. Mi hija no tiene tiempo. Su condición va empeorando. Y yo estoy tratando de juntar dinero para su tratamiento. Aquí tienen toda la tecnología—pueden hacer pruebas especiales. No sé si contestará a mi carta. Pero intenté.

Ahora estoy tratando de conseguir un nuevo abogado. Tal vez de esa manera pueda volver a abrir mi caso. Y pueda pedir partida voluntaria o algo que me deje volver a regresar algún día. O tal vez algo pase. Pueda que Dios toque el corazón del juez y él deje que me quede un poco más de tiempo. No sé.

Muchas veces se siente como si nadie quiere escuchar. Nadie quiere parar por un momento y preguntar, "¿Qué pasa con esta señora?" Cada persona es un caso diferente. Sé que algunas de las personas que vienen a América hacen cosas malas, pero no todos somos así. Y nos tratan como si, "Eres Latina, aquí eres lo peor". Quiero decirles a todos que los Latinos están aquí. No todos somos criminales. Estamos ayudando a este país. Y estamos muy agradecidos con este país. Mi hija camina ahora. A través de mis esfuerzos aquí en este país, junté suficiente dinero para poderle conseguir terapia física en Bolivia. Muchas de las personas aquí están en mi misma situación. Muchas mujeres dejaron sus hijos en sus países.

No he hablado con mi hija desde que he estado en la cárcel. No le he escrito—no quiero porque tendría que poner la cárcel en la dirección. No quiero hacer eso. Antes le hablaba a mi hija tres veces a la semana, a veces más. Ahora ya no le hablo. Mi familia no sabe que estoy en la cárcel en Virginia. La cosa más importante para mí es la vida de mi hija, y no le quiero dar malas noticias—la noticia de que fallé. Los doctores en Bolivia la intentan ayudar. No quiero molestar su tratamiento.

Nunca he estado en la cárcel antes. Nunca puedo salir afuera. No he estado afuera una sola vez desde que llegué.

Algunos agentes discriminan contra gente hispana. Nos tratan como si, "Váyanse a casa. ¿Qué hacen aquí?" Hubo un incidente con uno de los otros presos hispanos aquí hace sólo dos días. Flora era mi compañera de celda, pero ahora está en problemas y está en aislamiento. Ella estaba caminando en el refectorio y la guardia de noche la empujó—ni dijo perdón o nada. Entonces ella le reclamó, se mantuvo firme. La guardia ordenó que Flora regresara a su celda y ordenó que se mantuviera en clausura. La pusieron en el uniforme colorado, que indica "preso peligroso", y la agente dice que la va a acusar, extender su sentencia. Esa no es ninguna manera de tratarnos. Le tengo miedo a los agentes. Si peleas o discutes con ellos, te va mal. No sé si saldré o que me va a pasar.

[*Nota del Editor*: Elizabeth fue deportada a Bolivia en julio del 2007. Recientemente ella volvió a conseguir su trabajo en el Centro Boliviano Americano y de nuevo trabaja con Americanos en Bolivia. Por teléfono nos dijo, "Trato de no tener resentimiento porque primero está mi familia. Todavía trabajo en relación con la embajada americana. Promovemos la cultura americana. Mi familia no está enterada de nada de lo que me pasó allá. Mi hija sufre del corazón. Yo no puedo darle esas preocupaciones a mi hija. Ella ya ha sufrido demasiado".]

NSOMBO, 39

New York City

Nsombo huyó a los Estados Unidos de Camerún después de ser encarcelado en una redada política en su hogar. Se entrenó aquí como un enfermero de SIDA y trabajó en esa área durante un tiempo, pero ahora conduce un pequeño camión para ayudar a mantener a su hija adolescente nacida en los Estados Unidos. Sin embargo, fue detenido recientemente, y trasladado a un centro de detención.

Hace mucho en Camerún me llevaron a la cárcel sin motivo alguno, tomado por el ejército como parte de la Operación Harmatán cuando el gobierno intentaba detener las manifestaciones. Tuve la suerte de no haber desaparecer. Ahora he aprendido, que si tú no perteneces a un grupo fuerte en los Estados Unidos, puede sucederte lo mismo.

Le llaman detención en los Estados Unidos, pero es una cárcel. Cuando llegas, te ponen en una celda solo. Te hacen un examen físico, te desnudan, y te dan ropa de cárcel. En esta sección, no ves a otras personas. Después de muchas horas, te cambian a un cuarto grande llamado "el pot". Allí, la gente juega a las damas chinas o las cartas o hablan entre sí. Sientes alivio al poder estar con otras personas.

A las cinco de la mañana te despiertan con un ruido muy fuerte. A las cinco y media, tienes alrededor de quince minutos para comer. Luego: "¡Todos de vuelta a su celda!" La temperatura nunca la ajustan. Usas un overol y esto es todo lo que tienes. Hay noches que te dan una cobija pero otras noches no te dan nada.

Puedes escribir cartas si es que tienes una dirección a la cual mandarlas, o hacer una llamada de cobro revertido si tienes un número. Pero si tú no tienes contactos, a nadie a quien llamar, entonces sólo esperas. Aún si tienes un abogado, tu contacto es muy limitado. Pero todavía, la gente va a la corte casi todos los viernes. A veces regresan sin haber sido vistos por el juez. Tu foto le llega al juez antes de que te llamen. El color forma una gran parte. Si tu piel es más blanca, eres tratado diferente.

Si es que ves al juez, él hablará, el abogado de inmigración hablará, el juez decidirá. Tú no hablaras. Tú quieres explicarlo todo, pero todo lo que tú dices es mentira. Puedes ser deportado sin que jamás te escuchen. Pero sólo te deportan cuando tienen a alguien nuevo a quien meter en la cárcel—tu reemplazo—para que los empleados de Inmigración tengan trabajo.

Se supone que esa cárcel debe estar dividida: un lado es para los americanos, el otro lado para los inmigrantes. Usas diferentes overoles. Pero mezclan a la gente. Algunos del lado de detención en realidad son ciudadanos

Una vez, un muchacho, tal vez de veinte años, le cambio el canal de la television y otro tipo le golpeó en la cabeza. El muchacho cayó, sangrando de la boca, y se lo llevaron. El que le golpeó—un criminal arrestado por distribución de cocaína—fue puesto en libertad y le regresaron su tarjeta de residente. Eso no tiene sentido.

Ser detenido fue como una pesadilla para mí. Recé más de lo que he rezado antes. Usé el poco dinero que tenia para pagarle a un abogado. El abogado se trago el dinero y me mandó una carta a la cárcel: "Perdón, no hay nada que yo pueda hacer". De todos los años que trabajé en los Estados Unidos, casi todo mi dinero se fue a los abogados.

Hay cerca de trece millones de americanos en el extranjero, ellos son extranjeros igual que todos los extranjeros que vienen aquí. El ser humano es nómada, un viajero-él va a donde se sienta libre. El americano no era un americano antes. El sistema hace que los americanos piensen que se les está quitado los empleos. Pero extranjeros como yo pagamos impuestos que no nos benefician a nosotros. La gente que se beneficia de nuestros impuestos se está quejando de que yo les estoy quitando un trabajo en el cual que ni siquiera les interesa. El trabajo le pertenece al que está dispuesto a trabajar.

DESIREE

EDAD: *32*
PAÍS DE ORIGEN: *México*
OCCUPACIÓN: *Mesera*
DOMICILIO: *Berkeley, California*

ESA ES LA NOVIA DE MI MAMÁ

Desiree tiene una sonrisa ancha y dulce y se ríe fácilmente. Se mudó a California de Baja, México cuando tenía diez y ocho años, y sus amigos ahora la llaman "coco": morena por fuera, blanca por dentro. Estamos sentadas en la cocina soleada del condominio en Berkeley que ella comparte con su hija de nueve años y su compañera doméstica—una mujer mexicana-americana—las dos nacidas en California. Durante nuestra entrevista, la hija de Desiree pasa un rato con nosotras, pero la mamá la manda arriba cuando el tema se dirige a los problemas de inmigración que tiene, y la amenaza omnipresente de deportación. Desiree lamenta en íngles que por ley no pueda casarse con su compañera estadounidense, se están preparando para lo peor.

Vine a los Estados Unidos en 1992. Crucé la frontera legalmente, con un pasaporte y una visa turística de seis meses. Tomé el autobús de La Paz a Tijuana, un viaje de más o menos diez y seis horas. Crucé la frontera por coche—eso siempre es más seguro—entonces tomé un avión de San Diego a San José. Siempre hay muchos más problemas cuando entras por avión aunque vengas legalmente. Te revisan cada cosa—no sólo el equipaje sino los documentos, la identificación también. Siempre ha sido el caso. Pero en la frontera, por coche, ni siquiera te siguen la pista. Claro, eso era entonces. Ahora todo ha cambiado.

Pensaba que me quedaría en Estados Unidos unos seis meses, un año máximo. Estaba joven, diez y seis años, y vine para juntarme con mi hermana mayor. Se había mudado a Berkeley en 1991, y era muy estricta, así que mis padres creían que a lo mejor ella podría ayudarme a volver al buen camino.

MEDIO LOCA

Yo diría que me crié demasiado rápido. Mi madre se fue cuando tenía cuatro años, supuestamente para asistir a la universidad en México D. F. Por muchos años no estaba, muchos más que debería llevar una carrera universitaria. Ella dejó a mi padre y mis tres hermanos en nuestro pueblo de La Paz en Baja México. Mi padre casi no estaba. Trabajaba para el condado de día y era músico callejero de noche. Yo era la más joven y no tenía a nadie para guiarme. Tuve que aprender todo sola. Ahora me siento enojada.

No creo que tuviera una verdadera niñez, para nada. No me acuerdo de haber jugado con niñas. Quiero decir, no como hace mi hija, para nada. Ninguna mejor amiga, nada. Era muy muy macha. Los niños me eran antipáticos. Así aprendí a ser fuerte. Tan fuerte que llegó el día cuando empecé salvar a mi hermano en peleas. La gente creía que él era más joven porque era tímido. Yo era extrovertida, y decía "Acércate a mí y te doy una paliza". Me puse fuerte en el exterior pero ya estaba fuerte adentro. Me decían "marimacho", una mancha que sientes en la piel como una herida profunda. Es como decirle "coto" a un chico. La cosa es que nunca llevaba faldas y siempre tenía el pelo corto—ni siquiera pensaba en cosas así. No sabía vestirme como las otras chicas, y no tenía madre para ayudarme.

Tuve bastantes experiencias con chicos cuando era joven. Había un juego tipo escondite, como verdad o mentira, pero visto desde hoy, era más bien abuso. Los chicos mayores te decían, "Te doy una bolsa de Tostitos si me dejas tocarte la pierna. Cosas así. No iba mucho más lejos, pero me acuerdo bien. Empezaban a hacer más, pero yo me iba y me preguntaba ¿Eso de qué se trataba? ¿Qué eran las buenas sensaciones que sentían los chicos? Para mí no había placer, sólo dolor. Cuando empecé la escuela intermediaria, ya no era tan macha. Comencé la pubertad en el sexto grado y entonces las cosas empezaron a ir de una manera diferente. Ya no podía ser la brusca. Me puse tímida después de eso. En la secundaria, me quedé apartada. Tenía guardadas adentro muchas cosas.

Cuando mi mamá por fin volvió a vivir con nosotros, siempre estaba borracha. Todos los días regresaba yo del colegio y estaba tomando, media botella de Presidente. Eso tomaba con Coca Cola. Lloraba y tocaba música fuerte, y nos decía "Ustedes no me hablan, no me quieren" y otras cosas así. Mis hermanos y yo simplemente la mirábamos. Mi madre trataba de ser madre, ves, pero era demasiado tarde, y punto. Realmente ya no era nuestra madre. Estaba loca todo el tiempo. Borracha y loca.

Mi papá nada más se levantaba, iba al trabajo todo el día, regresaba para la cena, y salía de nuevo en la noche para cantar en su cuarteto. Mi mamá se quejaba pero no le hacía caso, se iba sin más. Cuando ella estaba muy enojada, tiraba platos y rompía botellas. Nunca llegó a trabajar después de la universidad—tenía su licenciatura en ciencias políticas. Es una de las cosas que hizo de las que no le puedo perdonar. Quiero decir, si yo decidiera mejorar la vida, sacrificar, lo haría para mi hija. Yo habría sacado un título, y habría utilizado lo que había aprendido. Pero mi madre nunca se aprovechó de su educación después de tantos años lejos de la familia. Supuestamente en D.F., trabajó para De la Madrid[1] cuando hizo su campaña para la presidencia. Dijo que así es cómo se acostumbró a tomar alcohol; siempre había fiestas y cocteles.

---

[1] Miguel de la Madrid fue presidente de México de 1982-1988

Me gradué de la escuela secundaria. Cómo lo hice, no sé. Mi primer año, suspendí matemáticas. Al alcanzar la edad de diez y seis, tenía una actitud más rebelde. Fue entonces cuando mi mamá nos mandó a mí y a mi hermano a un campamento cristiano del cual unos amigos le habían hablado. Rezaban todo el tiempo. No importaba lo que yo dijera, ellos decían, "Ah no, eso está equivocado. Tú necesitas ayuda". Me ponían en medio de ellos, me ponían las manos encima, y rezaban. Les dije que tenía novio y me dijeron, "Ay, tenemos que rezar". Me decían que los novios eran malos, que uno tenía que esperar hasta casarse. Yo pensé que eso era ridículo. No estaba teniendo relaciones sexuales, y ¿no podía salir con chicos hasta que me casara? Decían, "Ay, que le saque estas locuras a la pobrecita".

Cuando regresé a casa, creí estar poseída. Me habían vendido cintas y libros. Los leía como loca, y tocaba la música una y otra vez. Si me decían algo, respondía de cualquier manera. No comía, no dormía, sólo lloraba todo el tiempo. Mi mamá se preocupaba y fue a nuestra iglesia católica. Los católicos add: también creían que estaba poseída. No sabían por qué había ido a un campamento cristiano, aun ése fuera el caso, no debería haber salido tan loca. Toda esta gente católica vino a nuestra casa y empezó a rezar por mí.

El cura rezó conmigo y me dio agua bendita y empecé a sentirme más cómoda. Los cristianos me habían traumatizado, pero los católicos sólo me decían, "Esta es solamente una etapa en tu vida, te vas a convertir en la verdadera tú, no te preocupes". Luego el cura me invitó a su campamento. Mi mamá dijo, "Vamos a pensarlo, ya está medio loca. O volverá a ser normal o terminará lo que empezó".

El campamento católico era un ambiente completamente diferente. Los líderes te contaban sobre la vida y cómo comportarte, te decían que no usaras palabrotas, que fueras simpático y bondadoso con todos, que compartieras. Nos hicieron preguntas difíciles. ¿Cuál es el dolor más grande que has tenido en tu corazón? Yo me solté completamente. Fue como terapia. Me encantó.

Fue entonces que conocí a mi mejor amiga Christina. Tenía veinticuatro años y recién se había graduado de la universidad de Guadalajara. Me trataba, pues, como una persona verdadera. Por lo menos un par de veces por semana cenaba en la casa de ella. Sus padres eran Españoles. Era muy diferente que en la casa de nosotros. En la casa de Christina comían ensalada, luego sopa, siempre cuatro o cinco platos. Yo nunca había comido todo eso. Intenté hacer una buena impresión, pero ni siquiera sabía usar la servilleta. Cuando iba a su casa me sentía como si caminara por las nubes.

Christina y yo nos pusimos íntimas. Me decía que yo era inteligente, que tenía una voz, que podía tomar decisiones. Leíamos libros juntas. Siempre quería estar con ella. No creo que fuera nada sexual, pero me abrió los ojos.

Mi mamá y papá creían que Christina era una mala influencia. Llamaron al cura y le preguntaron, ¿Qué le pasa? Pasa demasiado tiempo con esa chica mayor. Mi madre dijo, "Ay, Padre, tengo que decirle que esta chica me está volviendo loca. No me hace caso, está enojada, replicándome". El cura dijo, "Se ha convertido en la semilla que usted ha sembrado". Mi mamá se volvió loca.

Pasé mi último año de la secundaria peleándome con mis padres y pasando el rato con Christina y los católicos. Odiaba la escuela. Mis padres no sabían qué hacer conmigo. Por eso decidieron mandarme para acá, a los Estados Unidos, para que aprendiera a portarme bien.

UNA LECCION SOBRE TODOS LOS HIJOS DE DIOS

Al principio viví con mi hermana. Fui a la escuela, nada más. Por cinco meses asistí a una clase de inglés para adultos en el sotano de una iglesia metodista. Y en el colegio tomé otra clase cada noche de las cinco y media a las nueve y media. Los profesores eran todos simpáticos. Creo que se llamarían hippies. Llevaban ropa rara y tenían un olor raro, como los viejitos, pero eran muy dulces con nosotros, muy pacientes. Las clases eran interesantes. Yo pensé, "¡Qué padre que está!"

Cuando estaba en la escuela para adultos, conocí a una mujer mexicana-americana cuya familia había estado aquí por mucho tiempo. Tenía varios hermanos y uno estaba muy interesado en mí. Era residente legal. Siempre me decía, deberías casarte conmigo y puedo ayudarte". Me sonaba bien. Pero cuando me mudé acá todavía era virgen, y este tipo quería que le entregara mi virginidad. Era buen mozo, pero no quería que fuera así y se lo dije. Me dijo, "Bueno, nos van a preguntar sobre nosotros. Van a averiguar si vivimos juntos y cosas así, para ver que realmente estamos casados. No me casé con él, pero me ayudó bastante. Me llevó a la oficina de seguro social. Dijo, "Me llamo tal y tal y soy residente. Esta es mi novia, está de visita de México. Aquí está su pasaporte, todo es legal". Así que como tenía pasaporte verdadero, pude sacar un verdadero número de seguro social. En esa época podías hacer eso. La cosa es que en la parte superior de la tarjeta de seguro social decía: No válido para empleo. Pero era suficiente. Me sirvió para sacar una licencia de conducir. Fui al Departamento de Vehículos Motorizados y me revisaron los números y mi pasaporte, y todo salió bien. Ese chico realmente me ayudó con esa situación. Gracias a él tengo una tarjeta de identificación, un número de seguro social, y una licencia de conducir. Todo lo renuevo por correo.

Mi primer trabajo fue en un restaurante en el centro. Uno de mis amigos de la escuela de adultos me contó que buscaban un cocinero preparatorio. Pensé, haré lo que sea. Usé mi verdadero número de seguro social pero había sacado la parte que decía "no válido para empleo" y tenía lista una tarjeta verde falsa también. Cuando recién vienes aquí, te involucras con gente que te dice cómo hacer ciertas cosas, cómo sacar documentos falsos de todo tipo. Cuando solicitas un trabajo, haces copias de la tarjeta de seguro social y la identificación. No tienes que llevar los originales; los empleados sólo quieren tener copias como prueba por si pasa algo. Pueden decir, "Allí está, ella lo trajo". Entonces pueden lavarse las maños del asunto. Claro que saben que no es auténtico. Cuando nos hacen los impuestos, saben quién es legal y quién no. Tienen un número para llamar para averiguar si es un número de seguro social verdadero. Esa mentira, "Ay, no sabíamos"—no, créeme, sí saben.

El cocinero preparatorio es la persona en la cocina que prepara las verduras para el cocinero. Ese fue el primer trabajo de mi vida, y cuando me decían que hiciera algo, aprendía muy rápido. Pero después de unos meses el dueño quería instalar una ventana para vender comida para llevar. Quería que yo tomara las órdenes, y yo pensaba, "¿Estás loco? O sea, tenían sopa de almeja, blanca y roja, calamares, pescado frito con papas fritas; tenían hamburguesas, perros calientes, palitos de queso frito—tantas cosas que yo nunca había oído en toda mi vida. Mi jefe tenía mucha confianza en mí—demasiada. No entendía el inglés todavía. Tuve que renunciar.

Empecé a trabajar con mi hermana en McDonald's. Cada chica que buscaba trabajo allí acabó acostándose con ese tipo, el gerente principal, para que le diera el trabajo. Intentó con mi hermana, pero probablemente porque ya tenía novio ella simplemente le dijo, "Ni loca—o me das el trabajo o no, y punto". Ella dijo, "Va a haber algunos cambios aquí". Por fin corrieron al tipo por esa razón.

Empecé en McDonald's como cajera. Normalmente empiezas atrás, donde no tienes que entender lo que te diga un cliente, pero yo tenía influencia a través de mi hermana ya que ella era ayudante del gerente. Mi hermana me apuntaba palabras como "ketchup", "mustard". Son cosas raras y difíciles para aprender al principio. Cebollas, tomates. Hay un colegio a un calle de ese Mc Donald's. Cuando los estudiantes venían, me hacían pasar mal rato. Decían, "Dame una hamburguesa". Luego volvían después de cinco minutos con nada más que el pedacito que quedaba. "Te dije, pinche mexicana, que no quería cebolla". Nos criaron para reaccionar a cosas sin vergüenza y mi hermana me gritaba delante de los demás empleados. "¿Eres una estúpida? ¿No entendiste lo que te dijo ese tipo cuando te la pidió sin cebolla?" Me hizo pasar mal rato. Me hizo sentir todavía peor. Los chicos del colegio empezaban conmigo y mi hermana terminaba. Era mucha presión ir al trabajo cada mañana, pensar en los chicos que aparecerían frente al mostrador, diciendo cosas estúpidas, llamándonos pinches mexicanos. Cuando tenía que tomar una orden, trataba de estar muy presente y entenderles, y todavía me decían "pinche mexicana". Luego mi hermana me decía, "Yo te dije..."

La verdad es que tenía muchas razones para aprender inglés; por eso hice tanto esfuerzo en aprenderlo. No había alternativa. A veces tienes que sentir la presión, algo te tiene que empujar. Para mí fue dolor, enojo, humillación. No quería siempre estar detrás en la cocina. Esperaba con ansiedad el momento cuando pudiera hablar como un anglo en Estados Unidos de la misma manera que me hablaban a mí.

Tenía muchos trabajos al principio. Trabajaba como cocinera preparatoria en un restaurante de comida saludable seis días por semana, luego iba a McDonald's de las tres hasta las once. Mis dos días libres de McDonald's, trabajaba en otro restaurante, atrás en la cocina. Sólo tenía los domingos por la mañana libres. Cuando recién empecé, tenía solamente una bicicleta como transporte. Tenía que andar en mucho tráfico, y llovió mucho ese primer año. Pesaba como cien libras, llevaba talle cero. Trabajé así duro por mucho tiempo. Me gustaba ganar dinero, el sentimiento de poder comprar lo que me diera la gana, la libertad de no esperar nada de nadie. Sólo de mí misma.

¿COMO VOY A SOBREVIVIR CON UNA BEBE?

El padre de mi hija fue mi primer amor de verdad. Lo conocí en una taquería donde él era uno de los dueños. Su restaurante era el único lugar cerca que estaba abierto tarde. Iba allá para comer y relajarme después de los turnos nocturnos. Casi no había nadie a las once, y a veces hablábamos. Una vez, no tenía dinero y le pregunté si me podría fiar un taco. Para mi era vergonzoso, pero para el era chistoso. Le juré que le devolvería el dinero en dos días, y lo hice. Después de eso, fuimos amigos. Era un tipo ranchero de un pueblo muy pequeño. Solo asistió a la escuela hasta el sexto grado. No tenía papeles tampoco; eso teníamos en común. Era simpático, sencillo, un chico padre nada complicado. Fue la primera vez que alguien me quería de verdad. Había mucho amor. Los dos éramos vírgenes cuando nos conocimos.

Esa relación duró casi tres años, pero nunca vivimos juntos. Yo tenía mi propio cuarto en la casa de mi hermana y él venía después del trabajo. Dentro de cuatro meses me pidió la mano. Era muy serio. Vivía con su hermana y dos hermanos, y vieron que él llegaba muy tarde a la casa y su hermana le dijo, "Tienes que subirte los pantalones y ser hombre". Le dieron "la charla". Pero yo había visto tantos problemas con mis padres, que lo último que quería era casarme a los diez y ocho años. Le dije, "¿Por qué no seguimos así, y dentro de un año o dos podemos arreglar algo?"

Después de un tiempo empezó a tomar mucho con sus amigos. Creí que tal vez nada más quería tener su tiempo para él, pero aparentemente había conocido a una chica en la taquería, otra cliente que iba una vez por semana. Me dijo que quería tomar un descanso de nuestra relación. Me dijo que me iba a llamar para decirme lo que estaba pensando pero nunca lo hizo. Después de como un mes y medio, lo llamé yo. Me dijo que quería explicar las cosas, así que salimos y acabamos teniendo relaciones. La próxima vez que lo vi me dijo que quería estar con ella. Pero era demasiado tarde; ya estaba embarazada.

El no quería tener nada que ver con una bebé. Me dijo que no debería tenerla. Me ofreció dinero para cuidar de ella o para abortarla, pero decidí que no. No sé cómo explicar, simplemente no lo pude hacer. Fue una decisión muy difícil, porque recién me había enterado que estaba embarazada, y estaba sola, tratando de encontrar la solución. El hecho de que sólo ganaba siete dólares por hora lo hizo peor todavía. Pensé, ¿Cómo voy a sobrevivir con un bebé?

Fue difícil decirle a mi familia. No quería que pensaran que fuera fácil. Mi familia pensaba que si fuera madre soltera, ningún hombre me tomaría en serio. Así es en México, la gente te pone una etiqueta como a un coche: tienes demasiadas millas. Si ya tienes un hijo, eso quiere decir que ya tuviste relaciones sexuales. Puedes jugar y salir con chicos, pero no puedes tener un hijo. Pero mi mamá me dijo que la novia de mi hermano mayor tuvo un aborto cuando él era más joven. Y mis padres no querían llevar otro en sus conciencias. Me dijeron que me apoyarían de cualquier manera que pudieran. Pero eso no significaba que estaban contentos, eso es seguro. Decidí tener la bebe, aunque pareciera loco.

ERAN TODAS MUJERES BLANCAS

Más tarde durante mi embarazo encontré otro trabajo, el del restaurante era demasiado físico. Trabajé para una empresa que vendía ropa deportiva de mujeres por catálogo. Necesitaban a alguien para comunicar con la gente que hacía la ropa. Tenían todas estas chicas trabajando en las máquinas de coser, pero no podían hablar con ellas. Yo traducía, y llegué a trabajar con los envíos también. Estaba bien, pero todavía sólo me pagaban siete dólares por hora. No tenía seguro médico allí, entonces me inscribí con Medi-Cal, para el embarazo solamente.

Cuando tienes Medi-Cal, te dan varias opciones en cuanto qué clínica eliges. Quería la ayuda de una partera, entonces escogí cierta oficina, y allí fue donde conocí a Gabriela. Era trabajadora social. Ella te recibe, y te pregunta, "¿Te sientes bien?" y platicas con ella antes de que llega la partera. Me pesaba, me preguntaba cómo me iba el embarazo, cómo estaba emocionalmente. Ahora ella dice que sabe qué tipo de gente necesita más ayuda. Cada vez que yo iba allí estaba al punto de llorar—cada vez. Estaba tan deprimida, pero Gabriela siempre me apoyaba. Me contó de clases gratis de yoga y de aeróbicos para mujeres embarazadas. Le pregunté, "Bueno, ¿tengo que mostrar los documentos de inmigración? Porque no tengo nada". Ella dijo, "Ah, no tienes que mostrar nada de eso". Yo siempre pregunto eso, para referencia, para quitarlo del camino. Medi-Cal tiene a personas como yo en otra categoría; después de mi nombre había una letra para señalar que no era legal. Siempre sabían, y Gabriela sabía también.

Gabriela y yo nos hicimos amigas en la oficina médica; yo esperaba con ansiedad ir a hablar con ella. Siempre tenía un pedazo de chocolate y me decía, "Esto es para ti". Pensaba que eso era muy simpático. Pero no había ningún sentimiento sexual, ni de su parte ni de la mía. La consideraba como una de mis salvadores. Yo siempre estaba muy agradecida cuando alguien hacía algo para mí durante esa época, porque no era nadie.

Asistí a las clases de yoga y aeróbicos, pero en mi caso era difícil estar rodeada de todas las mujeres que tenían esposos. Teníamos que sentarnos una al lado de la otra y todas decían algo sobre su embarazo y su vida. Compartir algo como, "Bueno, me llamo Desiree y tengo siete meses y medio de embarazo y siento tal y tal". La mayoría de las otras mujeres decían, "Bueno, mi esposo y yo, éste es nuestro primer bebé". Y yo que pensaba, ¡Ay hombre! Cada vez que me tocaba a mí era difícil. Eso no impedía que yo fuera, pero a veces era muy difícil estar allí. Tenía que tener el coraje de decir que era madre soltera. Especialmente siendo latina. Ellas eran todas anglo, blancas. Me sentía fuera de mi lugar.

Tuve a mi bebé el diez y siete de agosto. Hay un dicho que tenemos: el bebé viene con un pan debajo del brazo. Es decir que los bebés traen algo bueno a la familia, como suerte o prosperidad Pero no me parecía así a mí.

El día que nació mi bebé tuvo que beber agua de gota a gota. Cuando salió de mi panza casi estaba muerta. Tenía los pulmones atascados con un fluido tóxico. La reanimaron, y pasaron todo el día en el hospital desatascándole los pulmones. Cuando regresamos a la casa el próximo día, uno de mis compañeros de casa me dijo que se iba a mudar. Eso fue lo primero que me pasó cuando subí las escaleras con mi bebé nueva. No había nada que pudiera hacer. Yo era la responsable del contrato de arrendamiento, y no había manera de encontrar a quién pudiera vivir conmigo en tiempo para recobrar el dinero. Después del embarazo y todos mis gastos, sólo tenía $500 ahorrados y tenía que pagar $450 en alquiler. Se me acabaron los recursos. El dinero también. La fe. Todo.

Así que allí estoy la primera noche en casa. Empecé a preocuparme sobre el alquiler esa noche, y luego mi bebé—otra vez no respiraba. Tuve que llamar al 911. La ambulancia nos llevó en el medio de la noche—sólo a mí y a mi hijita nueva. Me dieron algo para meterle en las narices, y cada vez que notaba que no respiraba bien, tenía que sacarlo. Poco a poco se fue mejorando, pero yo no podía ver el pan debajo del brazo de mi bebé—no al principio. Pero ahora estoy tan agradecida por el tipo de niña que tengo. Porque después de todo, no había nada más que eso. Tiene nueve años ahora, y es un niña fantástica.

ES GRATIS, SOLAMENTE ESTA VEZ

La fábrica de ropa deportiva donde trabajaba se hundió justo después de que nació mi hija. Entonces empecé a trabajar en una fábrica de cascos de bicicleta. Pagaban bien, $7.75 por hora. Y me dieron seguro. Así que fui al dentista, fui a ver a mi partera otra vez, mi hija y yo hicimos los controles médicos. Gané lo suficiente para alcanzar el alquiler, justo suficiente para sobrevivir y mantener a mi hija. Luego la fábrica de cascos se hundió también. Mudaron la fábrica a Chicago donde la obra de maño cuesta menos. Aquí pagaban a todos más de $7.00 por hora, pero oí decir que allá pagaban como $4.50 por el mismo trabajo. Entonces empecé a trabajar a tiempo completo en restaurantes otra vez.

Eso fue cuando empecé a trabajar en Emilio's. Hace seis años que trabajo allí. Es un lindo restaurante, para mí fue una paso para mejora. Una amiga le preguntó al dueño si necesitaban ayuda, y le dijo que una de las chicas se iba para la universidad y que yo debía pasar para ver si se podía arreglar algo. Les dije cuando llegué, "Saben que sólo trabaje como ayudante en restaurantes, nunca fui mesera". Me dieron un turno, pero sólo dos horas de entrenamiento.

Mi primer día llegué a las tres, y la chica que me entrenaba se iba a las cinco. Así que de las cinco en adelante estaba sola. Es complicado ser buena mesera, y tienen una carta grande, pero afortunadamente es en español—todos los nombres de los platos. La mayoría de los clientes no pueden pronunciar los nombres, no más indican a la carta con el dedo. Y yo, pues, anotaba las ordenes. La gente preguntaba, "¿Qué tiene esto?" Yo pensaba, Ay, mierda. Preguntaban, "¿Viene con todo?" Yo siempre decía que sí. Tenía que preguntar en la cocina, "¿Viene con esto?" Me decían que no. Yo les pedía, "¿No pueden ponérmelo sólo esta vez?" Así aprendí. A la gente le daba guacamole y todo tipo de cosas extras. Cualquier cosa que me parecía bien, decía okay. Pero cuando regresaba con el plato decía, "Sabe, este plato solamente viene con tal y tal, pero allí está para usted". Es gratis, solamente esta vez.

Todavía tenía siempre tres o cuatro trabajos, pero empecé a trabajar menos en los otros restaurantes y sacar más horas en Emilio's. Empecé a sentirme más segura. Hacer este trabajo me comprobó que había aprendido bastante inglés. Ese era mi gran temor antes, que no podía comunicar con los clientes.

MI HIJA LA QUIERE TOTALMENTE

Trabajé con algunas personas gay, y tenía algunos amigos gay, y era divertido pasar el rato con ellos. Eran muy francos y muy liberales en su modo de pensar, abiertos en cuanto a sus sentimientos. Me parecían muy solos, y estos amigos fumaban y tomaban mucho, y creí que tal vez era porque eran gay. Sentía curiosidad sobre las lesbianas. A mí me parecía triste ser lesbiana. Así es cómo lo vi entonces, desde mi punto de vista, ser lesbiana. Sobre todo sabía que sería loco—con mis padres y familia. Y además con mi hija, creí que nunca podría hacerlo, que me arruinaría la vida y la de ella también.

Entonces me tropecé con Gabriela otra vez en mayo de 2005. Fui a un club, un bar gay, con un chico del trabajo. Estábamos bailando. Seguí pensando que veía a Gabriela. Seguí mirando a esta mujer diciéndome, "Hombre, yo conozco a esa chica". Estaba tan contenta cuando me di cuenta que era ella. Me latía el corazón muy fuerte. Fui a saludarla y le di un abrazo. Le dije, "Dios mío, hace años que no te veo". Ella dijo, "Ah, Desiree, ¿qué haces aquí?" Yo le dije, "Bueno, estoy bailando". Ella dijo, "¿Quieres bailar?" y yo dije que sí.

Después de eso, empezamos a pasar mucho tiempo juntas. Tenía que ver con su manera de tratarme. Cada vez que estaba con ella me traía paz. Pronto, no sé cómo pasó exactamente, pero su manera de tratarme, eso hizo que sintiera cada vez más atracción hacía ella. Su modo de ser cuando estaba conmigo y con mi hija era tan buena y cariñosa. Mi hija la quiere totalmente, pues Gabriela siempre se asegura de que estemos bien cuidadas. Empecé a darme cuenta de cuánto la quería.

Se lo dije a mi hermana primero porque de toda la familia era la única capaz de escucharme sin juzgar. Dijo, "Ten cuidado con la familia y con tu hija". Más tarde llamé a toda mi familia y les conté de mi situación. Mi papá estaba callado, mi madre lloraba, pero les dije, "Vaya, ustedes siempre lo sabían". Siempre lo sabían, claro que sí. Mi hermano menor dijo, "Eres una hermana fantástica. Lo que sea que te guste, eso es parte de ti y eres mi sangre". Pero mi hermano mayor me vino con esta gran actitud latina. Dijo, "No, estás confundida. Nada más quieres probar algo nuevo". Yo le dije, "Bueno, si eso es lo que es, lo voy a seguir. No estoy diciendo que estaré con una chica por toda la vida, porque no sé. ¿Quién realmente sabe?

El dijo, "Estamos preocupados por tu hija. No queremos que sea traumatizada por el hecho de que seas así". Habló como si fuera una enfermedad. Toda mi familia estaba confundida, y yo también estaba confundida, pero me sentí liberada al decirles lo que me sentía en ese momento.

Mi mamá me dijo muchas cosas negativas, con toda su habla católica. Todavía me da eso. Ahora le dice a mi hija que Gabriela y yo somos pecadoras, y que vamos al infierno. De verdad no me sorprende; su único hermano murió de SIDA cuando yo todavía vivía en México. Era número siete, el menor, con seis hermanas. Siempre miraba a mis tías cuando se vestían elegantes y se maquillaban, y le gustaba; él llevaba su ropa y zapatos. Así nació—muy muy sensible, muy gay siempre. Sus hermanas le dijeron cosas horribles de eso en la cara. Luego, cuando le gente en la calle le decían cosas, no le importaba. Mi tío ya había escuchado tanto de eso, ya no le importaba.

NO PUEDO ESTAR ESPERANDO Y ESPERANDO

Mi hija sabe que es difícil vivir en una familia lesbiana. Adentro de la familia está excelente, nos divertimos muchísimo, pero en el mundo exterior es difícil para ella. Gabriela y yo hacemos el esfuerzo, pero sabemos que no siempre la podemos proteger. Tratamos de hacer que comprenda que somos mujeres normales que se quieren, nada más y que no hay nada malo en quien somos. Dejamos que ella decida si quiere hablar del tema. La gente no le hace muchas preguntas. Habla de "mi mamá y Gabriela". La gente le pregunta, "¿Quién es Gabriela?" y ella dice, "Ah, es la compañera de mi mamá". Una niña dijo, "Ahhhh". Cuando mi hija nos lo dijo le preguntamos, "De qué se trataba ese "ahhhh"?" Ella dijo que la chica nos llamó asquerosas. Le preguntamos, "¿Qué es lo que hacemos que sea tan asqueroso?" No somos sucias, no hacemos nada malo, hacemos nuestras cosas privadas en lugares privados, como otra gente decente. Tenemos una casa, tenemos un perro, ¿qué es lo que todos ellos tienen que no tengamos? Esa niña asiste a una iglesia de qué no sé nada, pero probablemente fue allí que aprendió esa actitud. ¿Qué tipo de lección es esa sobre todos los hijos de Dios?

Me casaría con Gabriela ahora mismo. Las dos queremos casarnos, claro. De verdad ya estamos casadas. Hace dos años que estamos juntas y llevamos una buena vida juntas, somos una familia. Creo que podemos mantener una relación larga y comprometida. Si nos pudiéramos casar por ley, entonces yo podría sacar la ciudadanía, podría—bueno, pues, supongo que no puedo estar esperando a que pase eso.

No creo que las cosas para la gente gay aquí vayan a cambiar muy pronto. No vamos a poder casarnos en un futuro próximo. Si no hay amnistía dentro de un año o dos, realmente tengo que arreglar este asunto de inmigración. Conozco a unos hombres que tal vez estarían dispuestos a casarse conmigo, pero odio esa idea. Sería mi última opción. Es irónico. Podría casarme por ley con cualquier tipo de hombre, hasta un hombre gay, pero no me puedo casar con la persona que amo.

Tenía altas esperanzas en cuanto a la reforma inmigratoria; cuando eso nos pasó estaba muy desilusionada. Hubiera entrado en muchos de los programas que pensaban ofrecer. Tengo un buen historial; he pagado todos mis impuestos; hace mucho que estoy aquí. Pero ese sueño desapareció tan rápido que casi se me ha olvidado.

La idea de la deportación es muy real para mí ahora, más que nunca. Me da miedo porque me podría parar la vida en cualquier instante. Perdona mi lenguaje, pero estás muy chingado si te deportan. Te hacen pedazos. Si te recogen otra vez en los Estados Unidos dentro de diez años, es mucho peor todavía. Si intentas regresar, ahora has infringido la ley dos veces. Ahora tienen tu nombre y tus huellas dactilares; es mucho más difícil esconderte. Y diez años es mucho tiempo. Si me deportaran a México, mi hija tendría veinte años cuando yo pudiera intentar volver a Estados Unidos. Por eso trato de no correr riesgos.

MI BURBUJA DORADA

Lamento decirlo, pero hasta trato de no verme totalmente mexicana. Nuestras amigas latinas piensan que soy "coco"—blanca por dentro. No es que creo que sea malo ser mexicana, pero hay racismo. Aquí puedo parecer lesbiana pero no mexicana. En México solamente no puedo parecer lesbiana. No podría llevar este tipo de familia—una familia lesbiana—a México. Eso sería demasiado difícil, demasiado peligroso. México no es un buen lugar para la gente gay. Aquí he vivido de manera abierta, abierta y visible. Paseo por la calle con mi familia. Somos lo que somos. En México me tendría que encerrar, dentro del clóset, dentro del miedo.

Si algún día me llegan a deportar, tenemos un plan. Gabriela sabe dónde está toda mi información, y ella cuidará de mi hija durante el tiempo que lleve para que me case con un ciudadano estadounidense. No sé si eso funcionaría, pero ese es el plan.

He hablado un poco con mi hija del tema de tener que irme para México. Trato de no asustarla, pero le tengo que advertir. Ella dice que iría conmigo. Claro que dice eso, sólo tiene nueve años. Casi no habla español y no has visto nunca a otra chica tan "americana". Es una chica californiana, nacida ciudadana de los Estados Unidos. No tiene la menor idea lo que es ser mexicana.

Gabriela dice que Berkeley es mi "burbuja dorada". En parte me siento protegida aquí, pero poder moverme libremente, ir a otros lugares, eso sería increíble. Tal vez hasta podría visitar México. Estoy lista para ir y hablar con la gente que debe saber de mis labios lo que pasa, cómo ha sido para mí aquí.

El domingo pasado después de la cena, miraba la tele con Gabriela. Mi hija se preparaba para ir a la cama, cuando bajó y se paró delante del televisor y empezó a bailar para nosotras. Estaban Nemo, el perro, y Gabriela que se reía, y mi hija que bailaba. Sentí muchas emociones, como felicidad y tristeza al mismo tiempo. Y también ansiedad que algo podría arruinarlo todo en cualquier momento. No puedo creer que por fin conociera a la persona con quien quiero pasar el resto de la vida, quien por casualidad es ciudadana y porque es mujer, todavía tengo que vivir con miedo todos los días, miedo de lo que pueda pasar a mi hija, miedo de perder todo lo que trabajé todos estos años para alcanzar, miedo de que me puedan deportar.

Tengo que arreglar algo pronto. Muy pronto.

FARID

EDAD: *62*
PAÍS DE ORIGEN: *Irán*
OCCUPACIÓN: *Empresario*
DOMICILIO: *Los Angeles, California*

TODOS MIS EMPLEADOS
SON AMERICANOS

Farid creció en Teherán, bajo el régimen opresivo de Shah Mohammed Reza Pahlavi. Huyó después de la revolución Iraní en 1979. Ahora este hombre, empresario de sesenta y dos años, vive y trabaja en el área de Los Ángeles. Nos encontramos con él y su abogado en la oficina de Farid en la misma ciudad. Junto a su escritorio cuelga la primera plana del diario New York Times, *en la cual hay una fotografía de los restos de las Torres Gemelas después del 9/11. Lo conserva para recordar las vidas que se perdieron ese día. Hacía mucho calor, pero Farid permanecía firme y tranquilo con su camisa blanca de vestir. Nos contó su historia en inglés, dándonos detalles de su vida en Irán y de su lucha contra una orden de deportación pendiente.*

Me fui de Irán sin nada de dinero. Construí diez fábricas, en las que trabajaban por lo menos dos mil personas, y varias de esas fábricas aún me pertenecían después de irme. El gobierno espera que alguien como yo se vaya para adueñarse de todo lo que deja. Dicen, "si te quieres ir de Irán, vete, pero no te puedes llevar tus bienes". Pero me tenía que ir, sentí que no tenía otra opción. Finalmente, decidí irme cuando todo andaba mal. No he hablado con mucha gente sobre esto.

No es fácil hablar de algunas cosas. Era uno de esos que vivía bien en Irán. El dinero no figuraba entre mis problemas, pero no tenía libertad, no podía hablar, ni siquiera con mi familia. El ambiente estaba tan mal que se tenía miedo del prójimo.

Nací en Irán en 1945 en la ciudad de Rasht, pero fui criado en Teherán al igual que mis hermanos y hermanas. Todos mis primeros recuerdos son de ahí. Éramos de clase obrera. Mi padre trabajaba de chofer en el Ministro de Cultura. En ese tiempo era un buen trabajo, pero la familia era grande—seis hijos: cuatro hombres y dos mujeres. Yo era el segundo de los mayores, no era el favorito. Siempre el primero y el último son los favoritos; los hijos de en medio están... perdidos. Yo me crié con mi madrastra y mis medios hermanastro. Los primeros tres compartíamos la misma madre. En ese tiempo —incluso ahora—te podías casar con varias mujeres. Pero a mi madre no le gustaba. Cuando se dio cuenta de que mi padre la engañaba con otra mujer, le pidió el divorcio. Yo me quedé con mi padre y mi madrastra.

Cuando era niño, iba a trabajar y a estudiar. Nunca tuve que trabajar para ayudar a la familia; trabajaba para mí mismo. Cuando tenía seis o siete años trabajaba todos los veranos para poder comprar útiles y ropa para la escuela. Me volví muy independiente.

Durante mi niñez se estableció el régimen de Shah; era el segundo régimen.[1] En total, padre e hijo, duraron cincuenta y cinco años en el poder. Una vez hubo peleas en las calles. En ese entonces tenía siete años, pero lo recuerdo muy bien. Derrumbaron estatuas a balazos en lugares públicos. Ocurrió durante los días festivos en el verano. Vimos las estatuas destrozadas y escuchamos las balaceras. Mi familia no se metía en política, pero no estábamos contentos con el régimen. Y aunque no hablábamos de este tipo de cosas en la familia, desde

---

[1] Shah Mohammed Reza Pahlavi fue el dictador militar en Irán de 1945 a 1979. Su régimen secular y autoritario supervisó la modernización de la economía Iraní y la violenta represión de la oposición mediante el uso de la policía secreta.

chico, tuve me daba cuenta de lo que ocurría. Podía ver los perjuicios de la gente, los que tenían y los que no tenían nada. Pero lo que aprendí, lo aprendí en la calle, no en casa.

De hecho, me prohibían hablar de política en casa, en cualquier casa, no sólo en la nuestra. Después del golpe de estado, el servicio secreto, los SAVAK[2], trataron de dispersar su poder. Uno tenía miedo de hablar hasta en nuestra propia casa porque el vecino podría oírte y reportarte. La gente tenía temor de hablar a sus propios hijos, tíos, tías—no se sabía quién podría estar espiándote. Nunca se sabía. Si alguien necesitaba algo de algún oficial de gobierno, se intercambiaban información; eran capaces de abrir la boca en contra tuya con tal de conseguir la ayuda que necesitaban. Todos le tenían miedo al gobierno. Incluso ahora aquí en Estados Unidos, ningún iraní quiere hablar de política. Si te involucras, si te anuncias en público, el gobierno iraní te descubre.

Tuve un vecino en Teherán cuando tenía yo once o doce años. Era un joven que estaba estudiando una maestría en la universidad y aprendí mucho de él. Iba a su casa a tomar té y él me contaba de cosas que no podía mencionar en casa. Él estaba en contra del régimen de Shah. También era muy religioso, siempre rezaba y le encantaba escuchar música. Había una cantante en Irán, se llamaba Marzieh. Mi vecino le rezaba a Dios, pero en cuanto escuchaba a Marzieh, dejaba de rezar y se ponía a escucharla cantar. Mi vecino era un pintor. Era un buen hombre, una persona cariñosa, pero lo expulsaron de la universidad por su forma tan libre de pensar y opinar. No lo dejaron graduarse. Eso me afectó, especialmente porque yo era joven. Me enseñó a abrir los ojos. Me preguntaba "¿Por qué? ¿Por qué mi amigo no puede continuar estudiando?" Entendí que yo no podía hacer nada por él. Sólo podía ver lo que pasaba al igual que el millón

---

[2] *Sazemane Ettela at va Amniat-e Keshvar.* Fueron destruidos en 1979, SAVAK era la policía secreta del régimen de los Shah.

de personas que sólo veía y no hacía nada, pero ese fue el comienzo de mi entendimiento.

Me gradué de la preparatoria en 1967. Mi meta era seguir estudiando e ir a la universidad. Nadie en mi familia había tenido una educación, pero mi padre siempre nos presionaba para seguir estudiando. Nos decía, "Yo no tuve la oportunidad de ir a la escuela pero ustedes sí". En Irán, si no eres un buen estudiante no te aceptan en la universidad y si no estás relacionado con los altos líderes de admisiones tampoco puedes asistir. Mi única opción era estudiar fuera del país. Para poder hacer esto uno tenía que terminar el servicio militar primero, si no, no te dejaban salir del país. Estuve en las fuerzas armadas bajo las órdenes del gobierno de Shah, pero no me quedaba de otra; me tenía que quedar ahí dieciocho meses. Afortunadamente, en este tiempo no había combates; estuvo bien, porque a mí no me gustan las peleas ni las guerras.

Al poco tiempo, antes de irme a la universidad en Alemania, el movimiento estudiantil tomó fuerza en Irán e incendiaron autobuses y cosas así. Dos grupos distintos se enfrentaron al gobierno de Shah. Uno estaba relacionado con la ideología comunista y el otro al Islam. Sus intenciones eran las mismas: derrocar al Shah. Su plan era establecer una sociedad democrática que tuviera distintos grupos, representados por una verdadera democracia.

Yo no hablaba alemán antes de llegar ahí y el inglés era mi peor materia en la preparatoria. No soy bueno para los idiomas extranjeros. Pero fui a una universidad alemana y hasta aprendí a corregir la gramática en farsi por medio del alemán. Claro que yo hablaba farsi, pero no sabía dónde iban los verbos, los adjetivos y los sujetos. Conocí a varios estudiantes de Irán en mis clases de alemán. Eso no me ayudó mucho en mi aprendizaje del idioma, pero también conocí gente que discutía sobre política; fue entonces cuando aprendí más. Después me uní a una organización estudiantil que estaba en contra del régimen de Shah.

HAZTE EL TONTO

Cuando regresé a visitar a mi familia en Irán en el verano de 1973, me detuvieron en el aeropuerto de Teherán. Me hicieron que escribiera toda mi información de viajero: dónde vivía, mi dirección y teléfono. Después, los SAVAK llamaron a la casa de mis padres y pidieron hablar conmigo. Me dijeron que tenía que ir a contestar unas preguntas. Fui a una casa muy vieja—desde afuera no parecía que era una celda de los SAVAK—era el lugar donde entrevistaban a la gente. Las ventanas estaban cubiertas con cartón. Parecía una casa abandonada, pero cuando entré vi que todo era moderno. Estaba muy oscuro, para asustar a la gente. Estuve activo en Alemania y el servicio secreto lo sabía todo. Querían preguntarme acerca de mis actividades políticas. Los de SAVAK eran personas que habían fracasado en su educación; la gente que recibe una educación no tiene necesidad de andar haciendo ese tipo de trabajos sucios. Y todos estaban bastante acomplejados; querían demostrar que eran alguien. Tenían poder y dinero para controlarnos a todos. Recibían dinero a cambio de la sangre de la gente.

Había hablado con algunos activistas sobre lo que se podía y no se podía decirles a los de SAVAK. Me dijeron, "Hazte el tonto. Es el mejor modo". Si uno habla, tratan de sacar más información; pero si te haces el tonto, te dicen, "Está bien, eres un tonto. Deje que se vaya". Creo que hice un buen trabajo. En cuanto llegué, los de SAVAK me hicieron que firmara una carta para afirmar que no me uniría a ningún partido. Yo la firmé. La firmé para que me dejaran ir. Después de eso, durante la entrevista, me pidieron que me uniera a su partido, al único partido que había. Yo dije, "No puedo unirme. Hace media hora firmé una hoja afirmando que no me uniría a ningún partido". El hombre me dio una cachetada. También dijo palabrotas.

Dejaron que me fuera del lugar ese día, pero no podía irme del país. Sólo tenía treinta días de vacaciones de la universidad, pero me tomó cien días poder irme de Irán. Me pidieron cuotas adicionales y no me querían dar mi visa. Me habían quitado el pasaporte y estaba esperando que me lo regresaran—eso fue lo que se llevó cien días. Finalmente me lo devolvieron, pero todo se había vencido para ese entonces y tenía que pagar más para renovarlo. Al final, la única forma de llegar a Alemania era si viajaba desde otro país. Me fui por el sur de Irán, en un barco comercial, porque de esa manera no necesitaba la visa para entrar a Kuwait. Viajé por Kuwait y Jordania. Desde ahí podía ir a Alemania; no tuve problemas porque en Alemania ya estaba inscrito como estudiante. El problema era salir de Irán.

Estuve en Alemania siete años, de 1970 a 1977. Recibí mi maestría en negocios industriales y conocí a mi esposa. Ella no era alemana, era persa también. Mi esposa y yo nos graduamos al mismo tiempo. Recibí algunas ofertas de trabajo en Alemania al igual que mi esposa. Ella era diseñadora de textiles. Pero en ese entonces no nos queríamos quedar en Alemania. Mi creencia era que si aprendía algo, era mi deber servir a mi propio país. Por eso nos regresamos a Irán.

¿HAY ALGÚN OTRO LUGAR A DÓNDE IR?

En 1977, me dio gusto regresar a casa. Aún cuando el régimen de Shah estaba en el poder, estaba yo en mi propio país. Los Shah van y vienen, pero el país se queda. Vivimos en Teherán y establecí mi negocio y mi vida sin pensar que la revolución ocurriría. Había estudiado negocios y administración industrial en Alemania; así es que desde que vine, comencé a trabajar para una compañía que tenía varias fábricas de materiales de construcción. Pero siempre supe que quería trabajar por mí mismo, así es que en menos de un año, solo, construí mi primera fábrica de materiales para la construcción.

En los diez años que estuve en casa construí diez fábricas. Mi trabajo era construir una fábrica de la nada y dirigirla, hacerla que funcionara y que produjera beneficios. Como ya le dije, el dinero no era mi problema en Irán, pero de todos modos no podía hablar libremente. Ni siquiera podía hablar con mi familia. Mi esposa y yo tuvimos una hija y sólo hablábamos de temas familiares, no de la política. Mi esposa trabajaba al principio, pero después la República Islámica se lo puso muy difícil. No decían que las mujeres no pudiesan trabajar, pero lo hacían tan difícil que mi esposa terminó diciendo, "Está bien, me doy por vencida".

Seis meses antes de la revolución,[3] los Shah se enteraron de lo que estaba pasando. Creyeron que sería inteligente dejar libres a los intelectuales que estaban en las prisiones y darle a la gente la libertad de expresión. De esta forma parecería que todo estaba cambiando, aunque era demasiado tarde. Así fue que por primera vez en mi vida pude ver a los intelectuales en Irán—los poetas, los escritores y los artistas. Salieron de las cárceles por primera vez en muchos años. Fui a algunos seminarios y discursos en esa época. Recuerdo la primera vez que vi a un poeta sentado frente a mí, leyendo poesía. Fue un tiempo muy emotivo para mí. Desafortunadamente, después de la revolución, la República del Islam comenzó a identificar a todos los que estaban con el régimen del Shah.

Cuando la revolución empezó—dieciocho meses después de que volvimos—hubo manifestaciones masivas. La mayoría de las confrontaciones ocurrían sin pistolas. La armada tenía pistolas, pero las armas de la gente eran más fuertes; nosotros teníamos poder humano. Las calles estaban repletas de gente y los soldados no podían usar sus armas. Mataban a uno, dos, tres, diez, pero ¿y qué pasaría con todos los demás? Al principio, yo era parte del movimiento en las calles, pero pronto me di cuenta de que era la gente religiosa era la que influenciaba la mayoría de las manifestaciones; yo tenía que alejarme de

---

[3] El descontento con el régimen de Shah se expandió y culminó en la Revolución Iraní de 1979. Las protestas religiosas y masivas dieron resultado a la expulsión de los Shah de Irán y al regreso del líder religioso que estaba exiliado: Ayatollah Ruhollah Khomeini. Bajo el nuevo régimen Islámico del Ayatollah, miles de moderados políticos y personas que no eran Islámicas fueron ejecutados.

todo eso. Nunca había sido religioso, ni un solo día de mi vida. Así es que dejé de ir a las manifestaciones. Vi a la gente religiosa tomar ventaja, quitándole el poder a los Shah, pero yo estaba contra el poder religioso también.

Así que todos los intelectuales finalmente salieron de la cárcel, pero un año despues desaparecieron, uno por uno. No los mandaron de regreso a la cárcel, porque los mullahs[4] los mataron. Tuvieron ejecuciones masivas de intelectuales que habían hablado durante el régimen de los Shah sobre la libertad, Ghandi, Mandela, Martin Luther King, o las ideas socialistas—pintores y escritores, profesores, maestros y estudiantes. Esta gente pensaba y hacía preguntas y hablaba sobre el cambio, así que los mullahs también habían sido amenazados por los intelectuales. Habían hablado sobre la libertad, pero eso no era lo que los mullahs tenían en mente. El regimén de los Shah habían estado siguiendo a ciertos individuos, pero la República Islámica se llevaba a toda la familia con todo y la raíz. Había juicios masivos. En un día procesaban cientos de personas y para el mediodía todos eran declarados culpables. Sus sentencias era la muerte. Los colgaban y los mataban en masa, frente a la pared, a los esposos y los hijos también.

Me acuerdo muy bien de ese tiempo. Escuchaba al poeta Seyyed Soltanpour que leía en el centro cultural. Había mucha gente y él tenía una mente muy poderosa. Unos meses después lo mataron. Se lo llevaron la noche de su boda, lo sacaron de la cama. Los documentos decían que era porque había mandado dinero fuera del país.

Mi padre se murió un par de meses antes de la revolución. Mis dos hermanos, que me habían seguido a Alemania y que también habían ido a la universidad, se quedaron ahí. Mis hermanas se fueron en cuanto terminó la revolución. Fui el único que se quedó en Irán. Mi esposa también se quería ir pero yo no quería ir a ningún lado. Este era mi país.

---

[4] Clérigos Islámicos con puestos políticos

Todo eso aparte, transcurría una revolución, y yo quería ver un cambio en el régimen. Yo no quería ningún régimen, pero yo quería ver el cambio de una dictadura y yo quería ser parte del futuro.

El servicio secreto de los Shah tenía veinticinco años recogiendo información de la gente; así es que después de la revolución, el nuevo gobierno se quedó con toda la información. Sabían exactamente quién eras, sabían cuál era tu pasado, dónde vivías, qué hacías. Y esos eran los que estaban en contra del régimen de los Shah. Después añadieron a la lista la gente que era parte del régimen. Mataron a cuantos pudieron del régimen, luego nos persiguieron a uno por uno, a mí y a algunos de mis parientes. Mataron a mucha gente y muchos otros huyeron del país. El régimen de los mullah mató a mi primo. Le dispararon. Torturaron a otro de mis primos; él estaba en la cárcel bajo la vigilancia de los Shah. Todavía vive en Irán, pero como lo torturaron, nunca habla de eso, nunca. Sólo dice lo más mínimo, por ejemplo, "¿Qué hay para cenar?"

Aún estaba en Irán en 1980 cuando se desató la guerra entre Irán e Irak. Las bombas cayeron como a dos kilómetros de nuestra casa. La guerra le dio al gobierno otra razón para mantener a la gente de Irán en silencio. Esta era la primera vez que un enemigo nos atacaba, por eso la guerra era el enfoque—esto era lo único que importaba—y se les olvidaron de nuevo los derechos de la gente. Cuando estaba el régimen de los Shah, te abofeteaban una vez y ya, pero la nueva República Islámica era una enemiga seria. Por eso es que hay tantos suicidas con bombas—creen en la ley de Dios, del Islam y llenan su cuerpo con explosivos para ir a matar gente.

Poco después, cuando decidí dejar Irán, fui con mi esposa y mi hija a una caminata. Nos gustaba subir las montañas. Cuando ya íbamos como a seis mil pies, nos topamos a uno de esos hombres *basseegee* que traen su arma en el hombro, nos preguntó "Adónde van?" Íbamos subiendo una montaña muy elevada, y sólo había un camino y una montaña.

Le dije, "Vamos a una caminata. ¿Hay algo más que se pueda hacer aquí?"

Me preguntó, "¿Quién es esta mujer?" Le apuntó a mi esposa que traía puesto el atuendo apropiado, todo lo que ellos querían—todo al pie de la letra. Le dije, "Es mi esposa". Me dijo "Enséñame el acta de matrimonio". Comencé a gritar, "¿Cuántos idiotas hay, que al ir a una caminata, cargan con el acta de matrimonio?" Nos volteamos y empezamos a caminar de regreso hacia el pie de la montaña y no nos siguió, pero pudo haberlo hecho. El hombre trabajaba para la República del Islam, era como un niño de catorce o quince años y ya cargaba un arma de guerra. Se supone que deben de cumplir con el código de Dios, pero ni siquiera saben lo que eso significa. Le dan un arma a un niño y en ese momento él determina cuál es la conducta de Dios a seguir.

En mi negocio, yo siempre usaba corbata y siempre andaba limpio y rasurado. Nunca he tenido barba y en Irán esto muestra que eres de fuera, que no eres religioso. Desde la primera impresión, la gente se da cuenta de que no eres uno de los suyos. Si el gobierno de Irán se da cuenta de que no tienes una religión, según la ley, tienen derecho a matarte. No sólo lo hacen al darse cuenta de que no practicas la religión—tienes que practicarla—pero también si se dan cuenta de que no crees, entonces tu castigo puede ser la muerte. Esa se supone que es la ley de Dios, la ley del Islam. Era una manera muy difícil y peligrosa de vivir, sin barba, pero nunca pensé en dejármela crecer. Mi padre no tenía barba, él no era un hombre religioso en lo absoluto. La religión es algo que se pega a tu identidad. Si naciste musulmán, no importa si crees o si practicas, siempre vas a serlo. Yo no creo en ninguna religión; no sólo hablo del Islam, sino de todas.

En mi opinión, antes que escoger una religión, naces siendo una persona, un ser humano. Eso es suficiente. No es necesario que sigas una religión para hacer el bien. Así es que probé suerte en Irán. Todos los días iba a las oficinas del Ministerio de Industria; tenía que hablar con ellos para todo. Para todos los negocios que hacía necesitaba permisos y firmas. Las autoridades no cooperaban conmigo y me dificultaba todo. A mi país le daba mi experiencia, toda mi vida, pero al final sentí que proteger a mi familia era lo más importante. A mi vida le hacía falta la libertad. No tenía libertad de expresión, libertad de opinión. Irán era un lugar donde no tenía el derecho de decir nada. Quería gritar pero no había dónde. Si pones tu cabeza bajo el agua, puedes gritar todo lo que quieras, pero te ahogas. De hecho, eso era lo que hacían, era una manera de torturar a la gente iraní, les zambullían la cabeza en el agua.

INCLUSO AQUÍ NOS VIGILAN

Primero me fui yo solo de Irán, para buscar trabajo y una casa; pensaba regresar por mi familia. Fui a Suecia. Cuando llegué le dije al gobierno de Suecia la razón por la que estaba ahí, y en seguida me aceptó como refugiado y me dieron asilo. Fue muy rápido, a pesar de que no les conté mis historias personales; sólo les expliqué brevemente la situación en la que me encontraba después de la revolución. Desafortunadamente, durante ese tiempo mi esposa me engañó con otro hombre. Ese fue otro resultado muy personal de la revolución. Cuando dejas a tu familia, es un hecho que algo va a pasar. El hombre con el que me engañó era mi mejor amigo. Éramos mejores amigos desde la infancia.

Después de mi divorcio decidí ir a visitar a mi madre, a mis dos hermanos y mi hermana; todos ellos ya vivían en California. Estaban preocupados por mi situación y mis sentimientos, y me llamaron para pedirme que fuera a visitarlos. Así fue como llegué aquí. Pronto me di cuenta de que este era un lugar donde podía encontrar la libertad. La libertad era relativa, pero tenía más libertad que antes. Mi visa de turista se venció, pero me quedé aquí. Hablé con varios abogados, pero me dijeron que si solicitaba un permiso de residente me iban a rechazar. Nunca me animé a solicitar asilo político porque pensé que había más gente que estaba más activa y en más peligro que yo; yo no quería tomar su lugar.

Al principio yo sentía que no podía hablar de Irán en los Estados Unidos, porque muchos iraníes tienen opiniones muy diferentes, y yo no conocía a nadie. Incluso ahora, hay gente de Irán que defiende el Régimen iraní por la radio y las estaciones de televisión. ¿Sabes lo que eso significa? Significa que incluso aquí hay quien nos vigila.

Yo no tenía un permiso para trabajar aquí en los Estados Unidos, pero aprendí que podía trabajar legalmente por mi cuenta. Tenía algo de dinero que había ganado en Suecia, así que inmediatamente lo invertí y me proveí mi propio trabajo. Empecé mi propio negocio y siempre pagaba impuestos, todavía tengo todos los documentos. Tengo todos los recibos de impuestos y cheques; tengo todo. Y cuando recién llegué, obtuve mi número de seguro social, una cuenta bancaria y la licencia para conducir. Todo lo hice legalmente, menos mi visa vencida.

Conocí a una mujer la primera semana que llegué a Estados Unidos. Salimos con mi hermano, dos chicas y dos chicos—una cita doble—así fue como empezó. Yo no hablaba mucho inglés, pero ella era muy buena conmigo. Era una maestra, una mujer muy amable. Empezamos a salir y estuvimos juntos como por seis o siete años. Ella era ciudadana estadounidense, originaria de Bolivia, pero llevaba mucho tiempo viviendo en Los Ángeles. Quería que me casara con ella para arreglar mi estado de inmigración, pero yo no quería eso. Le dije que nunca me casaría sólo por esa razón.

Para no hacer la historia tan larga, siete años después nos casamos, pero no por los papeles. Quería asegurarme de que era amor verdadero antes de casarme, porque si te casas por otra razón que no sea el amor, entonces cuando esa otra razón desaparece, no hay una razón para permanecer juntos. Nos conocíamos desde hacía mucho tiempo y ya éramos adultos, asíque la decisión ya la habíamos tomado y sabíamos que nos casábamos por las razones correctas.

Después de que me casé solicité la residencia, finalmente tenía una base en este país. Me sentía más confiado, más seguro, y fue entonces que me involucré más en la política. Gran parte de los opositores de Irán están en el área de Los Ángeles, y pronto vi la oportunidad para hablar libremente. Estaba interesado en conocer a gente con quien podía platicar de lo que ocurría en Irán, por eso fui a un lugar que se llama el Centro del Diálogo, donde escuché diferentes ideologías y opiniones. Esta era mi gloria—comparada con la gloria en Irán.

También me pude reunir con mi hija cuando vino a este país a estudiar. Ya tiene 24 años y está en un colegio de Los Ángeles. No es residente ni ciudadana estadounidense, vino de estudiante extranjera.

Todo iba bien—yo estaba casado. Mi hija estaba cerca de mi. Pero en ese entonces no sabía lo que iba a ocurrir.

DEMASIADO TARDE PARA DEJAR ESTE PAÍS

Tal vez estaba equivocado, tal vez mi esposa y yo debimos de habernos casado antes, porque vivimos juntos una vida muy corta. Ella se murió cuando cumplimos dieciocho meses de casados. Le dio una enfermedad repentina, tuvo un problema en el hígado. El doctor me dijo que sólo viviría dos semanas más como mucho, y luego se iba a morir. Esto me lo dijeron en el mejor hospital de Los Ángeles, y no estaban bromeando. Me llegó una carta del doctor diciéndome que solicitara una visa de turista para la madre de mi esposa que vivía en Bolivia. Llegó a los tres días y mi esposa sólo vivió una semana más. Yo tenía planeado pasar el resto de mis días con mi esposa.

Mi esposa me había pedido que llevara sus cenizas a Bolivia, pero yo no tenía un pasaporte válido. Fui a Inmigración a sacar un pasaporte estadounidense y me cobraron sólo para ponerle una estampa a la solicitud que decía: permiso denegado. Después de casarte con una ciudadana, te dan una visa de estado condicional o "green card" y después de dos años de casados te retiran el estado condicional. La razón por la que hacen esto es para identificar los matrimonios falsos. Si yo no hubiera solicitado el pasaporte, hubiera recibido mi residencia en un par de meses. Cometí el error de haberles dicho que la razón por la que estaba solicitando un pasaporte era porque mi esposa había muerto. Investigaron y dijeron, "Espere, tan sólo ha estado casado por dieciocho meses, y necesita haber estado casado por dos años para poderle dar su residencia". La muerte de mi esposa significaba que mi petición para la residencia también había muerto.

Mi esposa era dueña de una casa y yo la heredé. La cosa es que yo ni quería la casa. Nada me importaba. Lo único que quería—mis papeles—no me los querían dar. Tenía los derechos de matrimonio, pero no tenía los derechos que yo más necesitaba. Para ese entonces yo estaba completamente involucrado en la política, era miembro del MEHR[5]. Creía que podía estar activo sin peligro, creía que no había ningún problema porque estaba casado y sería residente. Se enteraron de que era parte de este grupo.

Mientras tanto, había comprado un hotel y ya tenía un negocio de cajeros automáticos y otro negocio en Internet. He tenido estos negocios desde 1993. Ahora les doy trabajo a seis personas en esta oficina, a cuatro en el negocio por Internet; y cuando tenía el hotel y el teléfono público, tenía aproximadamente veinticinco personas trabajando para mí. Todos mis empleados son americanos—menos yo. Usé todas mis pertenencias para establecer estos negocios. Creé trabajos y pagué impuestos.

El servicio de inmigración de Estados Unidos dice que si tienes un millón de dólares para invertir en los Estados Unidos y empleas a cierto número de ciudadanos estadounidenses, te otorgan tu 'green card'. Yo tenía todo eso. Tengo negocios, tenía setecientos mil dólares invertidos aquí en Estados Unidos, y tenía otros trescientos mil in-

---

[5] Misión para el Establecimiento de los Derechos Humanos en Irán, una organización sin fines lucrativos en California.

vertidos en Suecia. Encontré a otro abogado y tratamos de demostrar que yo tenía invertido un millón de dólares. Había hecho las inversiones, pero Inmigración quería saber de dónde venía todo ese dinero. Querían saber si un dólar de esa cantidad provenía de Irán. Yo tenía un recibo de Europa de trescientos mil dólares, pero ellos dijeron, "No, tienes que demostrar cómo fue que el dinero llegó desde Irán hasta Europa". ¡No se puede sacar dinero de Irán! Encontraron culpable al poeta Seyyed Soltanpour y lo ejecutaron porque estaba mandando dinero fuera del país. En el tiempo cuando salí de Irán, podías llevar contigo como cincuenta, tal vez cien dólares. No se podía ni siquiera tomar un taxi al aeropuerto con esa cantidad. Entonces, ¿cómo quería Inmigración que yo comprobara que había sacado trescientos mil dólares de Irán para llevarlos a Europa?

Creo que es ignorancia por parte de los oficiales, de la gente de Inmigración. Simplemente no saben. Están haciendo su trabajo, pero no entienden, no saben nada de política. En mi opinión, parecía que no entendían que Irán y Estados Unidos no tenían una buena relación y que no había ningún intercambio monetario, no había ningún negocio. No sabían nada en absoluto.

Después de que mi esposa se muriera, aún con mis negocios me rechazaran la residencia, me di cuenta de que mi último recurso era pedir asilo político. No me había animado a pedir asilo, pero finalmente le dije a mi abogado que quería solicitarlo y me dijo, "De ninguna manera. No te darán asilo. Sólo se aprueban trescientos casos por año, en todo el mundo". Pero pensé que yo tenía la reputación de haber estado políticamente activo. Y la verdad era que yo estaba en peligro en mi propio país. Pero mi abogado me dijo que no funcionaría, que ni siquiera lo intentara. A estas alturas, no me preocupaba ser deportado, pero yo quería arreglar mi estatus. Después de que muriera mi esposa yo estaba confundido y preocupado. Después de casarme, mis actividades eran más públicas, así que todo era diferente.

Parecía que era demasiado tarde para dejar el país—muy tarde.

Después del 9/11, lo que más me preocupaba era que mis ideas políticas ya eran públicas; y sin el estado legal, mi vida estaba en peligro. Fue por esto que solicité el asilo político en diciembre del 2001. Mi abogado no me apoyaba, así es que le dije, "Sólo dame los documentos, yo me encargo de los trámites". Llené los documentos yo solo y los mandé a Inmigración.

VESTIDO CON TRAJE DE VERSACE, CORBATA Y CON ESPOSAS

Justo después de eso, so volvió obligatorio para gente de veinticuatro países musulmanes se inscribiera en los Estados Unidos. Aunque no fueras musulmán, si habías nacido en un país musulmán, tenías que inscribirte. Mi abogado me dijo que tenía que inscribirme. Me dijo, "Aquí en Los Ángeles va a estar muy lleno, vamos a San Diego". Así es que manejé hasta San Diego en mi Mercedes. Traía puesto un traje de la marca Versace y una corbata. El oficial me hizo unas preguntas y luego me dijo, "Mi computadora no sirve, voy a ir al piso de arriba a imprimir esto y ahora regreso". Regresó con otros dos oficiales y unas esposas. Se llevaron mi corbata, mi traje, mi cinturón, mis zapatos y me esposaron. Me pusieron en una celda pequeña en una cárcel de Inmigración. Esto ocurrió casi a finales de diciembre—dos días antes de Navidad. Pasé los días festivos en la cárcel y ahí me quedé como por siete días. Nadie supo qué pasó conmigo, ni mi hija. Estaba en San Diego y no conocía a nadie. Nunca antes había estado en una oficina de policía, ni siquiera en Irán. Mi abogado se fue de vacaciones en año nuevo y me dejó ahí. Nadie me hizo ninguna pregunta.

Después de que me sacaron de la cárcel, tuve que ir con el juez en San Diego, sin abogado a defenderme solo. El juez puso una estampa sobre mi nombre que decía una simple palabra: deportado. Les dije que mi abogado había requerido que el caso se mandara a

Los Ángeles; el juez me preguntó que por qué me había inscrito en San Diego. Le expliqué que mi abogado me había dicho, "En los Ángeles está muy lleno, vamos a San Diego". Todo pasó por falta de suerte. Aquí estaba yo, en San Diego sin alguien que me protegiera. Más mala suerte me tocó, como cuando se murió mi esposa. Y mi esposa era doce años menor que yo—nuestro caso era uno en un millón. No hay garantía de nada. Desde que me dieron esa orden de deportación, he luchado por quitar esa palabra. He luchado por quitar la estampa.

Lo más gracioso es que después de que salí de la cárcel de San Diego, al llegar a casa, encontré la carta de Inmigración. Habían aprobado mi solicitud de asilo político. Aprobaron mi asilo político sin ayuda de nadie. Fui a una entrevista final y contesté todas las preguntas con la verdad. Sólo le dan asilo político a cien personas en todo el mundo y yo era una de ellas. Me dijeron, "Vas a estar bien, pero tenemos un problema—como estuviste en la cárcel, el juez tiene que liberarte primero, luego puedes venir y terminar el proceso. Si el juez te aprueba, entonces regresas y terminas el proceso, tendrás el asilo". Pero cuando fui con el juez, me dijo, "El problema es que tú entraste a los Estados Unidos el 19 de diciembre de 1990 y has excedido el permiso de la visa". El juez sólo puso atención a eso—no tomó en cuenta lo que yo había contribuido al país, ni a mi récord, ni a mi negocio, mi matrimonio, el hecho de que pagaba impuestos, nada de eso tomó en cuenta. No miró nada más que el hecho de que mi visa estaba vencida. Sólo eso.

Sólo ven documentos. No saben lo que está ocurriendo en Irán, o tal vez no quieren darse cuenta. Yo no sentí que el juez había sido racista, pero esta sociedad le tiene odio a la gente que le recuerda a Bin Laden. Y es de esta forma que Bin Laden les ha arruinado la vida a personas como yo. ¿Ves esta fotografía en la pared? Saqué esta foto del diario New York Times el día después del 9/11. La fotocopié y la colgué en mi pared. Antes de que los fanáticos cometieran esto, existía vida en este mundo. ¿Sabes cuánto tiempo tomará reconstruir esto? Años. ¿Cuántas vidas se perdieron?

Tengo miedo de mi futuro. Sigo diciendo que definitivamente me voy a quedar aquí, pero es difícil; voy a tener que luchar. Si me mandaran a otro lugar que no fuera Irán, empezaría de nuevo, pero ¿a dónde puedo ir? Éste es mi hogar. Aquí está mi negocio. Tengo varias propiedades, una casa, mi vida, mi familia, mi hija. De ninguna manera voy a regresar a Irán, de eso estoy seguro. Creo que me matarían si volviera a Irán. No puedo arriesgarme. ¿Puede el servicio de Inmigración de Estados Unidos forzarme a regresar para ser ejecutado?

ROSE, 43
Galesburg, Illinois

Rose nació en Beijing, China, en 1965, de padres de clase trabajadora. Se casó con un obrero y se graduó de la escuela de enfermería en 1989. Ella recuerda haber asistido a las conferencias estudiantiles en la Plaza Tiananmen. En 1990, dio a luz a un hijo, el cuál llamó "Sunrise" (Amanecer). Después de divorciarse de su esposo, Rose tuvo la oportunidad de venir a los Estados Unidos y hacer una mejor vida para ella y su hijo de nueve años. Llegó por San Francisco, y se trasladó a Chicago para quedarse con una amiga, que le consiguió un trabajo atendiendo mesas en un restaurante chino. Allí conoció a su novio, un cocinero, a quien siguió a la parte baja del estado. Rodeado de maíz y soja, Galesburg, Illinois está entre el Río Mississippi y el Río Spoon.

Cuando llegué a Chicago, caminé las calles de *Chinatown* (El barrio chino), las cuales no me parecieron desconocidas Eran limpias y prósperas, igual que en Beijing. Mucha mercancía en las vitrinas. Yo pensaba aprender inglés y aplicar a la escuela de enfermería, pero tenía deudas que pagar. Así que cambie mis planes y me puse a trabajar en un restaurante en Chicago. Aunque los dueños del restaurante eran chinos, estos chinos eran de diferente región, con costumbres y dialectos diferentes, lo cual ponía las cosas difíciles. Extrañaba a mi familia y amigos y muchas veces quería llorar, pero no me atrevía a hacerlo en público. Una vez un cocinero me encontró llorando durante mi descanso. Al verme, me trató de consolar. Él me cuidó y nos volvimos muy apegados. Empezamos a salir y hemos estado juntos por ocho años. Antes nos reíamos mucho. Ahora estamos más callados.

Ahora que vivimos en Galesburg, trabajo en un restaurante diferente pero todo es igual. La presión y la monotonía del trabajo y la falta de actividad social en este pueblo me hacen sentir que me voy a volver loca de desesperación. Me encanta ver la televisión cuando no estoy trabajando. Lloro con la gente de la televisión y a veces hasta se me hinchan los ojos de tanto llorar. Las lágrimas resbalan calientes sobre mi mejilla y lo encuentro relajante. No me parece normal.

Me pregunto cómo seré dentro de ocho años. ¿Me habré vuelto loca? Me preocupo. ¿Hice lo correcto? Dejé a mi hijo y todo lo que amo en China. Mis padres ya tienen más de setenta años y todos los días esperan mi regreso. Cuando pienso en ellos, pienso que no los podré ver más. Cuando yo era una niña ellos se iban al trabajo todos los días, regresaban a casa, cocinaban, y lavaban la ropa. Mi madre hacía trabajo físico, cargando y descargando cajas. Todos los días ella regresaba a casa estresada y cansada, y todavía nos atendía. Durante el año nuevo, ella compraba tela y nos hacía ropa debajo de un solitario foco. Lo hacía de una puntada a la vez y le tomaba un mes. Yo no entendía y me quejaba de que la ropa estaba fea. Ahora me da vergüenza pensar que me quejaba.

Mi hijo está creciendo y cada vez se aleja más de mí. La mañana en la que él nació en 1990, el sol brillaba fuerte en el este, así que le pusimos "Sunrise". Yo tenía grandes ambiciones para él. ¡Quería que fuera como un dragón! Quería que fuera lo mejor. Le traté de enseñar a ser virtuoso, como mi padre. Era listo y recordaba todos los cuentos de hadas que le leía. Pero antes de que estuviera suficientemente grande para entender, yo ya me había ido.

ADELA

EDAD: *45*
PAÍS DE ORIGEN: *México*
OCCUPACIÓN: *Ama de casa, activista*
DOMICILIO: *Modesto, California*

HOW DO YOU HAVE
THE GUTS TO DO THIS?

*Adela y su hija de diecisiete años, Estrella, abrieron la puerta de su aparta-
mento en Modesto, California justamente mientras nos acercábamos a la entrada de hormigón. Ellas están acostumbradas a tener visitas, especialmente
desde que las redadas han incrementado en su pueblo en el último año. Las
dos vinieron aquí como EWIs hace diecisiete años, cuando Estrella tenía seis
semanas de edad, y ambas siguen sin papeles. Mientras Estrella se ha dado
cuenta de las consecuencias de su estatus, su madre se ha convertido en una voz
a favor de los derechos de las personas sin papeles. Adela y Estrella nos hablaron en la mesa grande y redonda de su cocina mientras la hermana menor de
Adela veía una película en la próxima habitación. Adela nos habló principalmente en español, mientras que su hija habló en inglés.*

Nunca me molestó trabajar en la cosecha de tomate. Tú estás bajo
el sol caliente durante horas, te da dolor de espalda y de cintura por
estar agachado, y tus manos se encalambran porque tienes que tener
cuidado de no dañar el fruto. Pero el color de la fruta es hermoso, y,
aun cuando estás bajo el sol caliente todo el día, tienes tiempo para
pensar. Y fue bonito estar con otra gente—puedes hablar con ellos,
reírte. Cuando estaba trabajando allá también cantaba. Antes tuve

que trabajar durante la noche, limpiando bodegas donde se almacenaban plantas, o trabajando en la línea para limpiar las hojas y tallos del fruto. Durante la noche te encuentras con todo tipo de animales. ¡Una noche estaba limpiando la bodega y una serpiente de cascabel salió de una esquina! Me asusté mucho. Por aquel entonces el trabajo de cosechar tomates era bonito comparado con otros trabajos.

A mi esposo normalmente no le gusta que trabaje, pero ayudaba con la cosecha de tomate cuando necesitábamos dinero. A veces substituía a mi amiga Dolores cuando ella estaba enferma. Ella fue una de las primeras amigas que tuve cuando llegamos a California con mi esposo y mi hija de seis semanas. Dejé a todos los demás en México.

EL CAMINO MENOS TERRIBLE

Vengo de un pequeño pueblo llamado Arroyo Seco en el estado de Michoacán. Éramos diez en mi familia: diez niños y mis padres hacíamos doce. Fue difícil, con tantos niños, alimentarnos a todos, calzarnos. Fui a una escuela en que teníamos que usar faldas y blusas blancas como uniforme. Esos zapatitos negros. Mi papá pudo darme el uniforme, pero sólo una falda, sólo un par de zapatos, sólo un par de cada cosa necesaria ¡que se ensuciaban rápido! Me avergonzaba cuando los otros niños se daban cuenta de que sólo tenía una falda, un par de zapatos, entonces regresaba todos los días de la escuela y lavaba mi blusa, la restregaba para que se viera blanca otra vez. Me quitaba mis zapatos y los limpiaba todos los días. Caminaba descalza el resto del día, para que no se me arruinaran.

Puesto que éramos muchos, tuvimos que trabajar para ayudar a mi papá con el dinero. Entonces cuando tenía doce o trece años empecé a trabajar como sirvienta. Limpiaba y cocinaba para familias que estaban mejor que nosotros. Me sentía mal cuando trabajaba en la casa de mis amigos—ellos sabrían qué tanto necesitábamos dinero. Y trabajar como sirvienta en la casa de otros era ser vulnerable. Una vez estaba limpiando una de las habitaciones, y uno de los hijos del señor de la casa entró y cerró la puerta. Me tiró en la cama y me agarró, tratando de quitarme la ropa—pensé que me iba a violar. Yo grité tan fuerte que me dejó ir y corrí fuera de la casa para escaparme. Corrí todo el camino a mi casa. Después de eso, estaba demasiado asustada para regresar. Supe de una mujer anciana, sin hijos en su casa, que necesitaba ayuda, entonces empecé a trabajara para ella en lugar de la otra casa.

Seguí trabajando como sirvienta de casa hasta que terminé con la secundaria, y después me fui a una escuela de secretariado. Pensé que si tenía más estudios podría encontrar un mejor trabajo. Por cierto, no terminé la escuela. Conocí a Miguel durante ese tiempo. El también era de Arroyo Seco y estaba en casa de visita de los Estados Unidos. Nos conocimos a través de su primo en la pequeña plaza donde, cada domingo, todos los jóvenes y muchachas se reunían . Caminamos por la plaza—eso es lo que todos hacen a esa edad—y después lentamente empezamos a vernos. Cuando él regresó a California, mantuvimos nuestro amor de larga distancia, como a él le gustaba llamarlo, y cuando volvió a Arroyo Seco después de muchos meses, nos casamos. Miguel se quedó en el pueblo por cuatro meses después de casarnos y en el momento en que él se fue ya estaba embarazada.

Llamé a Miguel después de dar a luz para decirle: "Ahora tienes una hija. Ven a verla si quieres".

Él llegó ocho días después de nacer Estrella. Estaba muy feliz de verla, pero dijo que necesitaba regresar a su trabajo en California. Yo dije, "¿Cómo puedes dejarnos aquí, a tu esposa y tu nueva hija?" Y recuerdo que él dijo, "Bueno, tú y Estrella deben venir conmigo".

En ese momento pensé, ¡No! Había oído tantas cosas acerca de recién nacidos que morían haciendo el viaje de México a Estados Unidos porque cuando Inmigración estaba cerca las madres cubrían la boca de sus bebés para silenciarlos. No querían que los bebés hicieran ruido por miedo a que los atraparan, pero los bebés no podían respirar.

Ellos se sofocaban. Y mi mamá, también ella dijo, "Pero el bebé no lo va a poder hacer. ¿Qué vamos a hacer con ella? No puedes llevártela". Fue una situación difícil la en que estábamos. No quería poner en peligro a Estrella, pero también pensaba en lo terrible que me sentiría sola en Arroyo Seco, sin mi esposo. Finalmente, cuando mi esposo estaba preparándose para regresar, decidí llevarme a Estrella y tomar el riesgo con él. Parecía ser el camino menos doloroso.

LOS TRES

Solamente algunos días después de la cuarentena, dije adiós a mi familia y me fui con mi hija recién nacida y mi esposo—los tres. Estuvimos una semana en Tijuana, buscando un guía, tratando de decidir cuándo nos íbamos. Esperamos hasta la media noche, mientras la patrulla fronteriza cambiaba de guardia, y después cruzamos.

Caminamos por dos noches en las montañas. Solamente éramos el guía y nosotros tres. En determinado momento mientras caminábamos en un cañón justo debajo de uno de los camiones de la patrulla fronteriza, Estrella empezó a llorar. Había un silencio completo antes, pero en ese momento ya había otra gente cruzando cerca de nosotros y oyeron a la niña. Ellos empezaron a susurrarme que la callara y se preocuparon. Traté de ponerla en diferentes posiciones, y después traté de alimentarle porque pensé que podría tener hambre, pero ella seguía llorando . Pensé, Dios mío, ¿Qué debo hacer? Mi esposo dijo que deberíamos quitarle la sábana de su cabeza, dejarla respirar—y esa fue la clave. En el momento en que Estrella vio el cielo de la noche, y las montañas y los árboles que había por donde estábamos caminando, dejó de llorar. Después de eso se mantuvo en silencio el resto del viaje, aun cuando me resbalé en el lodo mientras la cargaba, y aun cuando crucé la carretera. Silencio.

Cuando salimos de las colinas por San Clemente, estábamos cansados, raspados por las espinas, enlodados. El guía nos dijo que esperáramos en un árbol de limón. Había cientos de migrantes allí reunidos. Nos dijeron que no habláramos, ni gritáramos, que ni siquiera susurráramos, porque la estación de la patrulla fronteriza estaba justo al otro lado de los árboles. Tuve miedo todo el tiempo. Finalmente llegamos a Concord, en el norte de California, donde mi esposo estaba trabajando lavando ventanas. Entonces llegamos aquí, pero como dicen, llegamos con dificultades.

EXPUESTA

Aun cuando todavía necesitábamos dinero, la primavera pasada decidí dejar de trabajar en los campos. La verdad es que tenía miedo. Inmigración aumentó sus redadas en los campos. Agentes con sus vehículos llegaban a los campos donde estábamos recogiendo la cosecha. Ellos se paraban en las salidas al final del día, esperándonos. Teníamos que pasar por donde ellos estaban para llegar a nuestras casas. Oíamos de otros tratando de irse después de sus turnos e Inmigración los paraba y les exigía, "¡Sus papeles, sus papeles!" Aquellos que no tenían papeles, Inmigración se los llevaba allí mismo, sin poder ir a casa y avisar a sus familiares.

Aun cuando te prevenían que Inmigración iba a llegar o que ya estaba afuera, en los campos no había lugar para esconderte. Trabajar en la construcción es más seguro porque te puedes esconder en un clóset o debajo del techo si no haces ruido, o te puedes esconder detrás de los asientos de los carros o camiones estacionados cerca de la construcción. Pero en los campos estás expuesto.

Entonces decidimos no presentarnos para las cosechas. Muchos de los trabajadores no se presentaron, tanto que los dueños tuvieron que tirar uvas y fresas. Toda esa fruta se perdió.

Esas redadas—las más intensas—empezaron por Abril del 2006. Yo creo que tuvo algo que ver con lo de ser más activos, después de organizar las marchas para ser legales. Las cosas empeoraron para nosotros después de eso. Pero por eso nosotros necesitamos luchar más que nunca—porque todo se está poniendo más difícil.

UN TIPO DE TRABAJO DIFERENTE

Cuando mis hijas empezaron a ir a la escuela yo empecé a involucrarme en el asunto de los derechos de los inmigrantes. Yo tengo cinco hijas, cinco pequeñas flores. Yo tenía veintiséis años cuando tuve a Estrella. Después estuve embarazada cada año por cinco años. Estrella tiene diecisiete, después viene Adriana, después Mirreya, después las pequeñas, Paula y Mirabel.

Al inicio, mis niñas fueron a escuelas en que los maestros y algunos de la administración eran bilingües. Siempre podías encontrar a un maestro que hablaba español, no me tenía que preocupar por cómo se oía mi inglés. Pero después cerraron las escuelas de español de por aquí. A los niños los pasaron a otras escuelas más lejanas, donde no tenían programas bilingües. Aun los adultos que estaban tomando clases de inglés durante la noche en la escuela primaria no tuvieron otro lugar a donde ir. Mis hijas tuvieron que transferirse a otra escuela más lejos de aquí—como a cuarenta y cinco minutos en carro—en donde sólo hablaban inglés.

Cuando comenzaron allá, sentí que no podía hablar con sus maestros. En las conferencias familiares me sentaba mientras ellos me decían, en inglés, "Estrella habla mucho en clase, juega en clase, no le va bien en matemáticas". Después ellos paraban y preguntaban, "¿Me entiende? Y entonces yo miraba a Estrella y le decía en español, ¿Por qué estás hablando en clase, Estrella? ¿Por qué estás jugando en clase, Estrella? ¿Por qué no estás prestando atención en matemáticas, Estrella?" Y ella respondía en inglés a ambos. Podía entender algo de lo que el maestro me estaba diciendo, pero yo no podía responder.

Empecé a tomar clases de inglés para poder hablar con los maestros y entender más acerca de la educación de mis hijas. Ahora puedo ir directamente con el maestro y preguntar, "¿Cómo le va en clase? ¿Se está portando bien? ¿Está hablando mucho? ¿Le va bien en matemáticas?" Estas cosas, son pequeños detalles, pero día a día voy perdiendo el temor de hablar.

Empecé a ir a la escuela de mis hijas más a menudo. Quería estar más involucrada en sus vidas aquí en América. Así sabría qué estaba pasando en la escuela y podría contarle a los padres de familia, aquí en nuestro vecindario, para que no se mantuvieran en la oscuridad. Los padres de familia me contaban de otros problemas que tenían: no podían ir a las reuniones de la escuela porque tenían dos trabajos, o no podían llevar a sus hijos a la nueva escuela por lo distante que estaba ya que no tenían carro, o porque tenían miedo de manejar sin licencia. Ellos me contaban sus cosas y entonces yo regresaba al Distrito y les contaba a ellos acerca de nuestras preocupaciones. Después de estar trabajando como voluntaria por un tiempo, me hicieron líder del Comité Latino de Padres de Familia. Fue una simple elección, yo fui la única latina presente la noche en que la asociación de padres y maestros se convocó para las nominaciones. Mi primo había llegado conmigo y uno de los maestros me conocía, entonces pienso que gané sólo con tres votos.

Mientras mis otras hijas empezaron la escuela primaria y la secundaria me convertí en la líder de esos comités, también. Era un trabajo no pagado, pero eso estaba bien: yo entendía que era un tipo de trabajo diferente.

PÁJAROS, PERROS, EL PEZ DORADO

Durante este tiempo mi esposo tenía varios trabajos. Por un tiempo trabajó en la cosecha de uva. Trabajó en diferentes áreas de por aquí. Ellos trabajaban por temporadas en los campos—junio, julio, agosto, hasta finales de septiembre—para cortar las uvas, y después su trabajo finalizaba. Hubiera hecho más dinero siguiendo la cosecha hacia el norte, pero como su familia estaba aquí, él se quedó. Al final de la cosecha mi esposo tenía que encontrar otro trabajo. Él trabajó en restaurantes, unas veces como cocinero, otras como la persona que recogía los trastos y limpiaba las mesas en los restaurantes, o, al inicio, como lavador de platos. Pero cuando era lavador de platos sus pies siempre se mojaban, y se mantenían húmedos. Venía a la casa empapado de la cabeza a los pies. Se enfermaba. En los campos casi nunca se enfermaba. El polen era malo para sus alergias, pero no era nada parecido a lo que le pasó cuando lavaba platos. Una vez se enfermó durante ocho días, se le inflamó la garganta, los pulmones... Él no tenía seguro social todavía, entonces no pudimos ir a ver al doctor. Traté de cuidarlo, pero no pudo trabajar durante esos ocho días. Ocho días sin recibir pago.

A veces ha sido difícil entre nosotros, también. A mi esposo le preocupa que los quehaceres de la casa no se hagan si estoy siempre trabajando y de voluntaria en las escuelas. Hay muchas cosas que necesitamos hacer aquí: nuestro lugar es pequeño pero somos muchos. Cada día me levanto, hago el desayuno de mi esposo primero, después el de las muchachas. Todos desayunan antes de ir a trabajar o a la escuela. Mientras ellos están comiendo, limpio la cocina, ordeno la sala, y limpio la jaula de los pájaros y la caja de los perritos en el baño. Después de que todos se hayan ido, estoy sola en la casa, sola con los pájaros y los perros, y el pez dorado. Después trato de terminar la limpieza, limpiar el baño, las habitaciones, tal vez empezar la cena. Los frijoles tardan muchas horas. El pozole también, eso toma su tiempo en la estufa. A veces hago pollo guisado, con jugo de naranja y un poco de Coca-Cola—a Estrella le encanta eso. Siempre hay algo que hacer aquí. El trabajo nunca termina.

COMITÉ DE PADRES DE FAMILIA

Después de convertirme en presidenta del Comité Latino de Padres de Familia, comencé a trabajar con el Comité Consultivo del Aprendizaje de Inglés del distrito. Yo iba a las reuniones y los talleres que ellos tenían para familias latinas y después regresaba a reportar a los padres de familia en mi iglesia o en mi vecindario. Además empecé a participar en las reuniones de la Junta Directiva de Supervisores del Condado para hablar acerca de otras preocupaciones. Si el condado estaba planeando cerrar otra escuela, o hacer más recortes en clases de inglés para los padres de familia o los niños, o iba a cerrar un centro médico que nos atendía, yo les explicaba por qué esos centros médicos eran tan importantes, esos centros ayudaban a aquellos como nosotros que no tenían otra forma de obtener atención médica.

Muchos de nosotros no tenemos seguro médico. Muchos de nosotros no podemos obtener Medi-Cal: hay muchos requisitos. Y sin seguro los hospitales no son muy amables. Recuerdo cuando empecé con mis dolores de parto con Mirreya, llegué al hospital con un gran dolor. Antes de poder empezar a hablar ellos dijeron, "Espere aquí mientras podemos conseguir un intérprete". O, "Llene estos formularios primero, para saber si la podemos tratar". Cuando estamos esperando con dolor, esperando a alguien que hable español, o para comprobar que tengamos seguro, yo pienso: esto es discriminación por ser inmigrantes.

Entonces cuando estaban hablando acerca de cerrar uno de los centros médicos que nos atendía a nosotros los inmigrantes, todos estaban preocupados. Los doctores de ese centro nos atendían a pesar de no tener seguro. El personal hablaba español, y ellos entendían nuestros problemas particulares. Siempre es difícil discutir tus problemas con los doctores cuando tienes miedo de que puedas revelar que no eres legal aquí. Vivimos con este miedo porque muchas veces no sabemos cuáles son nuestros derechos o con quién podemos hablar.

EL SE ENCARGARÁ DE TODO

Hace unos años una amiga me dio el nombre de un abogado. Ella dijo, "Mira, él te ayudará para ser legal. Él se encargará de todo".

Entonces un abogado vino a nuestro apartamento. Este hombre dijo que conocía a mi hermana que vive en Los Ángeles y dijo que me ayudaría al igual que a ella. Nos cobró mil quinientos dólares, y dijo que en cinco meses arreglaría nuestra situación, tendríamos papeles y seríamos legales.

Bueno, él pudo ser este hombre de quién oí que había huido de Los Ángeles por engañar a tanta gente, o pudo ser otro estafador. Pero después de darle el dinero, nunca oímos nada más. No recibimos nada de él ni del gobierno. Nada pasó. Tratamos de hablar con él, pero nunca estaba.

Nos quedamos con la impresión de que los abogados no nos ayudarían, solamente nos robarían. Entonces nunca buscamos a otro. Otra gente, gente en quien confiamos, nos dijo que en nuestra situación lo que podíamos hacer, quizás lo único que podíamos hacer, era esperar una amnistía. Así que eso es lo ahora estamos esperando.

UN HOMBRE NO DEBE COMER SOBRAS

Mi esposo toleraba más mi involucramiento en las escuelas y en nuestra comunidad al inicio. Él entendía, o por lo menos toleraba, cuando me iba después de la cena a las reuniones, o cuando no tenía la cena lista justo cuando él llegaba. Pero él cambió. Empezó a pasar más tiempo con sus amigos después del trabajo. Empezó a tomar más con ellos, y ellos empezaron a influenciar sus ideas.

Ellos le dieron la idea de que la esposa siempre debía cocinar comida para su marido, que un hombre no debería de comer restos. Desde ese entonces, tuve que empezar a cocinar todas las comidas todos los días, sin usar restos para él. Eso fue difícil, con todas las otras cosas que quería hacer, con la iglesia, mi trabajo con las escuelas y los padres de familia. Nunca lo había hechoantes, pero ahora viene del trabajo y demanda cosas. Él decía que era lo que una mujer debía hacer para su marido, y que lo merecía un hombre. Él venía a la casa y tomaba. Él tomaba mucho. Y a veces, sí, él se enojaba. Supongo que no pensaba mucho en eso, excepto cuando se ponía enojado con las muchachas. Eso no me gustó—peleábamos porque no me gustaba que les gritara a las muchachas. Pienso acerca del machismo latino, esa es la raíz de todo esto. A veces es muy fuerte en nuestra cultura. Hay mucho alcoholismo, mucho abuso—la violencia en nuestros hogares es muy, muy común. Y no solamente en los hombres; en las mujeres a veces, también. Especialmente el alcoholismo. En las conferencias de educación para migrantes realizadas cerca del aeropuerto de Los Ángeles, he visto algunos hombres pararse en medio de cien personas y decir, "Fui criado para ser hombre de cierta manera. Fui criado para ser el jefe de la casa. Solía llegar a mi casa con mi esposa y sentía que tenía que ser el jefe de la casa para sentirme hombre. Trabajamos en lugares en donde no nos sentimos hombres. Entonces vamos a nuestra casa y tenemos que ser hombres en la casa". Estos hombres hablaban de cuando se ponían ebrios, golpeando a sus mujeres, golpeando a sus hijos. A todos nos han enseñado desde nuestra niñez, de lo que nuestros padres han hecho, y de lo que hemos visto. Tuve mucho respeto hacia esos hombres porque se pararon y hablaron. Pude verlos llorar para sentirse mejor, para cambiar.

A la mujer también, a ella se le enseña que ser mujer significa ser sumisa. Hacer todo para su esposo porque es el jefe de la casa. Y esto también causa problemas.

Por un corto tiempo, las cosas entre nosotros mejoraron. Mi esposo no tomó tanto después del trabajo. Ya no estaba tan enojado. Pero el año pasado, cuando Adriana pensó que estaba embarazada, se puso muy molesto otra vez.

Lo que pasó fue que cuando ella tenía catorce años perdió su menstruación. Se le detuvo por casi tres meses seguidos. Tenía dolores en el estómago, no podía dormir. Pienso que en realidad estaba embarazada ¡a los 14 años! Estaba preocupada. Bueno, después del tercer mes, pasó. Tal vez estaba bajo demasiado estrés. Tal vez drogas. Pero pasó. Perdió mucha sangre, y después su período se normalizó. Pero el año pasado, mientras cumplía quince años, no le vino su menstruación otra vez. Dos veces. Dos meses, pensé, Oh Dios mío, otra vez. Esto es lo último. Pero no estaba embarazada—resultó que sus períodos menstruales son irregulares.

Mi esposo estaba enojado conmigo. Pensó que era mi culpa por no estar en la casa, por hacer todas estas otras cosas. Así fue como las cosas empezaron a ponerse mal otra vez. Estuvieron malas por un tiempo.

Pero mis hijas y yo hicimos nuestro mejor esfuerzo para hablar con mi esposo acerca de las cosas que yo hago. Especialmente Estrella—Estrella y yo tratamos de decirle que todas esas cosas son importantes para nosotros, que podrían significar una vida mejor en el futuro. Pero mi esposo me dijo que yo había cambiado. Que antes era feliz haciendo mi trabajo en casa, ayudando a las muchachas aquí, sin involucrarme en ninguna cosa fuera de la casa. Pienso que, pues, yo puedo cambiar, también. Puedo ser algo diferente de lo que me enseñaron. Puedo ser más fuerte para mis hijas. Tú sabes, la verdad es que ha sido difícil ser mujer. Pero no quiero que mis hijas piensen que porque nacieron de cierta manera tienen que ser débiles.

CITACIÓN DEL JURADO

El mes pasado me llamaron para hacer trabajo de jurado. Fue la tercera vez que recibía una citación por el correo, entregada directamente a mi casa. La primera vez que recibí una citación, hace tres años, tuve que leer la nota una y otra vez, y hablar con mis hijas, para asegurarme de que era eso. Estrella me contó que los inmigrantes no votan. Pero aquí me estaban enviando una citación de jurado. De primero yo quería ir, porque pensé que cualquier tipo de involucramiento cívico podría ayudar a Estrella en el futuro ya que ella no tiene papeles. Pero estaba demasiado asustada.

Entonces las primeras dos veces que me enviaron la citación, no fui. Este año, sin embargo, miré en la nota: "Si no comparece, se le impondrá una multa de mil dólares!" Y pensé, ay Dios, ¿Qué debo hacer? Envié la nota inmediatamente diciendo que no podía presentarme y tratando de explicar que no podía hablar muy bien inglés para servir como miembro del jurado. Después me enviaron otra nota en español explicando que era obligatorio que me presentara. Pero tenía el mismo miedo de antes— ¿Qué tal si me deportan cuando me presente? Entonces mandé de regreso la nota explicando otra vez que no podría presentarme. Al final de cuentas, estaba confundida: si no podía votar, ¿Cómo podía ser miembro de un jurado?

Este fue el tipo de cosa que me hizo luchar más por nuestros derechos: el hecho de que vivimos con miedo todo el tiempo. No quise que mi hija, Estrella, tuviera que vivir su vida entera con ese miedo, porque ella tampoco tiene papeles. Quería asegurarme de que mis hijos tenían las mismas oportunidades que los niños americanos.

SIGAN MARCHANDO

Durante semanas, el comité de padres de familia se reunió y habló acerca de organizar una marcha que nos permitiera salir al público y mostrar a la comunidad quiénes éramos. No fue fácil, pero acordamos que era algo que se necesitaba hacer. Organizamos nuestra primera marcha el 10 de abril del 2006. Habíamos planeado reunirnos a las tres y media de la tarde en la escuela secundaria y marchar desde allí al parque de la ciudad y regresar. Esa mañana mi hija estaba preocupada. Ella me dijo, "Mami, ¿de verdad vas a ir?" Y yo le dije, "Sí, yo creo que si". Y ella dijo, "Pero mami, ¿eso no te da miedo?" Y yo sabía por qué estaba preguntando—ella y yo todavía no tenemos nuestros papeles. Si saliéramos, nos íbamos a poner en riesgo de ser capturados y deportados por Inmigración. Pero pensé, pues, esta marcha es para acabar con ese miedo. Yo quiero darle a ella un mejor futuro, sin tanto miedo, con las oportunidades que otros niños tienen aquí. Pensé esto y después dije, "Sí, voy a ir".

Sin embargo, cuando llegué, solo había como veinte padres de familia—¡no más de veinte! Imaginé solamente veinte de nosotros marchando en las calles, tan vulnerables, y quería correr y esconderme. "Oh Dios mío, ¿qué hago?" Pensé. Cuatro de nosotros coordinadores del distrito habíamos decidido organizar la marcha, y ellos estaban allá, junto con el grupo de padres de familia, sentados y esperando en sus carros. Cuando llegué bajaron de sus carros y sólo me miraron. Miré alrededor y a un lado del parque de la escuela había cuatro patrullas. Tengo algunos amigos que son policías. Ellos me conocen por mi trabajo con las escuelas, conocen la situación en que muchos de nosotros estamos, y ellos entienden. La policía no te molesta si no estás haciendo nada malo. Ellos no son agentes de Inmigración.

Les había contado a los policías quienes eran mis amigos, "Estoy organizando una marcha". Ellos me dijeron, "¿Cómo tienes el valor de hacer esto?" porque ellos saben quién soy y cuál es mi estatus. "No sé", les dije. "Realmente no sé. Pero quiero que todos ustedes estén con nosotros para que haya orden. Quiero que envíen tres o cuatro patrullas para que nos acompañen porque quiero que salga bien. Si no hay orden y paz, no habrá amnistía—será un fracaso". Entonces ellos enviaron patrullas. Y la policía se acercó a nuestro grupo.

"¿Quién está a cargo?", preguntó la policía.

"¡Ella!" dijeron, y me señalaron.

Yo dije, "No, todos ustedes están a cargo".

Dijeron, "No, ella es la líder".

"Está bien, yo soy la líder," dije finalmente, "Vamos a hacerlo. Vamos a salir de este extremo de la escuela, ir en orden y marchar".

Nos fuimos. No había muchos padres de familia, y era difícil para mí. No te voy a decir que no lo fue. Porque pensé, "Ay, ¿no más de veinte padres de familia? ¿eso es todo?" Se vio que era un grupo muy pequeño para hacer la diferencia.

Nosotros marchamos hasta llegar al departamento de policía y desde allá íbamos a dar vuelta y regresar. Pero cuando llegamos al punto de donde íbamos a regresar, sabía que los padres de familia no querían seguir. No querían dar la vuelta y regresar porque ellos pensaban: ¿Quién podría estar siguiéndonos hasta este punto? Ahora que habíamos estado marchando por un momento, teníamos miedo de que agentes de Inmigración pudieran estar siguiéndonos, esperando para arrestarnos. La gente no quería arriesgarse. Ellos querían irse después de llegar a la mitad del camino. Yo dije, "No. Dejen que nos arresten. Vamos a arriesgarnos. Vamos a seguir marchando".

Entonces seguimos nuestra ruta: cruzamos el parque y caminamos de regreso. Y de repente volví a ver hacia atrás mientras dábamos la vuelta, y ¡había tantos padres de familia! No sé de dónde salieron; yo creo que estaban escondidos porque estaban asustados, también. Pero salieron, y cuando dimos la vuelta para regresar por la misma ruta, ellos continuaron detrás de nosotros, marchando, un enorme grupo de no sé cuantos cientos de padres de familia. Eso fue lo que más coraje me dio para seguir marchando y no tener miedo.

En ese momento, ahora con tanta gente en la marcha, reporteros y fotógrafos empezaron a reunirse. Pude ver un montón de ellos en las colinas arriba del parque tomando fotos de nosotros. Ahora éramos un grupo grande, llamando mucho la atención. Los padres de familia tenían su bandera. Algunos tenían banderas Mexicanas, otros banderas Americanas. Yo tenía mi propia bandera. Estaba preocupada por la gente que tenía banderas Mexicanas, porque no quería iniciar ningún problema. Es difícil porque estás dividido en dos: por un lado eres Mexicano—es tu niñez, tu familia, tus tradiciones. Por el otro lado, tú eres Americano: tus niños nacieron aquí, tus años están pasando aquí, tu trabajo está aquí, tu casa está aquí. Pero pienso que a final de cuentas, yo soy Americana.

Bueno, después de dar vuelta y marchar de regreso, uno de los reporteros bajó de las colinas y me empezó a hacer preguntas. "¿Qué significa esa bandera?" fue su primera pregunta. La bandera que cargaba era blanca.

"Significa paz," dije.

"Y ¿Qué significa paz? ¿Qué estás haciendo aquí?"

"Estoy aquí para trabajar y para tener un mejor futuro para mis hijas".

"Y ¿Cómo llegaste?" y siguieron. Había empezado. No sé en dónde encontré tantas palabras para hablar, pero de repente estaba diciendo todo acerca de nuestros problemas aquí, acerca de querer mejores vidas para nuestros hijos—di un gran discurso ese día de la marcha. Pensé después de que el reportero se fue, que probablemente no se imprimiría en ningún lado.

Al siguiente día, mi hija Estrella me llamó de la escuela. Ella me dijo, "Mami, ¿puedes creer esto?"

"¿Qué?"

"¡Saliste en el periódico!"

"¿Qué? ¿Cómo puede ser?"

"¡En primera página!

¡No!, pensé. Y cuando llegamos a la casa me mostró el periódico y vi una foto grande de mi al frente de la marcha, y tenía mi nombre y el discurso que había dado el día anterior. "La inmigrante Adela, quien no es criminal, quien está aquí con su familia," y seguía. Estrella dijo, "Mami, ¿No estás asustada? Allí está toda tu información". Pensé, pues, no puedo hacer nada al respecto ahora. Las cosas ya están fuera de mis manos.

MUCHO TIEMPO SIN FAMLIA

He estado en California por dieciocho años. Han pasado dieciocho años desde que vi a mi madre y padre, mis hermanas y hermanos. Es demasiado tiempo sin ver a tu familia. He pensado muchas veces en ir a visitarlos, y después tratar de regresar a pie por las montañas otra vez. No, me digo a mi misma, no podría hacerlo de regreso. No, han muerto demasiados en el desierto, tantos que se han ahogado. Y ¿qué tal si Inmigración me captura, qué pasaría después? Tendrían mis huellas digitales, tendría antecedentes, ellos me deportarían. ¿Qué les pasaría a mis hijas? No, me digo a mi misma, es mejor estar aquí y tratar algún día de conseguir visa para ir a verlos. Ahora ya no sé como son mis padres. Deben ser más viejos, lentos, canosos. Si algún día tengo la oportunidad de verlos, ¡voy a correr hacia ellos! Si todavía soy suficientemente joven para correr. Espero poder visitarlos muy pronto. Hace algunos años mi hermano murió, pero no pude estar allá, no pude ir a su funeral porque no tengo papeles para que me dejen regresar. Espero que, primero Dios, habrá una amnistía. Espero que hagan algo antes de que el resto de familia ya no esté.

DESPUÉS LOS NOVIOS

Ahora, sí, supongo que estoy casi involucrada en toda la cosa. Las escuelas, la iglesia, ahora marchando por nuestros derechos. Por una oportunidad de amnistía. Todo esto vino de querer algo mejor para mis hijas.

Estrella siempre ha querido estar en biogenética, o ¿será bioingeniería? Y Mirreya, desde que era pequeña, ha querido ser policía. Les digo a las muchachas que deben de tener sus carreras en orden antes de casarse. Les digo que tienen que conseguir trabajo, para que nunca dependan de un hombre. Porque algunos de los jóvenes van a agarrarlas del pelo, como dicen, con un puño, y llevárselas. Yo digo no. Si quieres estudiar biología, está bien. Si quieres ser policía, está bien. Después los novios. "¡No, ahora!" dicen. "¡Mami! quiero casarme ahora". Yo digo, "¡No, espera! Todavía hay tiempo. ¿Tú quieres niños? ¿Qué va a pasar? Si quieres niños sólo para que me los des para que los cuide, no".

Si tienen educación pueden salir y ganarse una vida mejor. Una vida en que no tienen que trabajar en los campos, trabajando en trabajos duros, trabajos manuales donde salen con todo sucio, con la ropa llena de polvo. Si no tienen educación, harán todo lo que esos sin papeles hacen ahora.

Ustedes no van a ser lo mismo que yo, les digo. Tú puedes ser una buena doctora, una buena abogada. Pueden hacer trabajos que nosotros no podemos hacer. Porque no tenemos el lenguaje, no tenemos papeles. Ustedes ya tienen años viviendo aquí. Hablan inglés, edúquense, hagan trabajos que yo no puedo, mis hijas.

CONVIERTIÉNDOME EN SU LÍDER

Más de tres mil personas se presentaron para la segunda marcha, el 1 de mayo. Llegaron de pueblos alrededor de Modesto. Puse un anuncio en el canal local de televisión. Dije que no quería dar mi nombre, solo quería dar la hora y la fecha y la ruta de la marcha.

Habría más coordinadores esta vez y pensé, no quiero estar al frente esta vez. Pero ¿Qué pasó? Que cuando caminamos parte de la ruta uno de los coordinadores me dijo que me pusiera al frente. Yo dije: "Estoy bien aquí, todos ustedes son líderes, ustedes pueden ir al frente".

Ellos estaban serios. Dijeron, "No, mira, todos vinieron, todos los niños y jóvenes, y sólo a ti te respetan".

Pues, finalmente me empujaron y me empujaron y me fui hasta enfrente. Todos los niños estaban corriendo alrededor, enfrente del departamento de policía y enfrente de la marcha en un gran grupo.

Yo dije, "¿Saben qué? ¿Por qué no forman una línea y, cabal como venimos, podemos caminar en orden? ¡Todos los niños se callaron y se pusieron en línea! Y los coordinadores dijeron, "¿Ves? Mira lo que haces cuando estás al frente. "Ya estamos viendo que te estás convirtiendo en nuestra líder".

¡Había tanta gente! Todos estaban allí, hasta mi marido. Mi hombre me dijo, "¿No estás asustada?" Yo dije, "Pues, si algo pasa aquí, tendrán que llevarnos a todos".

Cuando llegamos al parque nos paramos y subimos sobre nuestras cabezas todas las banderas que teníamos. Esta vez, no quise dar mi nombre a los reporteros. Estuve callada ese día.

Ha pasado más de un año desde las marchas y hasta ahora nada ha pasado. Estrella todavía me pregunta si estoy asustada y digo que no. Y ella dice, "Ellos te grabarán y tal vez llegará al gobierno. ¡Mamá! Me asusta que les cuentes a todos que somos inmigrantes porque yo quiero ir a la universidad. Todos saben que no tienes papeles, y mientras ellos hacen preguntas saben que yo no tengo papeles tampoco. Estoy nerviosa todo el tiempo," dice ella. "Por favor mami, no más— estoy asustada ahora. No quiero que algo te pase porque somos tan unidas. Somos las más unidas de todos, hemos estado juntas en todo. Tengo que tener a mi mami conmigo.

Yo la entiendo. Me siento igual. "Pero no estoy asustada," le digo. "Porque, hay una posibilidad de que la gente con quien hablas pueda ayudarte. Tú hablas con ellos y tal vez ellos pueden ayudarte con tus papeles, ayudarte a arreglar tu situación. Hija,con suerte tal vez ellos podrían ayudar a arreglar las cosas para ti". Ella dice, "Sí mami, lo sé, pero no quiero estar aquí sola".

Pero yo le digo, "Hay oportunidades. Tal vez hablando de estas cosas, cambiarán. En caso de que esto sea una oportunidad que ellos nos ofrecieran, tienes que aprovecharla. Tienes que, como dicen, salir de la oscuridad. Salir y decir, "¡Aquí estoy! ¿Me ves?"

ESTRELLA

EDAD: *17*
PAÍS DE ORIGEN: *México*
OCCUPACIÓN: *Estudiante de Secundaria*
DOMICILIO: *Modesto, California*

ME ENCANTA TRATAR EL ADN

Estrella es la hija mayor de Adela, cuya historia fue narrada en el capítulo anterior de este libro. Fue llevada por su madre a través de terrenos montañosos adentro del Sur de California cuando tenía solamente seis semanas de nacida. Estrella no tiene recuerdos de México. Ella tiene diecisiete años ahora, es la mayor de cinco hijas, las demás nacieron en los EE.UU. y por lo tanto son ciudadanas americanas. Esta entrevista tomó lugar, después de la escuela, en la cocina del apartamento de Estrella. Su madre y hermanas, junto con otros amigos jóvenes de visita, se sentaron en la sala para ver la televisión. Estrella nos habló en inglés.

Estoy en el último año. No tengo la primera clase, así que sólo tengo cinco. Me gusta la escuela, pero no soy muy buena. No soy una persona que siempre saca una A, pero estoy en medio. Hasta ahora, sí me voy a graduar. Estoy tomando economía, porque es uno de los cursos requeridos para la graduación. Estoy tomando inglés. Y soy asistente de la maestra en la segunda clase. Estoy tomando anatomía humana, también, donde hemos podido cortar diferentes animales—una rana, un tiburón, y un gato. Fue difícil trabajar con la rana porque los órganos son mucho más pequeños. Con el tiburón es bien difícil arrancarles la piel, porque está bien atada a los músculos. Pero el gato fue más duro, porque tiene más órganos, más músculos. Los gatos todavía tenían el pelo. Ellos ya tenían un hueco donde los habían inyectado con algo para teñirles las venas y las arterias. Algo que tiñe las arterias rosadas y las venas de un azul oscuro. Para quitarle el pelo al gato pusimos los dedos a través del hueco, separando el pelo del pedacito de piel que sostiene los músculos y los órganos juntos. Le arrancamos la piel completamente desde la cabeza hasta la cola. Después de arrancarles la piel, removimos los músculos superficiales, la capa de encima, y después los músculos más profundos hacia las órganos, y los examinamos. Después siguieron todos los tendones, y los huesos. Y finalmente los órganos, el estómago, el hígado, el corazón. Abrimos el estómago, los intestinos, para ver su forma. Entonces le cortamos la boca y revisamos el esófago.

Cuando estábamos cortando el gato pude palpar adentro donde estaba el estómago. Cuando llegué a la casa, toqué a mi perro para ver si podía palpar dónde estaba el estómago. Era un poquito extraño, terminé preguntándome cómo sería si disecara a mi perro.

Tomo clases en la orquesta, y toco el violín. Eso empezó en el quinto grado. Mis amigos y yo lo vimos como una forma de salir de la clase. Continué hasta el octavo grado y entonces, cuando empecé el primer año, los consejeros trataron de sacarme. Me dijeron, "No tendrás tiempo para tomar este tipo de clases. Tienes que tomar dos años de esto, dos años de aquello". Pero terminé resolviéndolo, porque podía ir a la escuela de verano y tomar algunas de esas clases. En la secundaria empecé en la orquesta intermedia. Al final del año pasado, empecé en la orquesta completa.

El año pasado la orquesta fue a Hawai, para una excursión, y no pude ir por mi condición legal. Tienes que mostrar ID en el aeropuerto. Quería ir, pero comprendí por qué no puedo, así que no fue una gran cosa. Creo que me sentí abandonada, porque todos mis amigos iban. La mayoría de mis amigos más cercanos saben que soy indocumentada. Sólo con los que no ando mucho no saben.

Hice el programa "biotech" en mi prepa el año pasado. Era una clase ROP[1], así que mi dio cierto crédito de colegio universitario. Fuimos en excursiones a colegios de la comunidad, y vimos sus programas biotécnicos, y fuimos a algunas firmas biotécnicas. Exactamente es por eso que quiero ser una biotécnica. Me encanta tratar el ADN, las células y todo. Lo encuentro fascinante, como puedes sacar gelatinas de ciertas cosas, y hacer crecer las células.

Me estoy enfocando próximamente en ir al colegio universitario, y especializarme en la investigación biotécnica. Realmente nunca quise ir a una universidad de cuatro años después de la secundaria, porque sería un caos completo. No tengo el dinero. Pero no es imposible. Podría calificar para becas, pero todavía no resultaría posible.[2]

Mi plan es ir a un colegio de la comunidad y entonces transferirme a UC Davis, porque UC Davis tiene un gran programa de biotecnología. Y espero poder obtener un internado en una compañía biotécnica para ayudar a pagar mi educación.

CINCO HERMANAS, TRES PÁJAROS, TRECE PECES, DOS PERROS

Yo soy la mayor de cinco hermanas. Todas mis hermanas nacieron aquí, así que ellas son ciudadanas. Adriana tiene dieciséis, Mirreya catorce, Paula acaba de cumplir trece y Mirabel cumplió ocho. Y también están mi mamá y mi papá, así que somos siete miembros en total en mi familia.

Mi mamá dice que lloré mucho cuando estábamos cruzando la

---

[1] Un Programa Ocupacional Regional, o curso educativo técnico.

[2] El acceso a ayuda financiera para estudiantes indocumentados es limitada en la mayoría de los estados.

frontera. Ellos cruzaron caminando, yo lloraba cada vez que un hombre de la inmigración, o lo que sea, no sé cómo les dicen en inglés, pero cuando ellos pasaban manejando, empezaba a llorar. Tenía menos de dos meses.

Después que cruzamos, fuimos a San Diego, donde nos quedamos en una casa con un montón de gente que había cruzado al mismo tiempo. Y entonces finalmente, fuimos a donde mi tía se estaba quedando. Creo que era en San Fernando. Y nos quedamos ahí hasta que tenía unos dos años. Entonces vinimos aquí, a Modesto, donde mi papá estaba antes de ir a buscarnos, a mi mamá y mí. He vivido la mayor parte de mi vida en Modesto. Hemos vivido en diferentes lugares en el pueblo, y ahora hemos estado en este apartamento por diez años.

Cuando por primera nos mudamos a donde vivimos ahora, los apartamentos estaban muy abandonados. Había vandalismo en todas partes, y drogas y todo. La pintura del apartamento era terrible. Los gabinetes no estaban arreglados. Pero al pasar los años, lo hemos arreglado todo. La gente que vendía drogas se mudó, y estuvo bastante calmado por un tiempo. Pero entonces se mudaron unas cuantas familias que causaron muchos problemas. Teníamos helicópteros y perros aquí en los apartamentos buscando gente. Estuvo así por cerca de dos o tres años. Entonces se calmó, y ahora lo están haciendo otra vez. Hay actividades de drogas y también actividades de pandillas.

Nuestro apartamento tiene tres habitaciones y un baño. La cocina no es grande, pero no es muy chica. Y la sala tiene un tamaño bastante normal. El cuarto de en medio es el más grande. Y los dos de los lados tienen un tamaño bastante normal.

Dos de mis hermanas duermen en mi cuarto conmigo. Era mi cuarto pero una a una, se fueron metiendo. Por una extraña razón, toda la otra gente duerme en la sala. Mi mamá, mi papá, mi hermanita. Y Adriana, la que tiene dieciséis, porque ellos no le tienen confianza. Los otros dos cuartos no se usan. Tienen cosas, pero nadie duerme ahí.

Por un tiempo, la hermana de mi papá, su esposo, su hijo y el hermano de su esposo se estaban quedando en el último cuarto, porque les estaban remodelando su casa. Tenemos tres pájaros y trece peces. Tenemos dos perros. Antes teníamos dos curieles. Y antes teníamos dos gatos. Mi perro se queda conmigo. Duerme conmigo como un bebé. Se recuesta a mi lado sobre mi brazo. Ella también orina en el baño donde debe a hacerlo. Pero el otro perro no. Se orina y lo hace todo donde quiera.

Duermo tarde, así que me preparo cuando todos se van, tengo el baño para mí sola. No tengo la primera clase, pero cuando la tenía, era malo. Porque todos entrábamos, uno saliendo, uno empujando para entrar, uno saliendo. Y dos o tres ahí al mismo tiempo lavándonos los dientes, poniéndonos maquillaje, o peinándonos. Así que mi papá terminó agregándole espejos a la casa. Tenemos un espejo grande al lado del baño, y tenemos uno largo que está en el pasillo. Ahí es donde nos peinamos y nos ponemos maquillaje. Ha sido más fácil desde que mi papá agregó los espejos.

Cuando estaba en la primaria, era extraña, porque no sabía que no era la única sin documentos. No le decía nada a nadie. Mis padres siempre me dijeron, "No le digas a nadie, ni a tus amigos". Mis amigos hablaban de ir a México y cosas así, y yo no decía nada. Estaba tan aterrorizada.

Y mis padres me decían cómo les fue tan duro cruzar la frontera. Mi mamá tenía una pierna fastidiada entonces, así que su pie estaba malo cuando finalmente cruzaron. Mis padres no hablaban inglés cuando llegaron aquí, nada de inglés. Así que tuvieron que empezar por el principio. Hasta ahora mi mamá ha aprendido mucho. Mi papá ha sido muy terco.

Mi papá es muy estricto. Un padre mexicano anticuado. Él me estaba diciendo que yo no podía casarme, no podía tener bebés, aún si tuviera treinta años. Vamos al cine una vez a la semana. Y si salgo, aunque yo soy la mayor, tengo que traer a todas mis hermanas a donde quiera que vaya. Si voy a algún lugar tengo que traer a cada una de ellas. Mi mamá es un poco estricta. Ella todavía tiene algunas tradiciones mexicanas, pero ella sabe como cambiarlas, porque ya no estamos en México. Las cosas no son lo mismo.

ESO ES JUSTO UNA DE LAS COSAS QUE HAGO

Boxeo con el programa PAL de Modesto, y me encanta boxear. Hace un par de años, mi mamá dijo, "Ya es hora de que hagan algún tipo de deporte, para que no estén todo el día en la casa". Nos dijo que escogiéramos de los deportes que tenían en el PAL de Modesto—balompié, baloncesto, y cosa así. Pero estaban demasiado lejos, y mi mamá no sabe manejar. El boxeo estaba cerca. Así que fue más una cosa de conveniencia que otra cosa.

Al tercer día que estaba ahí, ellos trataron de hacerme pelear, pero les dije, "Yo no voy a pelear con nadie, yo no voy a subirme al ring". Pero un par de meses después, lo intenté.

La primera vez me dio miedo. No sabía cómo moverme en el ring. No fue en contra de otra muchacha, fue en contra de un muchacho. La primera vez que me dieron en la cara, fue un momento de realidad brusca. Te dan y no es un toquecito. Te golpean duro. Moví mi cabeza. Me hizo abrir los ojos. Me di cuenta entonces que tenía que hacer lo que aprendí a hacer. Puse mi guardia en alto y regresé el golpe. Los primeros piñazos que tiré, pensé, ¿Oh Dios mío, le estoy golpeando duro? ¿Le está doliendo? ¿Va a hacer una diferencia? Finalmente me acostumbré.

Entonces después de cerca de dos meses de pelear, uno de los tipos mayores me dio en la cara, y me dejó un chichón en el lado derecho de la nariz. Después de eso, peleé con otro muchacho grande, y él me enganchó el hombro izquierdo y lo dislocó. Entonces mi mamá dijo, "No quiero que hagas eso. No es algo para muchachas, es una cosa más de muchachos". Todavía estoy boxeando pero ya no combato.

Enseñé catecismo por dos años, del 2002 al 2004. También estaba en el coro, en el séptimo y octavo grado, y la mitad del primer año de secundaria. Y terminé dejándolo porque mi papá me dijo que era una pérdida de tiempo. También estaba en el grupo juvenil, los viernes.

Estuve haciendo "hip-hop" como por un año, también. Tomé clases en DeeDee's Step Class, pero eso era muy caro así que me asocié al programa de PAL de Modesto. Así que después de boxear los lunes, de siete a ocho, me iba al hip-hop. Me encanta bailar. Esa es una de las cosas que hago, además del maquillaje y el cabello. Pero entonces mi papá dijo que era una pérdida de tiempo.

Mi papá y yo no tenemos esa conexión de hija a padre. Él realmente nunca ha estado ahí para mí. Cuando empecé a tocar un instrumento, él nunca fue a mis conciertos. Cuando me gradué del sexto grado, él no fue a mi graduación. Cuando hice la primera comunión y confirmación, su hermano, mi tío Pepe, tuvo que obligarlo a que fuera. Para mi quinceañera, no quiso ir. Él actúa diferente conmigo que con mis hermanas. Hay días cuando parece que nos llevamos bien, pero en realidad, dentro de mí no tengo conexión con mi papá. Y algunas veces las cosas que él dice lo empeora. Él puede que diga que no quiso decirlas, pero en realidad, me duelen mucho. Yo lo quiero, pero nunca hemos tenido es una buena conexión.

Algunas veces mi papá se pone bien feo conmigo. Él no entiende cómo las cosas aquí son diferentes. En México estás de fiesta todo el día. Como dicen: si puedes alcanzar el mostrador, puedes comprar una cerveza. Aquí es completamente diferente. Cuando creces y puedes hacer todo esto, eso tiene un gran significado. Aquí hay bailes de graduación y cosas así. Significa mucho para la gente cuando se gradúa. Es algo que pasa una sola vez en la vida. Pero para mi papá, eso simplemente es estúpido. Si en México hay alguna fiesta cualquiera puede ir. Somos de dos lugares diferentes. Las cosas son diferentes.

DE DÓNDE VIENES

En Mayo 1, 2006 por motivo de la marcha[3] salimos del campo y los maestros y directores estaban tomando fotos para ver quién salió. Todo el mundo en Sacramento y San Francisco hicieron sus marchas el mismo día. Fue para mostrar que queríamos los mismos derechos para los inmigrantes. Tenía miedo de Inmigración y todo. Muchos de mis amigos blancos no sabían mi condición legal. Yo soy amiga de mucha gente blanca. La mayoría de la gente que marchó no tenía papeles. Tenía miedo de cómo la gente me iba a mirar después, y no sabía si quería tomar ese riesgo. Pero el ver a mis amigos y a mi mamá me motivó, y terminé marchando.

Casi todos los hispanos dejaron la escuela ese día. Así que fue bastante grande, alrededor de doscientas personas, no incluyendo las escuelas primarias y secundarias que marcharon ese día también. Cuando estábamos saliendo del campo, algunos de los otros estudiantes, la mayoría muchachos, nos estaban haciendo señas, diciendo cosas como "ustedes frijoleros no deberían venir aquí".

Caminamos en hacia al centro hasta que llegamos al ayuntamiento. Mientras marchábamos por la ciudad, había gentes manejando a nuestro lado, haciéndonos señas, y algunos tenían carteles en los carros que decían, "Regresa a donde viniste," y cosas así.

Cuando regresamos nos dieron detención o escuela el sábado, pero si queríamos salirnos de eso teníamos que escribir un ensayo acerca de por qué decidimos salir del campo. Así que escribí mi ensayo sobre lo que quería para mi futuro y por qué mis padres vinieron aquí en primer lugar.

Se lo di personalmente al Sr. Santiago, nuestro vice director. Una semana más tarde, me llamaron a la oficina. No tenía idea por qué.

---

[3] Cientos de miles de inmigrantes y partidarios de los derechos de los inmigrantes dejaron sus trabajos y escuelas como parte de una manifestación llamada "Día Sin Un Inmigrante". La marcha tomó lugar en el 1 de mayo 2006, en ciudades a través de los EE.UU.

Cuando te dan el pase azul, tú sabes que tienes problemas.
Entré, y el Sr. Santiago dijo, "Te vamos a suspender". Y yo dije,
"Por qué".

Y él dijo, "No, estoy jugando". Él dijo, "Después de leer tu
ensayo, pienso que tú realmente tuviste razón, y estuvo muy bien
escrito. Solamente necesitamos saber si tenemos tu permiso para pub-
licarlo en el periódico".

Y dije, "Bien". Lo publicaron la semana siguiente.

Marchamos otra vez este año, pero no vino mucha gente, porque
tenían miedo. Todo lo que está pasando alrededor. Toda la cosa de
Inmigración. Las invasiones en las casas y los trabajos de la gente. La
gente tenía miedo de exponerse a ser capturados por Inmigración.
No lo hicimos durante las horas de clase este año. No tuvo la misma
energía que tuvo el año pasado.

MANTENIÉNDOME EN LÍNEA

En realidad no me llevo bien con mis hermanas, porque ninguna
de ellas es como yo. Cada tercer palabra que sale de sus bocas es
una grosería. Adriana y Mirreya están más o menos involucradas con
pandillas.

Adriana fue suspendida una vez, la escuela estuvo llamando a la
casa por tres semanas seguidas. Eso nunca me ha pasado a mí. Hubo
un tiempo cuando yo tuve problemas en la escuela. Pero no fue al extremo de que fui suspendida o la escuela tuvo que llamar a mi casa.

Tenía catorce. Yo era un contestona. Eso era todo. Yo no era una
peleonera o algo así. Era más bien una contestona. No me gustaba que
la gente me dijera nada. No me callaba.

Lo que me cambió, yo creo, fue que estaba creciendo. Era la
mayor, lo que me hizo querer enfocarme en hacer bien. Y tener ciertos
maestros me ayudó mucho. Como la Sra. Barnes, mi maestra de biotecnología. Ella era una gran maestra. Ella me estimuló mucho. Ella

no me dejaba darme por vencida. Ms. Sánchez es otra gran maestra. Y el Sr. Bloom es un gran maestro también. El año pasado mi hermana empezó el primer año de secundaria, y tuvo problemas con los Sureños[4]. Ella y esta otra muchacha no se llevaban bien. Y entonces de algún modo mi nombre salió involucrado en eso. La chiquilla empezó a hablar mal de mí, y llegó el momento donde me dije, o ella se calla, o voy a tener que hacer algo sobre el asunto. La encaré, y se formó una cosa grande. Entonces mi mamá se cansó de eso y vino a la escuela. Nos reunieron a todas, y hablamos.

Entonces el oficial Rodríguez, el oficial de prevención de pandillas, me llamó. Le expliqué que no estaba metida en pandillas. Le dije, "Yo no soy esa clase de persona. Nadie me dice lo que puedo usar o lo que no puedo usar. Si a alguien no le gusta el color que tengo puesto, entonces ellos necesitan hablarme". Y él dijo, "Bueno, aprecio mucho que estés involucrada". Así fue como empezamos a hablar.

Él empezó a ayudarme. Yo le pedí que ayudara a mantener a mis hermanas fuera de las pandillas. Yo lo ayudé enseñándole acerca de las pandillas desde el punto de vista de una adolescente, para que vea las cosas de forma diferentede lo que enseñan por ahí, donde sea que vayan. Yo no sé adónde ellos van a aprender acerca de las pandillas. Yo le dije lo que yo sé, lo que veo. Y si yo sé algo de cierta persona, yo ayudo.

Él comenzó haciendo preguntas como, "¿Tú sabes lo que esto significa? ¿Tú sabes lo que esto significa?" Ciertos signos y símbolos de las pandillas. Y fue de ahí que empezó el que yo fuera con él a conferencias. Yo voy con él, y los padres me pueden hacer preguntas acerca de las pandillas desde un punto de vista de una joven. Yo nunca estuve metida en ellas, pero tengo muchos amigos que lo están, y mis hermanas están medio involucradas en ellas.

Ahora mismo, uno de mis primos está preso. El oficial Rodríguez ha tenido que tratarlo a él personalmente. Y él ha tratado a mis ami-

---

[4] Una pandilla callejera mexicana-americana originaria del Sur de California.

gos míos. Todos ellos son Norteños.[5] O, ellos usan rojo, X4 y toda esa basura.

Si tu hijo tiene problemas, tienes que ir a esta clase para padres para aprender acerca de las pandillas. Yo voy a ellas con el oficial Rodríguez. Primero él muestra su información en la computadora, su información acerca de las pandillas, y explica cuál es su trabajo, como ellos descubren las pandillas y todo. Después de eso, él le da tiempo a los padres para hacerme preguntas.

Sus preguntas principales son: "¿Cómo puedes decir que no? ¿Cómo evitas todo, y cómo es que tú puedes arreglarte para ser amigos con ambos y no ser molestado o atacado por una de las pandillas?"

Yo les digo que depende de la persona. Si los enfrentas, no hacen nada. Porque nunca te preguntan en grupos grandes. Usualmente, es uno o dos tipos y si tú dices, "No yo no ando en pandillas". Entonces más o menos te dejan en paz. Pero si continúas con la cabeza baja, y te siguen intimidando entonces ellos van a tratar de hacerte parte de ellos.

Es también basado en los padres. La policía sólo puede ayudar hasta cierto punto. Como el oficial Rodríguez, él está haciendo lo más que puede, tratando de mantener la mayor cantidad posible de muchachos fuera de las pandillas. Pero como un miembro de una pandilla le dijo hace poco, tú no puedes salvar a alguien que no quiere ser salvado. Y no hay quién los detenga, si los padres no se ponen fuertes y dicen, "Mira, tú no vas a hacer esto" en vez de, "Oh él no me escucha, qué puedo hacer?" Él te escuchará. Tú solo tienes que ser fuerte. Yo les digo a los padres que es su obligación asegurarse de que sus hijos no estén por ahí haciendo lo que no deben hacer.

---

[5] Rivales tradicionales de los Sureños, los Norteños son una pandilla grande mexicana-americana con raíces en el Norte de California. Los miembros de la "ganga" usan mucho el número catorce. N es la décima cuarta letra del alfabeto—y el color rojo en tatuajes y ropas. El número catorce a menudo se escribe como "X4," una forma de distorsionar el número romano XIV.

Así fue más o menos como empezó para mí, todo por un problema. Estoy tratando de hacer algo de mi vida y no ser parte de ninguna de estas pandillas. Así que el oficial Rodríguez me ha estado ayudando mantenerme en línea.

PROBLEMA GRANDE

El oficial Rodríguez sabe mi condición legal. Alrededor de Enero del 2006, le mencioné que necesitaba trabajo. Así que estábamos pensando en lugares en que podríamos aplicar. Él dijo, "Sólo dame tu información general, y yo estoy casi seguro de que te puedo encontrar un trabajo". Ahí fue cuando le dije que yo no tengo un buen Seguro Social. Y él dijo, "¿Oh, así que tú no naciste aquí?" Yo dije, "No, yo no". Después de eso, él fue amable. Él me ha ayudado aún más, después de eso. Gracias a él recibí una beca de quinientos dólares del departamento de policía.

Mi mamá me sacó un Seguro Social durante el tiempo cuando podías obtenerlos. Pusieron: No Válido Para Trabajar. Pero cuando mi mamá llenó los papeles, de alguna manera terminó diciendo que yo nací en 1986. En realidad, mi fecha de nacimiento es en 1989. De alguna manera se confundió. La cosa es ahora mismo, de acuerdo con los datos en mi Social, tengo veintiún años. Pero no puedo regresar y arreglarlos, porque existe la posibilidad de que me lo quiten. Y eso es lo que he estado usando para ir a la escuela, el programa PAL, y todo.

Me da miedo, porque cuando solicitas un trabajo, hay lugares donde hacen una revisión de antecedentes penales, para ver si has sido preso alguna vez o algo parecida. Así pues si eso pasara, y revisan mi fecha de nacimiento que yo pongo en la solicitud comparada con la fecha en el Social, yo podría terminar con un problema grande.

Algo así pasó cuando yo llené el FAFSA[6]. Estaba esperando mi

---

[6] Aplicación gratis para ayuda Federal para estudiantes.

número de PIN en mi correo electrónico, y me mandaron una carta que decía "La información que nos dio no tiene correlación con la información en su Social. Por favor revise el material y responda". Así que ahora no sé qué hacer.

No puedo independizarme si no tengo un trabajo. Si no puedo obtener alguna clase de beca o ayuda financiera, mis padres tendrán que pagar por mi educación, y eso es mucho dinero. Especialmente para una familia de siete miembros.

Yo he pensado en aplicar, en tiendas, también en lugares como hamburguesías, pero todos te piden el Social. Yo he notado que en algunas aplicaciones no es requerido, porque hay una ley, creo, donde tú no tienes que dar tu Social, porque es personal. Así que, en Chuck E Cheese, por ejemplo, si tú aplicas, en la línea donde pide el número del Seguro Social, dice "Opcional" y entonces explica por qué.

Mi mamá y yo estamos pensando que quizás debo aplicar en cualquier lugar. Y si me dan el trabajo, y todo resulta bien, y si trabajo duro, no tendrán razón para despedirme.

Mi papá ha estado trabajando casi siempre en la misma cosa toda su vida. Él pinta casas. Él casi siempre tiene buenos trabajos. Él es tan bueno en lo que hace que frecuentemente le ponen de capataz. Así que él no es sólo un pintor, sino que él tiene llaves para las cosas.

En la última compañía que trabajó, él estuvo por cinco o seis años. Pero entonces tuvo un accidente, y lo despidieron. Él tuvo unos cuantos accidentes. Una vez él estaba limpiando la pistola de pintura, y se le olvidó ponerle algo, y el agua le cortó la piel. Y todavía tenía pintura en ella.

Otra vez se le enterró una astilla en el dedo, y se le puso bien mal. La astilla estaba enterrada en su dedo chiquito, y se le inflamó toda la mano. Tenía cierta clase de infección. Tuvo que ir al doctor, y le inyectaron tantas cosas. El doctor le preguntó, "¿Qué pasó? ¿Dónde ocurrió esto?" Mi papá le dijo que fue en su trabajo, y el doctor fue en realidad el que lo animó para hacer que su trabajo pagara por lo que pasó. Pero enseguida lo despidieron. Así que mi papá terminó buscando un abogado, y sacó algún dinero por ello. No recibió mucho porque él no es documentado. Pero pudo recibir algo. La compañía donde él trabaja por ahora no es una compañía muy buena. No trabaja tanto como él solía. Pero por ahora, es lo que ha estado poniendo la comida en la mesa.

Hasta yo pinto ahora. Yo sé cmo hacerlo casi todo cuando pinto casas. Mi papá consigue trabajos por su lado. La gente quiere que él les pinte sus casas, y si él no puede conseguir a alguien más para ayudarlo, entonces me lleva a mí. Yo lo hago sólo por diversión, pero a veces él me paga.

Empecé cerca del octavo grado. Al principio, era solamente cubriendo las ventanas, asegurándome que no había pintura en las ventanas, en la alfombra, y cosas así. Y entonces finalmente, cuando yo estaba en el primer año, le pedí que me enseñara a pintar, y él me enseñó.

VE DERECHO

Yo sé manejar. Aprendí a las duras. Mi papá es un alcohólico. La primerísima vez que toqué el volante de un carro, veníamos de regreso de Stockton, y mi papá estaba completamente borracho. Él estaba desviándose por todo el camino. El trató de que mi mamá manejara, pero ella estaba muy asustada. Así que yo tuve que tomar el control del carro.

Yo tenía trece años. Me senté en las rodillas de mi papá. Él controlaba el gas, y yo controlaba el volante, asegurándome de que íbamos derecho. A esa hora de la noche, en la carretera, es bastante fácil. Sólo tienes que ir derecho—sin doblar, sin parar.

La segunda vez, la misma cosa pasó. Finalmente, me acostumbré, y si mi papá estaba muy borracho, yo decía, "Sabes qué, yo manejo". La última vez que yo manejé cuando él estaba bien borracho fue desde Sacramento. Y entonces por el último año y medio, yo he estado manejando. Ahora tengo un permiso. Pero no puedo sacar mi licencia.

Ahora mismo la camioneta no está funcionando. No sabemos lo que tiene mal. Pero antes de eso, todos los viernes yo era el taxi. Yo manejaba a todo el mundo a todas partes. Me gusta manejar. Pero la gasolina está muy cara.

LA COSA DE INMIGRACIÓN

Ellos han estado haciendo la cosa de Inmigración, yendo de puerta en puerta. Y se están acercando más y más,cada vez que lo oímos en las noticias. Nosotros oímos lo que hicieron en Oakland. Y entonces mi tío oyó que lo hicieron en Stockton. Cada vez que oímos sobre eso, se está acercando más y más a Modesto, y nos aterroriza. Porque mis hermanas no son lo suficientemente mayores para dejarlas solas. Hemos estado viendo en las noticias como muchos padres están siendo separados de sus hijos, porque los hijos son ciudadanos y los padres no. Si algo así nos pasara a nosotros significaría que todas mis hermanas se quedarían, y mis padres y yo seríamos deportados.

Yo hablo inglés mejor que la mayoría de los mexicanos que son indocumentados, así que yo no estoy realmente preocupada de que me vean en las calles o algo así. Estoy más preocupada de que vengan a mi casa y que mi mamá y mi papá estén aquí, porque ellos todavía tienen un acento.

Si yo tuviera cualquier problema con inmigración, yo tengo al oficial Rodríguez y suficientes maestros a los que yo pudiera acudir para referencias. No soy una criminal.

Yo estoy de acuerdo con algunos de los argumentos que la gente tiene sobre inmigración. Seguro, vinimos aquí ilegalmente. Pero la gente que nació aquí puede ir a otros países. ¿Qué pasaría si México hiciera la misma cosa que los EE.UU.? ¿Qué tal si México cerrara las puertas a la gente que no nació ahí? Así como México necesita cosas de los EE.UU., los EE.UU. necesitan cosas de todos los demáspaises en el mundo.

Si no fuera por la mayoría de los trabajadores hispanos que trabajan los campos, nadie más haría esos tipos de trabajos. Y en México, si vas al colegio y estudias, no significa nada si vienes aquí. Tú podrías ser el mejor abogado en México, y no importaría aquí. Tu diploma o tu grado de maestría de allá no significa nada aquí. La mayoría de la gente no viene aquí para destruir a los EE.UU. o cometer crímenes. La mayoría de los hispanos están aquí para hacer algo con sus vidas, para darle a sus hijos una vida mejor de lo que pudieran tener en otro país. Seguro, algunas veces los muchachos son los que lo echan todo a perder para todo el mundo, porque la actividad de pandillas y el vandalismo se hace principalmente los jóvenes. ¿Pero por qué no tratar con ellos, en vez de culpar a todos por lo que uno hace? Muchas de esas gentes que trabajan en los campos, si los miras, la gente que está muy vieja todavía está ahí trabajando. En el calor, recogiendo tomates, recogiendo lo que sea. Y si le preguntas a cualquier otro, no están dispuestos a hacerlo. La gente negra no lo va a hacer. Ellos dirían, "Yo no soy tu esclavo".

Yo estuve en la escuela nocturna el trimestre pasado, y la maestra era blanca, y ella misma lo dijo: "No hay ninguna persona caucásica que haría ese trabajo. Ni los caucásicos sin techo lo harían". Ella dijo eso. Y yo pienso que si los EE.UU. quiere darle visas temporales a la gente, sólo para que pueda trabajar, eso no tiene sentido.

Esa es la manera en que todos los hispanos lo están viendo. Yo en realidad no puedo decir que soy de México, o que yo soy mexicana. Pero no me considero mexicana-americana. Yo hablo inglés mejor de que hablo español. Yo tuve mis primeras vacunas aquí, en los Estados Unidos. Cuando yo empecé a caminar, mis primeros pocos pasos, los di aquí, en los Estados Unidos. Yo no estaba en México. Yo estaba aquí. Todo lo que tengo es de aquí.

ENRIQUE, 60
Chicago, Illinois

Enrique proviene de Emiliano Zapata, Michoacán. Trabaja como jornalero en Chicago donde se las ve difícil, porque él es uno de los hombres más viejos de la calle. Vino a los Estados Unidos hace poco con esperanzas de mandar dinero a su esposa y siete hijos en México.

Llevo aquí doce meses y hay días en los que ni tengo suficiente dinero para poder comer. Hay días que sólo trabajo una, dos, o tres horas. Cuando trabajo ocho horas soy un rey, pero a veces paso una semana sin conseguir nada. Salgo de la casa todos los días a las cinco de la mañana para venir aquí, para estar aquí en esta esquina. A veces los otros hombres dicen: "Él es viejo, no te lo lleves porque ya está muy viejo". Tengo que mantener a mis siete hijos y aquí tengo que pagar la renta; no se lo puede imaginar. Han pasado ocho días sin tener trabajo y hemos estado parados aquí desde las siete de la mañana. Cuando nos acostamos en la noche tenemos los pies bien hinchados.

GLOSARIO

asilo—Asilo permite que individuos que están en los EE.UU. que permanezcan aquí, con tal de que satisfagan la definición de un refugiado y que no sean prohibido de solicitar asilo o de ser otorgado asilo. Cada año, miles de personas que han sido perseguidas y que tienen miedo de ser perseguidas por su raza, religión, nacionalidad, membrecía a un grupo social en particular, o alianza política, solicitan asilo. Los que se decide que reúne los requisitos necesarios se permiten quedarse en los EE.UU. A diferencia del Programa de Refugiados de los EE.UU., que provee protección a los refugiados por llevarlos a los EE.UU. para reasentamiento, el Programa de Asilo de los EE.UU. provee protección a los refugiados elegibles que ya están en los EE.UU., o los que piden entrada a los EE.UU. a un puerto de entrada. Un solicitante de asilo político puede solicitar asilo en los EE.UU. sin importar su país de origen. No hay cuotas del número de individuos que se le otorgan asilo cada año (excepto los individuos cuyas solicitudes se basan exclusivamente en la persecución por la resistencia a un programa coactivo para el manejo de la población).

bolillo—Jerga en español para una persona de raza blanca.

cancelación de traslado—(también llamado cancelación de expulsión o cancelación de deportación) Un beneficio discrecional que modifica el estatus de un inmigrante de un "extranjero ilegal y deportable" a un extranjero admitido legalmente para residencia permanente. Se solicita la cancelación del traslado durante una audiencia ante de un juez de inmigración. Creado por la Ley de Reforma de Inmigración Ilegal y Responsabilidad de Inmigrante de 1996, la cancelación de traslado reemplazó la acción previa que era suspensión de traslado, e introdujo criterios de elegibilidad más restringidos.

Día sin un Inmigrante—Una manifestación nacional en que miles de personas se marcharon de sus trabajos y las escuelas para abogar por y apoyar los derechos de inmigrantes.

deportación—El traslado forzoso, la repatriación, o la expulsión de un extranjero de los EE.UU. cuando el extranjero se ha encontrado sujeto a traslado forzoso por violar las leyes de inmigración. La deportación se ordena por un juez de inmigración. Ahora llamado "traslado forzoso," esta función se administra por el Servicio de Inmigración y Control de Aduanas de Estados Unidos.

detención—El Servicio de Inmigración y Control de Aduanas de Estados Unidos (ICE por sus siglas en inglés) detiene a los inmigrantes indocumentados que les considera deportables en cientos de cárceles federales y locales que se localizan por varios estados y territorios de los EE.UU. ICE también detiene un gran número de ellos que están esperando la decisión que determina si se clasifican como deportable.

Estatus de Protección Temporal (TPS por sus siglas en ingles)— El Ministro de Seguridad Nacional puede designar un extranjero como apto para TPS si se determina que las condiciones en su país de origen constituye un peligro a la seguridad personal, debido al conflicto armado actual o un desastre medioambiental. Se otorga TPS al principio por un periodo de seis a dieciocho meses y se lo puede prolongar, dependiendo de la situación. El procedimiento de traslado se suspende contra inmigrantes mientras que estén en TPS.

EWI(s)—significa Entrada Sin Inspección. Un término que refiere a los inmigrantes que entran los EE.UU. por evitar evaluación oficial.

extranjero—Una persona que no es ciudadana de los EE.UU.

Fuijan—Una provincia de China, de donde muchos inmigrantes chinos se originan.

permiso de residencia y trabajo—Un permiso de residencia permanente legal. Establece estatus oficial de inmigrante en los EE.UU.

H2-A—Un tipo de visa para los trabajadores extranjeros temporales de agricultura. Las visas de H-2A permiten que agricultores busquen trabajadores indocumentados cuando no hay disponibles trabajadores estadounidenses y cuando se espera una escasez de mano de obra. A los empleadores se le obligan a proporcionar la vivienda, el transporte, y un sueldo digno. Ver Apéndice E para más información.

La ley de la Prevención de la Insolación—Es un orden de las leyes de salud de California que obligan a los agricultores que proporcionen agua potable, acceso a la sombra, y entrenamiento para trabajadores para reducir los riesgos de las condiciones graves que se resuelta por la insolación.

hispano—Generalmente refiere a las personas de familia hispanohablante o patrimonio español.

inmigración por la inversión—Una provisión de la ley de inmigración estadounidense que permite a los inmigrantes, con bastante recursos financieros invertidos en negocios estadounidenses y que emplean un número establecido de ciudadanos estadounidenses, solicitar por el estatus de residencia permanente.

La Ley "DREAM" (DREAM Act)—La ley para el Desarrollo, Reparación, y Educación para Menores Extranjeros (DREAM por sus siglas en inglés). Una ley pendiente que otorgaría algunos estudiantes indocumentados que quieren asistir a la universidad la oportunidad de obtener el estatus de residente permanente. Esta legislación se ha introducido al Congreso varias veces desde 2003.

Latino—La Oficina del Censo de los EE.UU. define "latino"—y también "hispano"— como "una persona cubana, mexicana, puertorriqueña, sudamericana o centroamericana, u otro cultura o origen hispano a pesar de la raza". El término es controvertido porque abarca muchas etnicidades, y a menudo, se lo emplea mal por intercambiarlo con el término hispano.

La Ley de Reforma y Control de Inmigración de 1986—IRCA por sus siglas en inglés. Aprobado por ley por el presidente Ronald Reagan, el IRCA estableció que es ilegal emplear con conocimiento a empleados indocumentados, pero también otorgó la amnistía a los inmigrantes indocumentados que han entrado a los EE.UU. antes del 1º de enero, 1982.

La Ley sobre la violencia contra las Mujeres (VAWA por sus siglas en ingles) – Una parte de la ley de Control y Represión del Crimen Violento de 1994. VAWA incluye provisiones que refieren a sanciones penales para delitos sexuales y el juicio de crimen violento contra la mujer. Además modifica la ley federal de migración para dejarle a las víctimas de violencia domestica—por una ciudadana estadounidense o residente permanente—que haga una petición en forma del estatus de residencia permanente.

Matriculación Especial—Una iniciativa del Departamento de Justicia de los EE.UU. después de 11 de septiembre que obliga que los inmigrantes varones de veinticinco países se presenten al centro designado de INS para registrar sus huellas dactilares, su foto, y ser entrevistado. Ver Apéndice G para más información.

mica—Permiso de residencia y trabajo.

Minutemen—Miembros de uno o dos grupos de población civil, quienes están resueltos a impedir a la entrada no autorizada a los EE.UU. Sus actividades incluye la patrulla de la borde de los EE.UU. y México y denunciánandoles a los que pasarían.

mojado—español para la palabra "wetback" en ingles. Es un término despectivo para inmigrantes Latinos, y refiere a las personas que pasan a los EE.UU. por el Rio Grande.

naturalización—La otorga de ciudadanía a un extranjero.

Norteños—Rivales tradicionales de los *Sureños*, Norteños son una banda de mayor parte mexicano-americano que originó en el norte de California.

póliza de un hijo—Una póliza del gobierno chino cuyo objetivo es controlar la población por restringir el número de hijos permitido a una familia.

Operación Devolver al Remitente—Una serie de redadas hechas por el Servicio de Inmigración y Control de Aduanas de Estados Unidos (ICE por sus siglas en ingles) en empleadores que se sospecharon de que contractaron con trabajadores sin papeles. ICE aprobaron esta iniciativa el 26 de mayo, 2006, y se lo llevaron a cabo por casi todas las oficinas regionales en los EE.UU. Algunos cálculos plantean que la operación cazaron más de 23.000 personas, y la mayoría de ellos ya han sido deportados o están esperando deportación en centros de detención.

OSHA—OSHA por sus siglas en ingles. La Administración de la Seguridad y Salud Ocupacionales. Una sección del Departamento del Trabajo de los EE.UU. que se encarga de asegurar que las normas se haga cumplida en los lugares de trabajo estadounidenses.

OTM—OTM por sus siglas en ingles. Quiere decir "aparte de mexicano". Un término usado por la Migración/la Patrulla Fronteriza para designar los inmigrantes de origen no mexicano.

residente permanente—Alguna persona no ciudadana de los EE.UU. que habita en los EE.UU. por residencia permanente que es legalmente reconocido y documentado legalmente como inmigrante.

peso—La moneda de México.

poyero—Jerga en español para un contrabandista que pasa a seres humanos.

raitero—Un conductor que se encarga de transportar jornaleros.

rand—La moneda de Sudáfrica.

refugiado—1. Cualquier persona que se encuentra fuera de su país de nacionalidad y que no puede o no quiere regresar a este país, y que no puede o quiere protegerse allí, debido a persecución o un temor fuertemente fundamentado por razones de raza, religión, nacionalidad, membrecía en un grupo social en particular u opinión política, o; 2. En circunstancias especificadas por el Presidente de los Estados Unidos, después de haber obtenido el debido asesoramiento, cualquier persona que se encuentra dentro de su país de nacionalidad que sea perseguida o tenga un temor fuertemente fundamentado de persecución. El término "refugiado no incluye a ninguna persona que haya ordenado, incitado, ayudado, o participado de alguna otra forma en la persecución de cualquier persona por razones de raza, religión, nacionalidad, membrecía en un grupo social en particular u opinión política. Una persona que haya sido forzada a abortar un embarazo o a esterilizarse involuntariamente, o que haya sido perseguida por haber fallado o negarse a tal operación o por rehusarse de alguna forma a tal operación a un programa coactivo de control de la población, se le considerará haber sido perseguido por razones de opinión política. Y una persona que tiene un temor fuertemente fundamentado que se le será forzada a estar sujeto a tal procedimiento o situación se le considerará que tiene un temor fuertemente fundamentado de persecución por razones de opinión política.

RMB—Renminbi. La moneda de la República Popular China.

SAVAK—*Sazemane Ettela at va Amniat-e Keshvar.* La antigua policía secreta del régimen del Sha de Irán.

El Servicio de Ciudadanía e Inmigración de los Estados Unidos (USCIS por sus siglas en ingles)—Proporciona los servicios y los beneficios del antiguo Servicio de Inmigración y Naturalización (INS por sus siglas en ingles). USCIS es responsable de la administración de la inmigración y las funciones de la adjudicación de naturalización y del establecimiento de servicios y las prioridades de los servicios de inmigración. Estas funciones incluyen la adjudicación de las peticiones de visa de inmigrante, las peticiones de naturalización, las solicitudes de asilo y de refugiado, las adjudicaciones que toman lugar a los centros de servicio, y todas las demás adjudicaciones.

El Servicio de Inmigración y Control de Aduanas de Estados Unidos—Creado en el marzo de 2003, el Servicio de Inmigración y Control de Aduanas de Estados Unidos (ICE por sus siglas en ingles) es la división más grande de investigación del Ministro de Seguridad Nacional. La agencia se formó después del 11 de septiembre por combinar las fuerzas de orden público del antiguo Servicio de Inmigración y Naturalización (INS por sus siglas en inglés) y el antiguo Servicios de la Aduana Estadounidense. A ICE se le encarga de hacer cumplir con las notificaciones de deportación, investigar los empleadores de empleados indocumentados, buscar los contrabandistas de productos falsos, y diversos responsabilidades de lo contraterrorismo.

El Servicio de Inmigración y Naturalización (INS por sus siglas en inglés)—Antes era la organización que se encarga los servicios de inmigración y naturalización. En 2003, el INS se dividió en ICE y UCSIS.

snakehead—Una contrabandista de personas, específicamente los que operan en China.

Sureños—Una banda de mayor parte mexicano-americano, que originó en el sur de California. Ver *Norteños.*

El Triángulo de Oro—Un apodo para las tres ciudades de Dodge City, Liberal, y Garden City en Kansas. En estas tres ciudades se ubican la mayoría de las plantas en donde se procesa carne de vaca.

la uva—La cosecha de las uvas.

visa—Una visa de los EE.UU. permite al portador que solicita entrada de cierta clasificación a los EE.UU. Una visa no le otorga al portador el derecho de entrar a los EE.UU. El Departamento del Estado se encarga de la adjudicación de visa a las embajadas y a los consulados de los EE.UU. afuera de los EE.UU. El Departamento del Seguridad Nacional, el Ministerio de la Aduana, y los agentes de la Patrulla Fronteriza/la Migración deciden quién entra, la duración de estancia, y las condiciones de estancia en los EE.UU. a un puerto de entrada. Hay dos categorías de las visas estadounidenses: de inmigrante y de no inmigrante. Las visas de inmigrante son para personas que piensan vivir para siempre en los EE.UU. Las visas No Inmigrante son para personas con residencia permanente afuera de los EE.UU., pero los que quieren estar en los EE.UU. por estancia temporaria—para el turismo, el tratamiento médico, el negocio, el trabajo temporal, o los estudios. Las visas No Inmigrante se clasifica más detalladamente por las razones de viajo a los EE.UU. (por ej. Una visita temporal para un viaje de placer, trabajo temporal, trabajo religioso, los estudios, etc.)

NOTA DEL EDITOR
por Sandra Hernández

En el momento en que la versión en español de este libro va a entrar en prensa, el debate sobre una reforma migratoria arde rabiosamente en los Estados Unidos, tal como ha ocurrido por cerca de 225 años. Inmigración ha dividido a este país por mucho tiempo. Los libros de historia de Estados Unidos han olvidado decirnos que George Washington abogaba por fronteras abiertas, mientras Benjamín Franklin temía algunos extranjeros, advirtiendo que algunos podrían tener una influencia negativa en la joven nación.

Nuestra memoria colectiva esta llena de maravillosos relatos de inmigrantes pobres que trabajaron duro y encontraron la libertad y un sin fin de oportunidades.

Sin embargo ausentes están las historias de aquellos primeros inmigrantes que nunca obtuvieron visas ni se detuvieron en líneas para entrar a Estados Unidos. Aquellos que arribaron trayendo consigo poquito mas que su capital humano. Como estos que hoy se deslizan a través de la frontera, muchos de esos inmigrantes se entregaban a los coyotes coloniales para que de contrabando los pasaran a través del Río Hudson a Nueva York. Y como los recién llegados de hoy, las pasadas generaciones de inmigrantes fueron llamados ilegales, acusados de robar trabajos y forzar la baja de los salarios. Su papel ayudando a construir los ferrocarriles en Estados Unidos y cosechando frutos durante los tiempos de guerra han sido casi olvidados.

Los inmigrantes indocumentados de hoy, sin embargo, tienen una oportunidad de contar sus historias.

Este libro es una colección de algunas de esas voces. Son quizá la voz mejor informada en el actual debate, porque hablan de una América que muy pocos conocen. Sus voces nos llevan a vecindarios donde los términos legal e ilegal quedan borrosamente enredados por lazos de sangre, donde hijos nacidos en Estados Unidos de padres indocumentados enfrentan decisiones inimaginables.

Estas historias revelan un país donde los trabajadores indocumentados soportan bajos salarios y sufren de abusos que pocos trabajadores estadounidenses tolerarían. Sin embargo ellos perseveran hasta lograr el éxito.

Ellos nos permiten dar una mirada dentro de remotas prisiones de inmigración, donde buscadores de asilo, inmigrantes legales y aun familias, son detenidos por años, algunas veces perdiendo sus vidas en su lucha por permanecer en los Estados Unidos.

Este libro no es una letanía de tragedia humana, mas bien es una invitación a caminar lado a lado con los inmigrantes desprovistos de documentos y conocer como es la vida de aquellos que buscan en la sombra el sueno americano.

La colección VOICE OF WITNESS

La colección "Voice of Witness" es una plataforma para darle voz a las victimas de las violaciones de derechos humanos contemporaneas. A trabes de sus testimonios, se ilumina la crisis de los derechos humanos afectando a millones de individuos por todo el mundo. Visite a *voiceofwitness.org* para mas información.

Ediciones Disponibles:

SURVIVING JUSTICE
America's Wrongfully Convicted and Exonerated
Editado por Lola Vollen and Dave Eggers

¿Cómo sucede? ¿Cómo me puede suceder a mi? Estos testimonios, de todas estaciones de la vida muestran que con la combinación correcta de factores—fiscalias corruptas, defensas ineptas, métodos de interrogación coercivos—cualquiera puede caer victima de una condena ilegal.

ISBN: 978-1-932416-23-7 469 pages Paperback

VOICES FROM THE STORM
The People of New Orleans on Hurricane Katrina and Its Aftermath
Editado por Chris Ying and Lola Vollen

Varados en una ciudad sumergida, los narradores de *Voices from the Storm* sobrevivieron la devastación del huracán Katrina para después encontrarse abandonados por su propio gobierno. Los trece sobrevivientes recuerdan, de manera conmovedora, los momentos mas difíciles de la peor catástrofe de la naturaleza de la historia estadounidense.

ISBN: 978-1-932416-68-8 250 pages Paperback

OUT OF EXILE
Stories of the Displaced, Abducted, and Exiled People of Sudan
Editado por Craig Walzer

Millones han huido de la inestabilidad y persecución de Sudan, en el noroeste del continente africano y miles han sido esclavizados. En este libro, los refugiados y secuestrados describen sus vidas en los campamentos de Khartoum, las comunidades subterráneas del Cairo, el metrópolis humanitario del campamento del refugiados de Kakuma, y los campamentos de desplazados del interior de Darfur. Aquellos que han llegado a EE.UU. cuentan de sus nuevas vidas y los que han regresado hablan de la reconstrucción del sur de Sudan después de mas de veinte años de guerra.

ISBN: 978-1-934781-28-9 438 pages Paperback